中国外语教育研究丛书

刘道义　主编

邹为诚　著

基础教育英语教材国际比较研究

JICHU JIAOYU YINGYU JIAOCAI GUOJI BIJIAO YANJIU

广西教育出版社
南宁

序　一

由广西教育出版社策划、刘道义研究员主编的“中国外语教育研究丛书”是出版界和外语教学界紧密合作的一个重大项目。广西教育出版社归纳了其几个特色：基于中国特色的比较研究，原创性、研究性和可操作性，理论与实践相结合，学科和语种融合，可读性较强。道义研究员则谈到五点，即理论性、实践性、创新性、研究性、可读性。我非常赞同来自出版社和主编的归纳和总结，尽可能不再重复。这里，只是从时代性方面汇报一下自己的感受。第一，本丛书上述各个特色具有新时期所散发的时代气息。众所周知，我国的外语教育在20世纪50年代以俄语及其听、说、读、写四项技能的教学为主，改革开放后强调的是英语交际教学法。进入新时期后，我国外语教育的指导思想着眼于如何更好地为“一带一路”倡议和“教书育人”素质教育服务。应该说，外语教材和有关外语教学理念的专著在我国不同时期均有出版，但本丛书最能适应和满足新时期的要求。如果说过去出版社关心的是如何让外语教材在市场上占有一定的份额，那么，本丛书更关心的是如何指导外语教师做好本职工作，完成国家和学校所交付的任务，让学生收到更好的学习效果，让家长和社会提高对外语教学重要性的认识。当然，这套丛书也帮助外语教师实现从“教书匠”转变为真正的外语教学工作者，使他们既是教师，又是研究者。第二，本丛书的内容不仅适用于英、俄、日、法、德等传统外语语种，也适用于其他非通用语种。第三，就丛书的选题而言，除传统的技能教学和教育学外，还有社会学、心理学、哲学、美学、神经学等内容。这体现了当代多种学科相互融合的先进思想。随着信息技术的发展，多模态的课堂教学和网络教学已成为本丛书关注的选题内容。

我和本丛书的主编刘道义研究员相识多年。由于她从不张扬，因此我有必要以老大哥的身份介绍一下。第一，道义自1960年从北京外国语学院（今北京外国语大学）毕业后，从事大、中、小学英语教学工作17年，对不同层次的外语教学具有亲身体验。第二，从1977年8月起，道义参加了历次的全国中小学英语教学大纲编制工作，编写和修订了12套中小学英语教材，并承担其中9套教材的主编工作；编著教师理论丛书4套、中学生英语读物2套、英语教辅丛书3套；发表有关英语教学改革的文章百余篇。由此可见，除参与教学实践外，她还长期从事外语教学理论的研究。最近在许多学校内时有争论，那就是教师只要教书即可，不必费神搞研究。我想道义以自己的行动回答了这个问题。第三，道义曾任教育部中小学教材审定委员会英语专家组组长、中国教育学会外语教学专业委员会理事长、课程教材研究所副所长、人民教育出版社副总编辑。这表明道义具有很强的领导和组织能力。第四，道义曾任党的十四大代表，我认为这说明了道义本人的政治品质好。党员既要把握正确的政治方向，又要在业务工作中起表率作用。所有这些归纳成一句话，本丛书主编非道义莫属。

除道义外，本丛书汇聚了我国从事外语教育研究的专家和名师。以道义所在的人民教育出版社为例，就有吴欣、李静纯、唐磊等研究员参与编写工作。我退休后曾经在北京师范大学兼课10年，见到丛书各分册的作者名单上有王蔷、程晓堂、罗少茜等大名，顿时兴奋起来。这些当年的同事和年轻学者承担了本丛书15卷编写任务中的4卷，实力雄厚，敢挑重担，我为之感到骄傲。作者名单上国内其他师范院校从事外语教育的领导和专家有华东师范大学的邹为诚、华南师范大学的何安平、东北师范大学的高凤兰、浙江师范大学的付安权、福建师范大学的黄远振、天津师范大学的陈自鹏，来自综合性大学的则有清华大学的崔刚、范文芳和中国人民大学的庞建荣。在这个意义上，本丛书是对我国外语教育研究力量的一次大检阅。难怪本丛书的一个特色是中外外语教育思想和理论的比较研究，而且重点是中国外语教育的实践和理论。上述作者中不少是我的老相识。虽然有的多年未见，如今见到他们仍活跃在第一线，为祖国的外语教育事业而奋斗，令我肃然起敬。祝他们身体健康，在事业上更上一层楼。上述作者中有两位（范文芳教授和程晓堂教授）是我在北京大学和北京师范大学指导过的博士生。目睹当年勤奋学习的年轻学子，现已成为各自学校的教学科研骨干，内心一方面感到欣慰，一方面感到自己落在后面了。

本丛书由广西教育出版社策划。该社成立于1986年12月。就出版界来说，时间不算太早，但本丛书的成功出版在于该社英明的办社方针。据了解，该社主要出版教育类图书。其中，教师用书和学术精品板块是该社最为器重的。本丛书的良好质量和顺利出版还得益于两个方面的经验。首先，早在20世纪90年代，该社已出版了一套外语学科教育理论丛书（王才仁、胡春洞主编）。该丛书总结了改革开放后外语学科教育研究的成果，展示了其发展的前景，给年轻一代学者的成长提供了帮助，在外语教学界产生了很好的影响，为本丛书的组织和编写提供了宝贵的经验。其次，新时期以来，该社相继出版了数学、化学、物理、语文等学科教育研究丛书，积累了较多经验，如今策划、组织和出版“中国外语教育研究丛书”更是驾轻就熟。

天时、地利、人和，在此背景下诞生的“中国外语教育研究丛书”必然会受到国内外外语教学界和出版界的欢迎和重视。我很荣幸，成了第一批点赞人。

胡壮麟

北京大学外国语学院

2016年12月1日

胡壮麟简介：教育部基础教育课程教材专家咨询委员会委员，北京大学资深教授、博士生导师。曾任教育部高等学校外语专业教学指导委员会委员、英语组副组长，中国英语教学研究会副会长，中国语言与符号学研究会会长，中国高校功能语法教学研究会会长。

序　二

一年多以前，当我接到广西教育出版社的邀请，让我主编一套外语教育理论研究丛书时，我欣然接受了。我担此重任的这份自信并非源于自己的学术水平，而是出自我对外语教育事业的责任和未竟的情结。

我这一辈子从事外语教育，无非是跟书打交道：读书、教书、编书、写书。虽然教书认真，有良好的英语基础，但成绩平平。因为缺乏师范教育，并不懂得有效的教学方法。然而，17 年的大、中、小学教学为我后来的编书和写书提供了宝贵的实践经验。改革开放后，我有幸参加了国家英语课程和教材的研制工作，零距离地与教育专家前辈共事，耳濡目染，有了长进；又有幸出国进修、考察，与海外同行交流切磋，合作编写教材、研究教法、培训师资，拓宽了视野。由于工作需要，我撰写了不少有关英语教育、教学的文章。文章虽多，好的不多。为了提升自己的理论水平，我对语言教学理论书籍产生了浓厚的兴趣。退休后有了闲空，反倒读了许多书，而这些书很给力，帮助我不断写文章、写书。2015 年，我实现了一个心愿，就是利用我的亲身经历为我国英语教育做些总结性的工作。我与同行好友合作，用英文撰写了《英语教育在中国：历史与现状》一书，我又用中文写了《百年沧桑与辉煌——简述中国基础英语教育史》和《启智性英语教学之研究》等文章。

我已近耄耋之年，仍能头脑清楚，继续笔耕，实感欣慰。当我正想动笔写书总结有关英语教材建设的经验时，我收到了广西教育出版社的邀请信。这正中下怀，不仅使我出书有门，还能乘此机会会同外语界的学者们一起，较全面地梳理改革开放以来，特别是近十几年来的外语教育教学的研究成果。我计划在20世纪90年代胡春洞、王才仁先生主编的外语教育理论丛书基础上更新和补缺。发出征稿信后，迅速得到了反馈，10所大学及教育研究机构的多位学者响应积极，确定了15个选题，包括外语教学论、教与学的心理过程研究、课程核心素养、教学资源开发、教学策略、教学艺术、教师专业发展、信息技术的运用、教材的国际比较等。

作者们都尽心尽力，克服了种种困难，完成了写作任务。我对所有的作者深表谢意。同时，我还要感谢胡壮麟教授对此套丛书的关心、指导和支持。

现在，通观全套丛书，不难发现丛书的主要特点反映在以下几个方面：

一、理论性。理论研究不仅基于语言学、教育学，还涉及社会学、心理学、哲学、美学、神经学等领域。语种不只限于英语，还有日语和俄语。因此，书中引用的理论文献既有西方国家的也有东方国家的。

二、实践性。从实际问题出发，进行理论研究与分析，提供解决问题的策略和案例。

三、创新性。不只是引进外国的研究成果，还反映了我国改革开放以来的教改历程，有了鲜明的中国特色。而且，还开创了基础教育教材国际比较的先例。

四、研究性。提供了教育科学研究的方法。通过案例展示了调查、实验和论证的过程，使科学研究具有可操作性和说服力。

五、可读性。内容精简，言简意赅，深入浅出，适于高等院校和基础教育教学与研究人员阅读。

丛书为展示我国近十几年的外语教育理论研究成果提供了很好的平台，为培养年轻的外语教育研究人才提供了很好的平台，为广大外语教研人员共享中外研究成果提供了很好的平台，也为高等教育机构的专家和一线教学人员之间建起了联通的桥梁。为此，我衷心感谢平台和桥梁的建造者——广西教育出版社！

我除组稿外，还作为首位读者通读了每一本书，尽了一点儿主编的职责。更重要的是，我从书中了解到了我国外语教育近期的发展动态，汲取了大量信息，充实了自己，又一次体验了“与时俱进”的感觉。为此，我也很感谢广西教育出版社给了我这个学习的机会。

1998 年，我曾经在我的文章《试论我国基础外语教学现代化》中预言过，到 21 世纪中叶中华人民共和国成立一百年时，我国的基础外语教学将基本实现现代化。今天，这套丛书增强了我的信心。我坚信，到那时，中国不仅会是世界上一个外语教育的大国，而且会成为一个外语教育的强国，将会有更多中国的成功经验走出国门，贡献给世界！

刘道义

2016 年 11 月 21 日

刘道义简介：课程教材研究所研究员、人民教育出版社编审。曾任中国教育学会外语教学专业委员会理事长、课程教材研究所副所长、人民教育出版社副总编辑。曾参与教育部中学英语教学大纲的编订和教材审定工作。参加了 12 套小学、初中、高中英语课本和教学参考书的编写和修订工作。主编“著名英语特级教师教学艺术丛书”“模范英语强化阅读丛书”等；著有《刘道义英语教育自选集》《基础外语教育发展报告（1978—2008）》《新中国中小学教材建设史 1949—2000 研究丛书：英语卷》《英语教育在中国：历史与现状》等著作，并撰写了有关英语教育与教学的文章 100 多篇。

前　言

本书是基于2012年度国家社会科学基金教育学重点项目（AHA120008-1）的研究成果撰写而成的。该课题研究巴西、中国、俄罗斯、法国、韩国、日本等国的基础英语课程体系及其高中英语教材难度，聚焦外语教育政策，为认识英语教育的特点提供一个窗口，力图为我国的基础英语教育研究提供借鉴和参考。

研究共分两个部分。第一部分（第一章至第三章）介绍比较教育的理论背景和上述国家的基础英语课程体系，目的是为第二部分（第四章至第十章）的高中英语教材难度比较提供背景，解释高中英语教材的难度和其中蕴含的教育思想。

一、本研究的意义

21世纪以来，教育国际化已渐成教育的常态。教育国际化主要体现在三个方面：（1）教育政策更加倾向于用国际指标作为本国政策的参考（Byram，Parmenter，2012）；（2）政策实施的方法越来越多地借鉴他国的经验，如小学开设英语课程，设置社会化的标准考试，跨地区与跨国的教材引进等；（3）政策评价越来越多地采用国际指标作为参照点，如国际学生评估项目（Program for International Student Assessment，简称PISA）的比较结果（经济合作与发展组织，2011）和欧洲语言共同参考框架（Common European Framework of Reference for Languages，简称CEFR）

(Council of Europe,2001)。这种相互比较和参照的结果是世界各国,尤其是发达国家之间,教育的互相影响程度日渐提高。这一趋势对培养国际化人才,提高一国的经济和文化竞争力十分有利。因此,教育国际化是目前各国都十分重视的一项教育改革举措。

一个国家的教育政策要采用他国的经验作为参照,国际比较便成为一个非常重要的基础性工作。这项研究可以为政策提供依据,使一国的教育政策不仅符合本国的社会实际,同时也具有国际竞争力。

在比较研究中,我们必须明白每个国家所"擅长"的东西是不一样的。国家之间的差别来源于两个方面。一是历史文化传统的差异所导致的社会现实差异。当下的文化思潮、认识、观念、把理想付诸实践的决心以及凭这些理想和传统所构建的现实都是差异的根源。二是政策差异。政策的导向、管理和评价在各个国家会有很大的差异。比较研究的目的就是要厘清国家之间的差异,哪些是文化历史传统导致的,哪些是政策差异导致的。前者的差异所形成的"擅长"差异是不可学的,而后者却是可以学习和借鉴的。

英语教育是当今世界大部分国家非常重视的教育项目之一。进入21世纪以来,英语普遍受到重视,究其原因有三个:(1)英语在过去的半个多世纪来,已经成为事实上的第一国际语言。这种趋势在未来的50年里还会继续强化,并且可能成为世界通用语(Lingua Franca)。(Graddol, 2006)(2)世界各国的竞争正逐渐转变为知识创新的竞争模式。如果说人类在过去的200年里主要是竞争物质性资源(如土地、能源、矿产等),未来的国际性竞争则主要是知识、创新与人才的竞争。因此,培养具有国际视野的创新型人才是当前世界各国教育改革的主要方向。由于英语是未来最主要的国际性语言之一,因此提升本国的英语教学水平,尽可能地提高国民的英语交流能力,是培养国际化人才的重要举措。(3)英语教育将更加有利于文化的传播与交流,21世纪的全球化将极大地促进国家之间的文化交流与融合。

基于这些因素,英语教育在世界发达地区和主要发展中国家中占有很重要的地位。有鉴于此,我们有必要通过教材研究来观察世界各国在英语教育方面的政策与实践,总结其经验与教训,为我国的英语教育政策提供决策参考。

二、研究目标和背景

我们的研究以欧洲、亚洲和拉丁美洲为着眼点，以中小学基础教育英语课程为参照体系，重点研究有代表性的国家的高中英语教材难度，通过比较高中英语教材的难度，找出我国高中英语教材相对的难度排名。

在一般教育学中，高中是衔接中等教育和高等教育的桥梁。由于文化背景、历史传统、社会制度和现实的差异，各国的基础教育形态有一定的差异。因此，我们在确定研究方向时需要考虑这些国家和地区的社会、文化、历史、教育的传统。

在确定研究目标时，我们还须考虑学段问题。世界各地区的基础教育虽各有其特点，但大同小异。例如，它们普遍把基础教育设置为“初等”（Primary）和“中等”（Secondary）两个教育阶段，把中等教育之后的阶段定义为“高等”（Tertiary/Post-secondary）教育，中间的连接部分是高中教育。因此讨论高中必定会涉及前面两个阶段。为了使研究的问题更加集中，我们将研究范围限定在“高中”阶段。但是，在背景讨论时也兼顾到小学和初中教育的情况。

高中阶段在中国是十分明确的，指十到十二年级的教育阶段。但是在许多国家，“高中”这一概念与我们是不一样的。例如，在美国，高中（High School）通常指九到十二年级；在加拿大，高中指的是八到十二年级；在英国，高中指的是中等教育（Secondary Education）结束以后为期2~3年的“6级”（6th Form）学校（迄今为止，还没有一个确切的中文译名）；在俄罗斯，传统上高中指的是11年制学校中的十到十一年级（目前为12年制学校）；巴西没有高中的名称，只有中等教育，学制3~4年不等；日本、韩国与中国有相似的学制，高中均指十到十二年级的教育阶段。因此，本研究中的“高中”指的是相关国家相应的教育阶段。

教材是实施教育目标的重要工具。从理论上讲，教材是指教师在教学过程中所运用的一切素材和资料。它们可以包括但不局限于正式或非正式出版物：学生用书、教师用书和参考书、学生练习手册和参考书、音频和视频材料、网络材料和教学挂图等。本研究只对正式出版的学生用书进行对比研究，其他各项在实践中变化很大，在内容和结构方面不具有可比性。

三、研究的问题

我们主要研究的问题有如下几个：（1）所选国家高中英语教学的政策目标是什么？它们之间有什么差异？这些差异的实质是什么？（2）相关国家高中英语教材的难度有多大？形成难度差异的原因是什么？（3）相关国家的教育政策是如何借鉴他国的经验的？课程目标和教材的难易程度之间的关系是什么？

四、研究的过程

本研究共分为三个阶段，各研究阶段的目标和主要任务描述如下表所示。

阶 段	目 标	主要任务
第一阶段：选择地区	确定研究目标：国家	分析世界主要文化区，寻找具有比较价值且可行的比较对象
第二阶段：课程体系研究	调查目标国家的课程体系，收集高中英语教材	调查比较各国的课程体系，并系统描写各个课程体系的特点；选定常用的教材，计算出教材的教学总量；计算出各个国家的课程挑战程度
第三阶段：教材难度研究	研究比较目标国家的高中英语教材	设计和验证教材分析工具；采用分析工具分析教材内容的难度；综合教材难度因素，对难度排序；分析教材难度的原因

基础外语教材的难度比较是国际教育研究中的一个重要内容，也是近年来外语教材研究的一个新课题。

长久以来，困扰我国基础外语教学界的一些问题一直得不到解答。我们不清楚这些问题到底是因为我们的能力不足，还是这些问题本来就是发展过程中的特点。例如，学生在外语学习中负担过重，这个负担的根源在哪里？是在课程体系本身还是在教材难度上？是教师的教学问题还是家庭和社会的问题？对于这些问题我们必须一个一个地梳理和解答，而其中一个梳理的方法就是看看其他国家的教材是比我们的难还是易。得到的答案不仅具有学术价值，更重要的是具有政策意义。

目　录

第一章　理论背景：教育和教材的国际比较

外语教学从理论上讲，从一开始就是一项国际化的事业。因此，比较不同国家的外语教材是一项很重要的国际比较研究。教育政策决策者和外语教师都需要了解本国和本地区的外语教育政策和教材在国际上的地位，然后才能深刻地理解外语教学事业的本质。

教材是教育中的一个重要元素，教材比较研究理所当然应置于比较教育研究的宏观框架之内。因此，本章将简要介绍国际比较教育的基本理论，然后简要介绍教材的国际比较的基本原则和具体的热点问题，为后续的教材难度国际比较研究打下基础。

第一节 比较教育研究

教育比较的历史几乎和教育本身一样悠久。人类的教育活动从广义上讲，从来不乏比较，因为比较是人类的一种基本思维活动。教育和比较之间并没有什么特别的学理关系。

真正赋予教育比较特殊的意义，并且用系统的方式来比较是近代的学术活动。在近代的教育比较中，这种活动被称为“比较教育”（Comparative Education）。比较教育被广泛地定义为研究其他国家的教育。比较教育的研究视角多元，从社会学、政治学、心理学、人类学等多个角度来考察教育。比较教育更像一个研究领域（Field），而并非一个学科（Discipline）。一个学科必须有一套学术界共同认可的研究方法和理论原则，必须有研究对象的本体存在，而比较教育不符合这个要求。它广泛地采用各个学科的研究方法和原则，没有本体性的研究对象，早期集中于介绍各国的教育体系，目前集中于具体的某个与教育有关的问题。

比较教育虽然不是一个像数学、物理、文学、历史那样意义上的独立学科，却是教育研究中不可或缺的研究领域。通过教育比较活动，我们不仅能更好地理解别人，也促使我们更深刻地反思自己。通俗一点来说，我们不仅需要知道自己如何成长和生活，还需要知道别人是什么样子的。这种比较可以深刻地解释我们现有的种种观念，判断现有的教育方式是否能适应时代的发展。

比较教育研究当代世界各个地区一切与教育有关的现象与问题。从其名称来看，它的主要研究方法是“比较”（杨汉清，2015）。但是，“比较”这一术语很容易被误解。比较教育的“比较”不是一般意义上的比较，而是强调在一定的原则之下的系统性的对比。这个原则并不是固定的，须视研究的问题而定。也就是说，这种对比不是简单地列出两个不同事物的相同点和不同点，而是根据所研究问题的性质决定不同的原则。在这种原则之下，依据我们比较熟悉一方的情况来考察我们不太熟悉的另一方；或者依据比较陌生一方的情况，审视我们习以为常或平时视而不见的情况，从而加深我们对教育规律的认识。从这个意义上看，比较教育学的“比较”并不是一个真正的研究方法，而是一种看问题的视角。在研究中起关键作用的是这个“原则”。用什么原则来审视两个地区的教育才是决定比较教育研究是否具有科学性，能否回答所研究的问题的关键。

比较教育研究的目的是了解和解释人类在不同的社会文化背景下所遇到的特殊和共性的问题，以加深对教育规律的认识。因此，早期的比较教育研究注重介绍不同国家的教育体系，重点在于了解世界各国组织教育的方式，强调“他山之石，可以攻玉”。这种希望通过了解并模仿他国的教育组织方式来促进本国教育发展的想法是一种比较初级的学术视野，也是过去半个多世纪里，许多国家的教育界所采用的做法。但是，21 世纪比较教育学术界的学者们已经认识到这种做法的局限性和这种思想的不足之处：简单地把教育成就因果化，把某个地区或者国家的教育成就归因于某些体制要素。实践表明，这种做法往往以偏概全，是一种十分容易歪曲教育规律的简单化思维。从 20 世纪后半叶起，学术界开始认识到这种简单归因思维的缺点。要理解某种教育体系内学生的学习成就，我们必须系统地了解教育体系内和体系外的因素，要把学习者所处的社会、文化、历史、政治、哲学等因素都包括进研究的视野。因此，学术界主张采用人种志等研究方法，研究教育现象背后的文化、历史、哲学等思想，重点解释不同的社会环境中的教育现状。这种思想在 21 世纪人类进入全球化时代以后就变得非常重要。世界经济进入了知识经济的时代，国家和民族的教育政策越来越多地参照其他地区的政策和教育实践，比较教育研究更加注重从社会、文化、政治、经济等因素来解释各国教育政策之间的差异，更加注重具体的教育微观问题（Issue），尤其是个案（Case）的研究。

比较教育研究具有强烈的跨学科性质。“比较教育学研究者对实践各国教育进行社会的、经济的、政治的和历史的分析研究，需要选择与吸收社会学、经济学、哲学和历史学等学科的理论与方法。”（王承绪，顾明远，1999）各国教育问题的错综复杂性要求比较教育学者必须以跨学科的方式开展研究。

第二节　教材比较研究

一、教材的特性

教材是教育的要素之一。根据课程理论，决定课程的四个要素分别是教师、学生、知识和环境（Schwab，2013）。在一般情况下，我们认为教材不仅代表了课程所描写的知识，还代表了编写者对学生、教师和环境的认识。因此，对很多教师来说，教材事实上是课程大纲或者课程标准的替代品。基于这样的一个事实，对教育的研究离不开对教材的研究。实践表明，在正常的学校环境中，教师的教学一般是在教材的基础上开展的，很少有教师直接根据课程大纲去教学。因此，教材的第一个重要特点就是它充当了课程大纲的替代品。

教材的第二个特点是教学的中介性。教材所包含的知识是通过教师来影响学生的（在正规的学校体制和课堂教学环境中，不考虑自学之类的教材）。教材并不能自动教会学生知识和培养学生的能力，要由教师用其来开展教学以后才能让学生产生变化。因此，教材是教师教育过程中的中介工具之一。教材所包含的知识和学生真正在教学环境中学习的知识是不一样的，因为几乎所有的教师在教学过程中都会按自己的观念和对环境、学生和教学目标的理解有选择性地处理教材。教育并不意味着仅仅传授书本知识，教育过程中还有很多技能性的项目，如解决实际问题的方法和手段，学习过程中学生的情感态度，学习过程中的社会实践，学习过程中的形成性评价等内容，都是教科书无法展示的。因此，教师的选择和改变是教材发挥作用的重要条件。在教学过程中，教材仅仅是教师的教学工具之一。

教材的第三个特点是具有学术作品和商品的双重属性。教材本身可以是一件学术作品，代表了编写者的教育思想和对教学过程的认识。现代教材（指正式出版的）同时是一种商品，因此，教材兼具学术作品和商品的两种特性，这就是教材的双重属性。根据政治经济学原理，任何商品都有使用价值和交换价值。这两种价值的属性并不总是一致的，它们之间有难以调和的矛盾。这个矛盾表现在教育过程的特殊性和实现商品价值最大化的经济学特性之间的冲突。按照教育过程特殊性的要求，教材应该尽可能地符合具体学生的学习需要、教师的教学思想和教学能力的需要，但是要满足这些需要就必定会限制教材的普适性。学校 A 适用的教材未必适合学校 B，班级 A 适用的教材可能不一定适合班级 B。依照商品价值最大化的原则，教材的普适性越强，教材的商品价值就越高。也就是说，适用于一个地区学生的教材就要比只适用于一个班级或一位教师的教材商业利润要高。因此，作为商品来说，教材的特殊性越小越好，否则这本教材就无法实现更大的商业价值。

教材的上述三个特点决定了教材研究的特殊性。这个特殊性表现在当代的教材研究特别重视教材比较和教材评价。对于教材研究来说，教材比较要在教材评价的基础上开展，而教材评价是为了可以开展跨教材的比较研究。可以说没有教材评价研究就没有教材比较研究，没有教材比较研究就没有教材评价研究，这两个方面构成了教材研究的主流学术发展方向。

教材比较和教材评价之间的关系在学理上并非本就如此，其实也是源于教育政策方面的需要，这和国际比较教育的起因几乎是一样的。这种研究都是因为政策决策者希望通过了解别人的做法，找到别人成功的因素，然后试图加以模仿。因此，教材比较研究和国际比较研究一样，没有特定的指导理论，其研究的理论基础也局限于宏观的元理论和中程理论。在微观的理论原则层面上，它也像比较教育学一样，广泛地采用跨学科的手段，针对具体的研究对象采用各种不同的理论原则。

二、中国的教材比较研究

中国的教育体系比较关心教材的知识含量和学习负担，这对于中国教育体制下的学生和教师来说是非常重要的。由于体制强调一致性，因而教育政策决策者倾向于把教材等同于课程标准或教学大纲，教材包含的知识量等同于课程标准中规定的知识量。教材在课程中对教师和学生具有强大的约束力。因此，教育政策决策者需要了解我国的教材所包含的知识量和学习任务对学生构成多大的学习负荷，和世界其他国家相比，这种负荷是高还是低。通过研究这些问题，我们可以逐步筛选出我国学生学习负荷过重的原因，验证我国的课程标准所规定的知识量和学习要求是否合理，从而为今后的课程标准修订提供依据；还可以了解其他国家，尤其是发达国家，基础教育的知识含量和学习任务的负荷，从而得知我国基础教育在国际中的地位。

要对比基础教育教材的学习负荷，就必须研究教材的难度。因此，难度研究成为我国基础阶段教材比较的一个重要课题。“中小学理科教材难度国际比较研究”是2012年国家社会科学基金教育学重点项目。这个项目一开始仅限于研究中小学数学、物理、化学、生物、地理学科的教材，随后扩展到高中英语教材的难度比较。研究试图回答我国这些学科的教材在国际上难度排名中居于什么位置，我国这些学科的教材是不是我国学生学习负荷过重的原因。

（一）教材难度研究的起源

对教材进行难度评价，继而开展国际比较，在我国基础教育研究的历史上还是首次。但是对于学习任务的难度研究并不是首次，最早起源于外语和第二语言教学中的学习任务难度研究。

语言学习任务的难度研究是20世纪80年代至21世纪初外语/第二语言（以下简称“二语”）教学中最重要的研究问题之一。20世纪70年代交际教学法兴起以后，教学设计逐渐放弃了以语言知识点排列的课程设计方案。因为从交际的角度讲，人们很难预先给某些交际任务设定语言项目，这种设计不符合人类使用语言的习惯。人类使用语言的目的是交际，而交际的过程是不确定的，因而用事先规定语言项目的方法无法设计出恰当的交际教学任务。

真正从认知的角度认识到事先用显性的方式教授语言知识无法让学习者获得真实的交际能力的人是印度第二语言教育专家N. S. Prabhu。他通过其著名的“Bangalore Project”（强交际法观点的实验）说明，显性的、事先安排输入的语言知识的操练是不会转变为学生的语言交际能力的。

“企图通过语言知识大纲给学生提供系统的语言知识，或者企图加强专门为了练习这些语言结构而设计的操练活动，都无益于学生语言能力的发展，还会对在课堂中专注意义的努力造成伤害……因此，教学应该关心为课堂中处理意义创造条件，排除任何对语言能力发展的人为控制或者对于语言行为的刻意模仿。”（Prabhu，1987）[1-2]

他认为：

“实质问题是要发展的语法知识的性质问题：如果希望发展的知识形式是在潜意识中发挥作用的，那最好也应该在潜意识中得到发展。”（Prabhu，1987）[14-15]

“当大脑的意识部分操作意义的时候，大脑的潜意识部分感知、抽象或者获得（或者作为认知结构参与创造）潜伏于语言意义中的一些经过重构的语言知识，这是语言规则体系在大脑内部发展的一个步骤。”（Prabhu，1987）[59-60]

Prabhu 的这些精辟论述表明，语言课堂中的教学应该把学生的注意力放在语言交流的意义上，而不是放在语法知识上。让学生在意识的层面上处理交际意义，而由学生的潜意识来处理语法知识，学生才有机会发展自己的语言知识体系，形成语言能力。这种说法在今天看来是部分正确的，并且已经得到实证研究的支持。但这种完全抛弃语言形式的教学方案已被证明是不合理的，因为它会导致学生的语言形成“洋泾浜”式的外语，即学生具有较好的交际沟通能力，但是语言形式的大量错误被固化。

当以语言知识为大纲的教学方案遭到否定以后，取而代之的是以交际任务为教学设计的基本单元。Long（1985）为此提出，语言教学应该把现实世界中真实的交际任务提炼出来，并改为可以在教学中实施的“任务”（Tasks）。这就是今天非常盛行的“任务型教学”的源头。同时，Long 还提出要研究任务的难度，这样我们才能根据任务的难度来设计课程大纲。这就是研究学习任务难度的起因。

交际任务的难度并不是一个简单的问题，因为难度是许多因素综合的结果。既有主观因素，如个人能力；也有客观因素，如任务本身的复杂性等。因此，外语教学界在过去的 30 多年里倾注了大量的人力、物力，研究任务的难度评价，并把它看成是外语教学研究中最重要的问题之一。

受外语教学研究的影响，学习任务的难度研究引起了我国基础教育理科教学界的关注。关注的动因不是为了编写课程大纲，而是出于对教育政策和教材难度国际比较的需求。

（二）我国的教材难度比较研究

我国教材难度研究的基本成果是确定了评估教材难度的理论和方法。史宁中等（2005）提出，课程的难度是由课程的广度、课程的深度和课程时间来决定的，其基本逻辑就是在三个要素中两个要素相同的情况下，知识的量越大，学习就越难；知识的学习深度越深，学习也越难；学习时间越短，则学习压力越大，学习任务就越难。

根据这个逻辑，巩子坤等（2014）发表了中国和德国小学数学教材比较方面的文章，采用经验化的数学模型来对比两套教材的学习难度。

他们根据史宁中等（2005）的理论建立难度的数学经验模型。

$N=\alpha_1 C_1+\alpha_2 C_2+\alpha_3 C_3$

（1）N 表示教材难度；C_1 表示内容广度（知识点数量）；C_2 表示内容深度；C_3 表示习题难度；α_1，α_2，α_3 表示权重，其取值分别为：$\alpha_1=0.2$，$\alpha_2=0.5$，$\alpha_3=0.3$。

（2）内容广度的计算公式为：$C_1=\frac{S_i}{S}$。

S 表示两国教材知识点并集中的知识点数量，S_i 表示本国或德国教材的知识点数量。

（3）内容深度 C_2 主要由知识的呈现方式和认知要求确定，其中知识呈现方式和认知要求均分为 3 个水平。（见表 1-1、表 1-2）

（4）内容深度 C_2 的计算公式为：$C_2=\alpha_{21}\frac{C_{21}}{3}+\alpha_{22}\frac{C_{22}}{3}$。

C_{21}，C_{22} 分别表示“呈现方式”和“认知要求”的等级，权重 $\alpha_{21}=\alpha_{22}=1/2$。

（5）$C_{21}=(n_1X_1+n_2X_2+n_3X_3)/(n_1+n_2+n_3)$。

其中，n_1，n_2，n_3 分别表示直观、归纳、抽象各个水平知识点的个数。

C_{22}，C_{31}，C_{32} 也进行了类似的处理。

表1-1　内容呈现方式赋值标准

水平	赋值	描述
直观	1	以标本、模型、图片、图形、图表、算例等直接呈现知识点的属性、特征或内容，文字仅限于给出对象的名称。法则的直观是指通过实物、图片呈现法则的算理、运算步骤
归纳	2	在对知识点进行直观呈现的基础上，用文字对直观的内容进行归纳、描述。法则的归纳是指借助于若干计算实例，给出运算的一般方法
抽象	3	用文字直接对知识点所含的对象的属性或特征进行叙述，无直观呈示，或直观呈示只用于对文字叙述的说明。概念的抽象是指给出了概念的形式化定义。法则的抽象是指给出了法则的相对形式化的推导

表1-2　内容认知要求赋值标准

水平	赋值	描述
了解	1	知道知识点所含对象的主要特征，能从具体情境中辨识对象。概念的了解是指对概念的模糊的、笼统的、不完整的部分特征的认识；法则的了解是指只在内容中出现了法则，但在习题中未涉及与之有关的习题
理解	2	知道知识点所含对象的由来，能描述对象的特征，能描述对象与相关对象的区别和联系，明确对象的适用范围。概念的理解是指对概念本质的特征的认识；法则的理解是指需要学生明晰法则的算理，需要学生用算理解决问题
掌握运用	3	能灵活、合理地运用知识点所含对象，将对象与其他知识点进行综合应用，能将对象运用到新的或较复杂的情境中解决问题。理解和掌握运用的区别在于是用概念辨析还是用概念解决问题。出现了概念辨析的都归结为理解，否则为掌握运用；概念的掌握运用是指用概念解决问题

（1）习题难度 C_3 主要由习题的认知要求和习题背景确定，每一个因素都分为 3 个水平。（见表 1-3、表 1-4）

（2）习题难度的计算公式为：$C_3=\alpha_{31}\frac{C_{31}}{3}+\alpha_{32}\frac{C_{32}}{3}$。

（3）C_{31}，C_{32} 分别表示习题的认知要求和习题背景等级，权重 $\alpha_{31}=3/5$，$\alpha_{32}=2/5$。

表1-3 习题认知要求赋值标准

水平	赋值	描述
模仿	1	对相应知识点中例题或示例的模仿。题目的设问、要求，以及解题的方法、步骤都基本与例题一致。问题的情境（不需要重新建模），解决问题的方法、思路及所需要的知识点与对应知识点一致
迁移	2	与对应知识点中的例题或示例相比，题目的情境（需要重新建模）、设问、要求有所变化，或解题的方法有所改变，或解题的步骤有所增加，或需要运用其他知识点。主要是对应知识点的运用，至少满足其一
探究	3	没有直接对应的例题（在背景、方法、知识点等中三个以上和例题不同），题目的设问可能是开放性的，或解题方法是非常规的，或无固定解答步骤，或没有唯一的结果，或对对应知识点的延伸（不是指仅对原知识点的直接迁移）

表1-4 习题背景赋值标准

水平	赋值	描述
无背景	1	只含有数学学科知识，没有个人生活或科学相关的背景
生活背景	2	含有与学生熟悉的生活或公共常识相关的情境或背景，且在这些情境或背景中应包含用于解答习题的内容（学生能直接感知的）
科学背景	3	含有科学（地理、物理、生物、化学、信息技术等）试验的情境或背景知识中包含有需要进行数学化的内容，并用于习题的解读（学生不能直接感知的）

研究最后表明，我国的小学数学教材和德国的小学数学教材在整体的难度上差别如表1-5所示。

表1-5 小学数学教材难度差异表

国家	内容广度	内容深度	习题难度	难度
中国	0.615	0.684	0.508	0.617
德国	0.692	0.686	0.497	0.613

由表1-5可知，我国的小学数学教材和德国的小学数学教材总体难度差异并不大。虽然有一些差异，但并不影响小学数学教材的总体难度。

这一研究比较客观地反映了两国数学教材的难度差异。但是这个研究没有考虑时间的因素，也没有讨论两个国家教育体系的差异。在不同的时间段学习相同量和相同深度的知识，学习的难度是不一样的。

对学习任务单独进行研究而不考虑整套教材的特性，在史宁中等（2005）提出难度概念后，几乎与巩子坤等（2014）同时，华东师范大学的王建磐和鲍建生（2014）专门就教材中的例题难度开展了比较研究。他们试图比较五个国家（中国、美国、法国、俄罗斯、澳大利亚）的六套教材中的数学例题，以此来确定国际数学教育中的例题难度的排名。为此，他们提出了下列难度因素与难度水平的分析框架。（见表1-6）

表1-6　难度因素与难度水平分析框架表

难度因素 \ 难度水平	1	2	3	4
背景（A）	无背景（A_1）	个人生活（A_2）	公共常识（A_3）	科学情境（A_4）
数学认知（B）	操作（B_1）	概念（B_2）	领会—说明（B_3）	分析—探究（B_4）
运算（C）	无运算（C_1）	数值运算（C_2）	简单符号运算（C_3）	复杂符号运算（C_4）
推理（D）	无推理（D_1）	简单推理（D_2）	复杂推理（D_3）	—
知识综合（E）	一个知识点（E_1）	两个知识点（E_2）	多个知识点（E_3）	—

这是一种以学习者在数学学习中的认知过程为基础的分析框架。研究者假设学习者在学习数学例题时，他们的背景、数学认知、运算、推理和知识综合是决定难度的五种认知要素。在每一类要素上，学习可以按照从简单到复杂的认知要求分为四个等级。通过综合难度因素与难度水平，研究者可以测量出一个例题相对于另一个例题的难易程度。例题的学习不需要考虑时间的压力，也不需要考虑知识点的广度和深度，但是对认知过程的分析非常重要。因此，这个研究具有很强的创新性，为相关的学习任务难度分析开创了一个新的研究方法，具有更大的理论价值。

这个分析框架有一点让读者难以理解，研究者把“背景”也作为认知的一个要素，而没有在研究报告中讨论这样做的理由。五个影响难度的因素其实只有四个真正与认知难度有关，背景只是其他四个因素的条件。根据建构主义认知心理学，学习者一般是在已有知识的基础上建构新的知识的，而学习者所熟悉的背景就代表其已有知识。因此，例题中的背景知识只反映了例题的设计者对学习者已有知识的一种估计，其对认知构成的难度和其他四个因素对认知构成的难度不是同一种性质。把例题的背景知识作为学习者的认知难度在理论上是值得商榷的。这也导致了研究者最后难以解释为何西方很多教材中的例题没有足够的背景知识的疑惑，其背后体现了这些教材的作者对教材所面向的目标读者已有知识的一种估计。这种背景知识并不需要学习者进行主动的认知操作，而是学习者开展有效认知活动的一个条件。如果教材作者认为学习者在没有背景知识的情况下仍然可以进行认知操作，这种背景就可以省略；反之，作者就必须提供背景知识。这和作者是否要求学习者开展逻辑推理的性质是不一样的。无论教材作者如何估计学习者的背景知识状态，在解决数学问题时，逻辑推理都是不能缺失的，但是可以有不同程度的逻辑推理要求。

上述两项研究存在的一个共同问题是：两个研究都依赖于“赋值”这一主观性很强的研究方法。赋值的准确性可以直接影响比较结果，因为赋值不仅是对客观问题的主观界定，还是对难度理论进行验证的主要手段。验证是准确的前提。但遗憾的是，两个研究都没有报告“赋值”的验证过程，在严谨度上有较大的改进余地。

几乎与我国理科教材难度国际比较研究同步，我国研究者开展了外语教材的难度比较研究。在吸收理科教材难度研究创新要素的同时，也对其存在的问题进行了进一步的修正。本书将在以后的章节中详细介绍高中英语教材难度的国际比较研究。

第三节 国际外语/二语教材比较研究

在教材的国际比较研究中，外语/二语教材的比较研究有相当的基础。国际学术界对外语教材的比较研究主要围绕教学内容分析性(Content Analysis)研究和教学活动设计（Task Design）研究来展开。

一、教材内容分析性研究

由于语言教育的人文性质，外语教材含有大量的人文主义思想内容的文章和素材。近年来教材研究者对教材的思想内容和文化倾向性开展了广泛的比较研究，重点研究不同的教材是如何反映社会现实和文化倾向性问题的。

外语教材内容分析的理论基础是“批评话语分析”(Critical Discourse Analysis，简称CDA)。CDA是一种分析语言意义，尤其是蕴含意义的主要方法。它是基于20世纪后现代主义思想的一种语言意义分析方法，来源于哲学家福柯（Foucault，1984）的思想。CDA认为话语所表达的知识（Knowledge）与话语所拥有的权力（Power）具有相互支撑的关系（Perez-Milans，2013）[36]。也就是说，若被认为是正确的或者代表真理（Truth）的话语，就拥有话语权（Power)。这种话语权代表特定社会文化语境中的社会权势，而这种权势会进一步强化人们对话语意义所代表的“真理”的认同。CDA还认为，话语（Discourse）并不仅仅是简单的语言运用，它还代表社会的现实（Social Practices)(Fairclough，1992)[8]。在使用话语时，人们通常会通过某种视角来反映社会现实，这就使得我们把符合这种视角的社会现实当成是“正常的”“正确的”“可接受的”，而把不符合这种视角的社会现实当成是“异常的”“错误的”“不可接受的”；把与我们有相同视角的人看成是“自己人”，而把与我们视角不同的人当成“另类”。CDA认为，这是社会偏见在语言领域的反映，使得狭隘的意识形态借助于强势的话语权而得以强加到弱势的少数人身上。因此，CDA以批判的精神要“反其道而行之”，把人们“习以为常”

的话语所掩盖的真实意图揭示出来，让学习者可以看到不同的视角所展示的话语意义。

CDA分析方法是一种深入文本内部，结合当时的社会文化环境，揭示社会现实的语言分析工具。这一工具也为英语教材分析提供了理论基础和分析手段。

CDA的教材内容分析方式主要是结合社会文化背景，分析语篇（Textual）、符号（Semiotic）和语言（Linguistic）资源对意义的贡献。语篇资源是指文字、对话和练习等活动的上下文，对话的话轮（Turns）等。符号资源指图片、字体、声音、视频等。语言资源指语篇中的措辞、语言结构、语音语调等因素。CDA通过分析这些因素，结合语境的社会文化因素，力图透过语言的表面意义，探索字面背后的深刻思想，展示不同视角所揭示的新意义。

教材内容分析比较研究目前主要聚焦于以下两个问题：一是文化和身份的代表性，二是全球文化（语言）和地区文化（语言）的关系。

（一）文化和身份的代表性

考察代表性（Representation）和身份（Identity）两个相关联的因素是CDA教材内容分析性研究中最重要的问题之一（Gray，2013）[5]。代表性指教材内容的选择和表现的立场。编写者在挑选材料和设计教学活动时会持有某种政治和文化的倾向性。这种倾向性可以通过人物的社会阶层、性别、种族、职业，甚至生活习惯等因素表现出来。

“身份”的核心问题是“我/他/她是谁？”“我/他/她在想什么？做什么？”等。用一定的方式来展示某一阶层的人，就几乎给他们贴上了身份的标签。因此，在内容分析中，身份和代表性这两个概念常常放在一起讨论。

代表性和身份是教材内容分析的核心因素。因为这两个因素在教材中为学生构建了目标语世界，反映了目标语世界中的价值观和文化，所以，分析教材中的代表性和身份问题具有重要的教育意义。它力图揭示外语教材的内容所隐含的目标语世界，从而使教师能对其中不确切的内容或者社会偏见采取措施，或者通过比较挑选出内容恰当的材料，避免使用带有偏见的教材，以免误导学生。教材内容分析常见的方法是比较不同时期或不同作者所编写的外语教材，揭示教材背后所建构的不同的目标语世界。

教材的这种比较研究得出了一系列的结论，这些结论对教材的编写产生了巨大的影响。通过国际教材之间的比较发现，当代西方，尤其是20世纪80年代以后英国出版的教材代表了西方现代社会的意识形态的主流话语。因此，使用这些教材的教师和学生，譬如中国的英语教师和学生，不可避免地遇到了诸多挑战。如何看文化、话语方面母语和英语之间的差异？中国的英语教师在教学中应该如何帮助学生面对这种差异？这是每个教师需要思考的问题。

（二）全球文化（语言）和地区文化（语言）的关系

教材编写者和教师需直面的问题是教材内容应该是以地区（本地）文化为主，还是以目标语国家（主要指英语国家）的文化为主。交际教学法强调利用学习者的本地文化，教材理应重视本地文化的内容。例如，当学生学习有关饮食的材料时，中国学习者要从表示一日三餐和中国餐具（如筷子）的词汇入手，然后逐步学习西方人的餐饮习惯、食物名称、餐具名称和健康饮食的文化。英语目标语国家（如英国、美国、澳大利亚、加拿大等）的学者普遍主张外语教材的文化内容要结合本地文化（Kumaravadivelu，2006）。

英语学习不仅要结合本地文化和目的语文化，还要结合全球文化。英语已经成为21世纪使用最广泛的语言，正随着全球化的浪潮普及世界各地，用于商业、金融、科技、文化、教育、政治交往中。由于使用英语作为共同的交流工具，世界各国正在进行前所未有的文化融合。学习英语的同时学习世界文化，已成为当前学术界的共识。因此，教材内容比较可以反映出教材作者对文化（语言）的选择倾向性。有研究表明，国际化的文化和语言正在成为某些国家编写外语教材的主流思想，如日本的外语教材，采用国际化视角，努力反映全球化的文化知识。

教材内容的文化分析比较还可以按文化内容进行对比，从而确定教材文化内容的某种倾向性。这在批评话语分析、隐性课程分析和教材的国际比较中经常使用。例如，教材中的文化内容可分为以下四类（Adaskou，Britten，Fahsi，1990）：

（1）美学内容，如媒体、电影、音乐、文学、流行艺术、自然地理、历史等；

（2）社会内容，如家庭结构、人际关系、物质条件、工作、休闲活动、习俗节庆等；

（3）语义内容，如具有文化特殊含义的词语，如汉语中的“缘分”，英语中的 individualism 等；

（4）语用内容，如英语中称赞语的文化意义等。

伊朗的两位学者 Tajeddin 和 Teimournezhad（2015）运用文化来源和文化内容分类法分析了伊朗本地教材 *ILI Series* 和国际流行的英语教材 *Top Notch Series* 的文化倾向。他们认为教材文本（主要是课文和对话）主要包含美学内容和社会内容，所以仅仅分析了两套教材在这两种文化内容方面的差异。

他们的研究表明了在伊朗流行的两套教材有不同的文化倾向。本地教材倾向于采纳中性文化的社会内容，其次是国际文化中的美学内容，再者是目标语国家的社会学内容；国际流行的英语教材首先倾向于世界各地的美学内容和社会学内容，其次是目标语国家的美学内容和社会学内容，再者是中性文化的社会内容。两套教材的共同点是本地文化的内容极少，几乎可以忽略不计。这一研究结论表明，无论是本地教材还是国际流行教材，本地文化在内容上是缺失的。所以，在外语学习中教师和教学是把学习内容与本地文化建立联系的关键要素。教师要认识到教材的局限性，在教学中自觉地把教材内容与学生所熟悉的本地文化联系起来，提供教学内容与学生生活之间的相关性。

二、教学活动设计研究

外语教材主要由教学素材和教学活动构成。教材内容分析性研究主要是针对教学素材，教学活动设计研究依据的原则主要来源于外语教学理论。

外语教学活动设计研究难度要远远超过对教材内容进行分析性研究。因为在外语教学中，学生的学习是动态的，教师的教学也是动态的，学生和教师的因素也是不能确定的。

针对这个难题，研究者的主要解决办法是探索教学活动所能提供的学习机会，分析学习活动是否能够提供足够的机会让学习者的学习符合现有的二语习得研究理论。有的研究者采用教学实验的方式，如 Ashwell（2010）对练习活动有效性的比较研究；有的研究采用层次分析法研究教学活动设计背后的教学思想，如 Littlejohn（2011）。还有研究者采用分析评价的方法研究学习活动设计的质量，如新加坡的 Jacobs 和 Ball（1996）开展的教材合作型学习活动的研究。这项研究无论是对教师还是教材设计者都很有价值，我们对此做了专门的介绍。

根据外语教学理论，小组合作型学习活动比教师主讲型课堂教学更具有优势（Long，1990）。因此，在国际上的主要外语教学出版物中，小组合作型学习活动的设计受到广泛的重视。但是，Jacobs 和 Ball 发现，很多教材中所谓的“合作型学习活动”并不能真正发挥合作学习的优势。两位学者希望通过分析比较国际上的教材，研究这些小组合作型学习活动的设计情况，旨在帮助教材编写者和教师提高“小组合作学习”的成效。

研究者采用了 Long（1990）对三种活动的分类：有计划和无计划的活动（Planned vs. Unplanned Activities），目标集中和目标分散的活动（Closed vs. Open Activities）、双向交流和单向交流的活动（Two ways vs. one way activities）。在这三类活动中，学习者有计划的活动要优于没有计划的活动，目标集中的活动要优于目标分散的活动，双向交流的活动要优于单向交流的活动。研究者又引用了外语教学中关于合作学习的两个重要原则：正面相互依赖（Positive Interdependence）和个人责任心（Individual Accountability）。前者是指小组成员必须能够感知自己的成功和别人的成功之间的密切关系，别人的成功是自己能够成功的基础。因此，小组成员必须能够主动和他人配合，这在拼图阅读（Jigsaw Reading）活动中较为常见。个人责任心是指参与者之间必须存在某种结构，使任务能够合理地分摊到各人身上，防止出现有人包揽一切，而有人却毫无贡献的情况。

两位研究者首先通过计算机国际检索挑选出 20 世纪 90 年代出版的 300 多套教材，然后结合教师用书等资源，挑选了 10 套教材。接着，两位研究者按照上述条件挑选出教材中的合作学习任务，两人独立评价，数据的吻合率达到百分之百。从这些合作学习的活动中挑选出20个任务后，两位研究者根据这些任务是否符合外语教学理论的原则和促进小组合作型学习的可能性进行独立打分。最后，两人对比各自的数据，打分的一致性达到95%后才开始分别评价其余小组的合作型学习任务。

研究表明，合作型学习任务被广泛地应用于现代外语教材之中，但是设计上真正合理且能够为学习者创造出符合外语教学理论原则的教学活动并不多。研究者指出，很多活动貌似“合作型学习任务”，表面看起来符合Long所说的三种活动，但在设计细节上违背了正面相互依赖原则或个人责任心原则，故而在实际教学中并不能有效地发挥小组合作型学习的优势。因此，两位研究者对教师提出了若干教学建议，鼓励教师在教学中调整这些活动，以期取得较好的教学效果。

本章小结

在本章中，我们讨论了国际比较教育和教材比较研究的理论、原则和研究成果。但是，我们有必要说明比较研究并不全是学术界的研究活动。比较教育界基于借鉴教育发达国家经验的原因，可能更重视统计数据。可以预见，在未来相当长的一段时间内，学术界和教育界之间的不同认识仍然将继续。学术研究者必须坚持科学和理性的态度，在学习别人的教育特点时，要把他们的文化因素考虑进去，在比较研究中，重视"描述"的作用，关注教育体制和教学实践背后的文化、历史、政治、经济等要素。

学术界对比较研究的认识可以归纳如下：

"用新的教育实践来替代传统的教育实践，或者用国外的教育观念来指导本国的教育实践。目前各国都在努力推进教育改革，以弥补教育方面的各种不足。通过国际比较，可以发现一系列由于教育改革以及对教育某些方面特点的改良所带来的显而易见的问题。第一，我们是否将孩子和'洗澡水'一起泼出去了，在我们试图向他人学习的同时，是否忘记了我们已经取得的仍然有价值的经验，并且忽略了我们自身的长处；第二，我们只注意别人工作中好的一面，忽略了对方不足的一面；第三，我们忽略了别人取得成就的条件和环境，只关注借鉴别人成功的经验而忽略取得这些成功的文化、社会及教育体系等背景因素；第四，我们只是孤立地看待每一个成功的策略和实践，而忽略了怎样将每一个成功的因素相互结合以达到预期的效果；第五，我们实际上只是以我们自己的眼光来衡量其他国家的经验，这就不可避免会导致一些误解。"（赵勇，2007）

以上论述高度概括了当前国际比较研究的基本思想，对我国目前正在开展的教育改革具有重要的警示作用。

比较研究目前还在发生另外一些重要的转变。传统上，比较教育学研究的结论通常是为教育政策服务的。很多国际比较这样宏大的课题对于普通教师来说，并没有给他们带来实际的影响。但是，现在的比较研究开始逐步把比较研究的结论和教师的实践联系起来。比较研究的成果正在通过种种具体的案例研究等方式传播给广大教师。例如，国际教材难度比较项目、教材内容分析、教材学习任务评价等具体的案例研究，可以有效地提升教师对教材的认识，帮助教师跳出窠臼，从不同的学科角度增强自身的变革能力，为职业发展开拓出新的路径。

第二章 国际比较课程体系分析框架

课程体系比较研究的前提是对课程本身的研究，只有在课程理论的基础上梳理课程的实质、内容和研究方法，课程之间的比较才有可能。

研究课程的首要任务是研究课程的价值观。价值观是人类对现实世界的一种反映，掺和了主观的判断、情感等思维活动。因此，课程的价值观不仅反映了课程设计者、实施者和接受者的情感、态度、价值判断，还反映了他们对生活、文化、社会和历史等的观察、思考与选择。这些判断不是永恒不变的绝对真理，而是某时、某种社会文化、历史环境下的一种相对真理，是在一定历史时期内，教育者和被教育者均认可的一种思想。

价值观的相对性并不能否定课程的科学性。课程价值观在确定学习的方式、知识与技能的价值，判断人类社会未来的方向等方面发挥重要的作用。但是，在实现价值观所决定的目标时，科学手段是极为重要的。教育在传授知识与技能，使学生全面发展的过程中，其科学性是实现目标的重要保证。课程的科学性能保证教师依据认知规律来开展教学，能依据学习者的身心发展规律选择教学内容，安排教学活动，设计教学方法，评价教学结果。

在相对性和科学性的双重原则下，教育者需要回答课程知识的价值问题。作为各国基础教育中的一门重要课程，英语对这些国家和地区而言，具有什么价值？学习者为何要学习这门课程？英语能力对青少年的未来发展到底意味着什么？对知识价值的这种追问是开设课程的重要基础。它反映了基本的教育理念。

第一节　外语课程体系比较分析框架

一、外语课程体系分析的十个基本问题

外语课程体系分析有一系列关于外语课程本质、要素的问题。（见表2-1）

表2-1　外语课程体系分析的十个基本问题

序号	问题	基本要素
1	外语课程的理念是什么?	课程的五种基本理念
2	外语在该地区的历史文化背景是什么?	社会文化传统
3	外语在该地区民众生活中有何作用?	外语的社会环境
4	外语课程学习的起始年级是什么?	对待外语的态度
5	外语课程是如何设置的?	资源分配
6	外语教学的要求是什么?	教学目标
7	使用什么样的教材?	教学方法和手段
8	对教师的要求是什么?	教师资质
9	外语教学面临何种矛盾和困难?	改革的焦点
10	外语教学未来的发展方向是什么?	改革的方向

这十个问题全面地体现了课程理论对具体学科的分析要求。

二、外语课程理念

课程的理念（Ideologies）是课程的出发点。人们必须为课程设置找到充足的理由，并且运用这些理由来解决课程中的其他问题，如内容选择、内容难易程度、教学手段、评估标准等。因此，课程理念是课程的灵魂。

任何课程的开设都基于一定的理念，英语课程的开设也一样。世界各国开设英语课程时，都基于一定的理念，这些理念归纳起来共有如下五种（Richards，2002）。

（一）学术理性主义（Academic Rationalism）

学术理性主义强调知识本身对于人的价值。学校传授人类所积累的

知识，不是为了追求这些知识的实用价值，获得这些知识本身就是个人的成就，是一种有价值的活动。例如：在欧洲某些国家和地区，虽然学习拉丁语并无太大的实用价值，但是，人们认为学习古代语言可以使年轻一代得到较好的逻辑思维训练，并使古代的文化和知识得以传承。拥有拉丁语知识被认为是社会精英的标志。

学术理性主义催生了知识精英，同时也催生了大众文化，使普通大众产生了一种追求风雅的兴致。学术理性主义也是我国传统教育中根深蒂固的一种理念，旧时苦读四书五经的传统就是一个例子。

（二）社会经济效益（Social and Economic Efficiency）理念

社会经济效益理念是许多国家和地区开设课程的重要出发点。持这种理念的人认为，教育是生产力的资源，良好的教育能创造出优质的劳动力，优质的劳动力可以提高社会的生产力水平，从而提升整个社会的生产效率。

在英语课程方面，世界上大多数国家和地区的教育政策制定者认为英语是未来世界上重要的沟通工具。英语在未来极有可能成为世界通用语。世界上绝大部分科技文献，绝大多数的政治、商业和文化活动都将使用英语，英语的第一语言使用者和第二语言使用者总数将超过世界上任何一种语言的使用者。由于英语的这种特殊地位，英语被视为今天的知识经济和未来参与世界经济的重要工具。

在以社会经济效益为理念的英语课堂上，学习者未来在社会、经济、文化等活动中所需要的能力可以被详细地描写出来，并据此设立课程评估要求，以衡量学习者是否达到了课程所设定的目标。在这种性质的英语课程中，学习需要通常被界定为某种能力水平。这种能力指的是在社会生活和经济活动中用语言开展交际的水平。

在以社会经济效益为核心理念的英语课程中，学习者通常会面临来自社会、家庭和个人的压力。学习者如果不能承受这种压力，不能达到课程所规定的要求，通常会被认为是课程体系中的失败者，被认为在未来的社会竞争与生产活动中没有竞争力；反之，能够达到课程所设定的语言能力的学习者，会被认为是这种课程体系或制度中的成功者，他们将在未来的社会生活和经济活动中成为有能力的竞争者。以社会经济效益为理念的课程是一个追求效率的体系，有时会与社会公平和个性发展相矛盾。

（三）以学习者个性发展为核心的理念

当教育以追求社会经济效益为核心理念时，其课程体系可能会牺牲掉个性自由发展与社会公平。社会的健康发展并不完全依赖于经济效益，缺乏个性自由的社会是不健康的，也无持续发展的可能。

以学习者需求为中心的教育理念是现代教育重要的特征之一。它以学生的发展需要和个性经验为基础，以学生已有的能力和基础为教育的起点，让学习者能尽自己的天赋获得充分的发展。

以学习者为中心的教育理念强调学习者的需要和个人经历与体验的重要性。学习者的需要并非单纯地指学习者对社会现实的功利性需求，还包括了学习者能够满足个人在心智、认知和生活等实践中所产生的心理需求。这种心理需求在本质上不反映社会的功利，是学习者内在动机的一种表现形式，带有很强的主观与个性化特点。个人的这种心理需求常常与认知的发展阶段有密切的关系，因而，这些特点常常反映在学习者特有的个性化的兴趣、动机与态度中。

学习者的这种内心需求不仅与个人的性格特点有关，也与实践和经历有关。学习者的需求常常会受到个人体验的强化、拒绝或者修改，学习者的体验过程对学习者明确自身的需要具有重要的意义。教师为学习者创造的不同的学习体验过程，就会使学习者产生不同的心理需求。

以学习者为中心的教育理念具有明确的心理学理论基础。在建构主义心理学家看来，学习者是在重构外部的体验与经验过程中创造知识的。缺乏重构与再构的过程，学习就无法发生，学习者就无法创造出对其有用的知识。因此，教育的重点是关注学习者的个人体验。教育者虽然希望看到良好的教育结果，但更注重教育的过程，在过程中帮助学习者体验知识的创造，在过程中让学习者体验到学习的收获，明确自我需要，找到人生的发展方向。

在语言学习领域，学习者的个人需求首先来自人类对语言的直觉。人类对语言最本质的需求是用语言来实现个人交往、情感表达与认识世界的目的。人类对语言的意义、功能的企求和运用是人类最基本的本能——追求世界的意义。学习者在最初接触语言时，通常是从语言的交际功能、情感表达功能以及语言的思维工具特点上起步的。因此，人类对语言形式的关注落后于对意义的关注。儿童大都不会首先关心语言结构等语言知识，儿童在早期甚至都不能区分语言意义与语言形式。这种现象告诉我们，以学习者为中心的语言教育一定要从儿童所熟悉或能接受的意义开始，这是以学习者为中心的语言教学理念的第一原则。

从儿童所熟悉的意义上启动语言教育不仅是第一语言学习的重要原则，更是外语教育的原则。

从语言发展的角度看，儿童并不能有效地区分外语与母语学习。儿童在语言发展中，能够自然地利用语言来认知世界，同时发展语言能力。在学习外语时，他们通常不把外语当成母语那样的语言系统来学习，因为外语无法像母语那样满足儿童初学者在社会交往、情感发展、身份建构等方面的需要。除非我们能为儿童创造出第二语言的生活和学习环境，否则儿童不会自动地把外语当作交往和认知工具，而仅仅是将其当成要求他们记忆和练习的一种知识。

由于儿童个人需要与外语教学之间的矛盾，儿童（包括大部分少年）的个人需要是外语教学要直面的第一个挑战。教师不能直接地从知识本身寻找儿童需要的内容，而只能从其他方面来寻找。

以学习者为中心的外语教育不追求知识或技能的量，首先是为学习者营造能体验到外语学习兴趣的经历。儿童作为学习的主体受到充分的尊重，他们的个性、兴趣和意志是决定教育内容和教育要求的主要依据。

以学习者为中心的教育意味着一切事先制定的知识与技能教学要求均需服从于学习者的情感态度、价值观的发展。因此，事先制定的语言教学大纲，如词汇量要求、语法知识点要求或语言技能水平要求都是灵活的、可变的，并且可以因人而异做出调整，以满足学习者的认知需求与情感需求。语言教学更加强调“从做中学”，更加强调语言实践，而非语言知识或技能等硬性指标。反对教师死扣书本，强行实施语法或语言知识点的教学。注重学生的体验质量是教育者的首要原则。所以，在以学习者为中心的教学环境中，教育者更倾向于使用过程式大纲（Process Syllabus），教师通过与学习者互动的方式逐步建设课程，培养学生积极向上的情感态度。

（四）社会公平理念

社会公平是当代教育领域的重要问题。知识在各个社会阶层或社会环境中的价值是不同的。同时，对来自各个社会阶层的人来说，教育资源的分布是不平衡，甚至是不公平的。教育机会、教育过程与教育结果往往会因为种种原因而处于不平衡的状态，教育的不平衡往往和社会紧密相关。

在以社会公平理念为主导的课程里，教育被认为是平衡社会不公的利器。在这种理念支配下，教育者关注学习者是否能够关爱人类，是否能够促进资源和财富的公平分配。

以社会公平为核心的理念在本质上是关怀社会的弱势群体或受压迫的群体。持这一理念的教育者对教育过程持严肃的批评态度，把教育看成是唤醒学习者灵魂的过程。在学校教育中，他们认为知识不是由教师传导给学习者的，而是师生在课堂中共同构建的。因此，师生在本质上是平等的。在以社会公平为核心理念的课堂上，师生之间平等的地位和交流是课程创造知识的基础（Friere，1975）。

在以社会公平为核心理念的外语课程体系中，教师会关注学习者的家庭背景、经济条件和家庭文化等因素对外语学习的影响。例如，在中小学里，来自农村的儿童学习外语的机会要明显少于城市地区的儿童，父母经济条件好和文化程度高的家庭往往能为子女获取更好更多的外语学习机会。重视社会公平理念的教师会努力为学习者创造公平的学习机会，以平等、关爱和民主的原则对待学习过程。因此，他们可能更愿意在课堂上与不同水平的学习者交流，共同提高语言水平。

在重视社会公平理念的课堂上，外语教师会更加关注不同水平和能力，以及不同文化背景的学习者的权利。教师会尽可能地以对话方式与学习者交流，对学习者进行引导，而不是把自己的观点、见解或认识强加给学习者。

人们对以社会公平为核心的教育理念有较大的争议。有些学者认为，社会不公平的现象并非一定要通过学生和老师的努力来纠正，政治家与社会改革家对社会不公平有更加有效的手段。

（五）多元文化观

多元文化观认为不同民族、种族和地区的文化是平等的，教育者要发展学习者的多元文化观，使学习者能理解、欣赏不同的文化特点。教育者在教育过程中要帮助学习者发展跨文化交流的能力。这种教育理念在多元文化的国家，如美国等移民国家，有着特别重要的意义。

在一些比较小的国家和人口比较少的地区，多元文化观是重要的教育理念。教育者希望通过多元文化观的理念，将学生培育为国际化的人才，从而为世界文化的互相理解和包容做出贡献。

多元文化观在外语教育中具有特殊的地位。外语学习在本质上是一种跨文化交流活动。鼓励学生理解并探索他人的文化，与他人进行文化交流是语言教育的一项重要任务。在语言学习中，多元文化观的培养是不可缺少的重要环节。

（六）有关外语课程理念的总结

Richards（2002）指出，课程理念是一种复杂的思想体系和信念系统。它们既有一致的地方，也有相互冲突的地方。将它们分为五种理念并不是绝对的，而仅仅是为了分析课程体系时更加方便，更容易理解一个社会文化背景下的外语课程。

一个地区的课程理念通常不是单一性质的，而可能包含着互相矛盾或者互相补充的多种理念。课程理念回答“知识的价值是什么”的问题，在确定与选择知识价值的同时回答“教什么知识”的问题。这两个问题难以分割。

在外语课程体系中，知识的性质一直是一个有争议的问题。争议的焦点是以语言知识为主，还是以语言交际能力为主。

传统的外语教学一直是以语言知识为核心的，这一传统可以追溯到二千多年前古罗马拉丁文与古希腊语的学习传统中。在希腊罗马文化传统中，语法学校是重要的外语学习场所，语法学习始终是语言学习的中心任务。

从文艺复兴运动开始，这种以学习语法为主的语言学习方法的地位开始动摇。到18~19世纪，语言学习的观念开始变化，口语和交际的概念开始出现，语法翻译法和语言交际能力之间的矛盾一直处于胶着状态。

外语界的种种教学创新或改革其实都是在“语言知识”与“语言交际能力”两条道路之间做选择。随着时代的发展，争论的天平逐渐向“语言交际能力”一方倾斜。到20世纪末，培养语言交际能力已经成为国际外语/二语教学的主流思想。

在课程体系中，学术界的观念和教师的观念并不完全一致。虽然学术界主流是以培养学生语言交际能力为核心，但传统的以教授语法知识为主的理念仍然是一些教师开展教学实践的出发点。这种情况在各国的基础教育中尤为突出。

三、英语课程体系的比较分析框架

根据上述课程体系框架的讨论，我们制定了英语课程体系的比较框架。该比较框架围绕十个基本问题提出了更加具体的分析框架。（见表2-2）

表2-2 英语课程体系的比较分析框架

序号	比较内容	关键概念	关键概念的分析和比较方法
1	主要的英语课程理念	为学语言而学英语	学习英语能提高人的修养，英语能使得学习者获得高尚的品位；不追求英语学习的实用价值
		为社会经济服务	学习英语可以促使社会经济的发展，使人获取更好的经济与社会地位，能接受更好的教育，得到收入更高的工作
		以学习者为中心	英语教学应充分尊重学习者的需求、个人体验、学习能力，学习的过程比结果更重要
		改造社会	学习者英语水平的差异反映了社会均衡的现象，学生家庭社会经济条件与其英语学习结果之间有比较明显的关系。英语教学应该扭转这种情况，让更多的群体获得英语学习的机会，促进社会公平和谐
		多元文化	英语学习是一种文化交流。在这个过程中，学习者要努力欣赏英语文化，同时要努力用英语来表达自己的文化，力图在学习英语的过程中，既能保持自己的文化特性，学会表达自己的文化要素，同时又能够理解和尊重英语国家人民的文化，掌握跨文化的交流技能

续表

序号	比较内容	关键概念	关键概念的分析和比较方法
2	英语在该地区的历史文化背景	文化传统	英语在世界各地的传播途径是复杂的。有的国家接纳英语是出于历史文化渊源，如英语和法语的关系。在有的国家，英语是逐渐从外部渗入的，其历史进程并不明显。由于近代历史的变迁，某些因素触发了英语向这些国家的传播力度；有些地区和国家是在近代追随和学习西方文明的过程中主动接纳英语的。在有些国家，英语是殖民或半殖民的文化遗产。不同的历史文化在民众中产生了不同的文化心理，对英语或亲近，或疏远，或排斥，或接纳。不同的文化历史传统构成了今天的英语课程的社会文化基础
		地理位置	与文化传统不同，地理位置最直观地表现了两种语言之间的距离。这种影响会在民众对待英语学习的态度与动机中反映出来
		经济因素	经济因素指英语在该国或该地区的经济生活中的地位与作用。英语在商业上的作用已经被大量的研究所证实。因此，该国的经济活动与英语的关系会对该国学习英语产生影响，对英语学习动机的影响还会进一步影响教育资源的分配
		全球化进程的影响	英语是在18世纪殖民化过程中完成了其全球性的传播。也正是在这一过程中，英语成为殖民地儿童除母语以外学习的二语，二语便开始具有了“双语”的含义。英语全球化过程与地区的关系会影响到民众对英语作用和地位的认识，进而会对英语学习的动机和态度产生影响
3	英语与民众生活的相关性	教育	英语对学生获取教育机会（如接受高等教育）的作用，英语在教育训练中的作用等，都会影响到英语课程在学习者心目中的地位
		工作	英语与工作的关系对英语学习有重要的影响。英语与商业、产业活动的关系，英语与求职、升迁的关系，英语与人才选拔的关系，都会影响民众对英语的看法，从而影响该国或该地区的英语课程，影响学生和教育决策者在英语课程上资源的分配

续表

序号	比较内容	关键概念	关键概念的分析和比较方法
3	英语与民众生活的相关性	日常生活	英语与民众日常生活的关系也是影响课程的因素之一。民众在日常生活中有多大的程度接触英语，是否经常在旅行或接待旅游者时接触英语。他们在日常生活环境中是否经常接触英语，他们是否经常和说英语的人接触，媒体是否经常使用英语
		英语的社会地位	语言本身没有地位高低之分，但由于语言的社会、历史、文化等因素，民众会对语言进行价值评价，这种评价使某种语言获得某种地位。这种地位会随着社会文化的变迁而产生变异，英语的社会地位会影响到英语课程资源的分配和学习要求
		语言间的亲属关系	英语与母语的亲属关系会使民众产生“熟悉”或“亲近”的印象。亲缘关系越近，民众就越容易认为英语熟悉，从而产生“易学”的印象。有时，这种印象并不一定正确。英语与法语、葡萄牙语、俄语同属印欧语系（Indo-European Family），它们之间由于亲属关系而呈现出许多对应的关系。掌握了这些关系，有助于学习者学习英语，从而影响到民众对英语课程的感受和学习资源的投入
4	英语学习起始年龄	起始年龄	英语学习的起始年龄是国际学术界非常关注的研究课题，也是国际语言教育界争议最大的问题之一。但是，国际学术界在某些问题上还是能达成一致意见的。从长远的发展观点来看，早学者具有优势，所以目前世界上越来越多的国家开始降低英语学习的起始年龄，由过去的高中或初中改为小学。当前教育政策的观点不是要不要早学的问题，而是如何创造适合早学的条件。英语学习的起始年龄体现了社会对英语课程的重视程度，这会影响学习要求和资源投入
5	英语课程设置	课时	课时是课程设置中非常重要的因素。它反映了英语在学生教育过程中的重要性，同时也直观地反映了资源分配状态。在本研究中，课时是指上一节课的时间。在我们所研究的教育体系中，1课时为45~60分钟。因此，我们在分析过程中不对此加以区分

续表

序号	比较内容	关键概念	关键概念的分析和比较方法
5	英语课程设置	学期	学期的因素反映了学校英语教学时间的分布。每个学期的课时数和学期与学期之间的差异反映了某种语言教学观和语言学习观，也在一定程度上反映了课程负荷的分布
		学年	学年与学期有着密切的关系，但是学年更侧重反映英语课程学习重心的分布。安排英语课程的方式反映了对英语重要性与学习负荷的认识
		课程性质	课程的性质分为必修课和选修课。它反映了课程决策者对待英语的一种价值观，也反映了课程决策者对学习者的英语学习能力的判断
		教学方法	教学方法指教学手段的倾向性，可以分为以英语语言知识为导向的教学、以英语语言交际能力为导向的教学和以学习者为中心的教学（Kumaravadivelu，2006）。不同的教学方式所设计的教学活动具有不同的复杂度，从而影响教材的编写方式，最终影响到教材的难易程度
6	教学要求	语言等级要求	英语等级要求是反映课程目标的方法之一。当今世界大部分的英语课程都是以语言能力为导向的，所以目标等级是常用的手段。等级可以规定课程目标的出口（Exit）要求，还可用于分级管理，为课程内各个阶段规定评价指标。等级直接反映了政策制定者对课程的期望，也反映了课程的挑战程度
		词汇量	英语学习包括很多内容，但是词汇的学习仍然是核心任务之一，在特定的时间内学习单词的数量将会构成学习负荷的重要指标
		毕业时学生的语言要求	学生毕业与学生结束课程并不完全相同，两者在时间上不完全吻合。学生毕业时的英语水平或知识/技能要求可以反映课程的目标

续表

序号	比较内容	关键概念	关键概念的分析和比较方法
7	教材	编写理念	英语教材编写原则一般要反映英语课程的教学理念，编写者一般主张采用最新的教学理念。不同的教学理念会有不同的教学活动。不同的教学活动就会导致不同的任务复杂度，教学活动的难度也就不同。但是，在实践中，编写者所声称的理念并不一定真实地体现在教学活动中，在“一纲多本”的课程体系中尤为明显，几乎所有的编写者都会声称其编写理念反映了教学改革所倡导的理念，实际上未必如此。对教材的分析不能仅仅依赖编者前言或说明，必须深入教材内部，从活动设计上判断教材的倾向性。教材编写的主要倾向性有以语法翻译为导向、以结构—功能为导向和以交际活动为导向
		教材媒体	传统教材一般是纸质媒体，现代英语教材越来越重视音频和视频的应用。新媒体的运用对学习负荷会产生影响。此外，传统的黑白印刷正让位于大开本的彩色印刷，这种设计更容易引起学习者的亲近感
		教学用语	英语教材的教材用语是指教材中的教学指令语言。在有些地区，母语在教材中有很重要的作用。教材编写者用其编写教学指令，有些练习如理解性练习活动的题目也用学生的母语来编写。这反映了编写者的语言学习观和教学观，同时也反映了教材的学习难度。用母语编写的练习难度通常小于用目标语编写的练习
8	教师要求	教师资质	英语教师的资质首先表现在教师的英语水平上。每个地区都对英语教师的资质有一定的要求，这种要求可以反映出该地区的英语教学能力
		教师教育	教师教育是一个十分宽泛的概念。它泛指教师从师范教育开始至入职后的在职发展。但是，在课程体系的比较研究中，它专指英语教师在获得正式职位之前所接受的专业训练
		在职发展	英语教师入职后需不断地继续学习，发展自身的学术能力，提升职业水平。教师在职发展的要求将会对教师水平产生重大的影响，从而对课程体系产生影响

续表

序号	比较内容	关键概念	关键概念的分析和比较方法
9	挑战	政策实施	英语课程的实施还依赖于有效的政策措施，包括教育管理系统、文化传统、经济条件以及学术界的支持等。这些要素的配合程度会对课程的质量产生影响
		社会公平	社会公平方面的挑战是指社会的阶层和经济文化背景是否影响英语学习，不同家庭背景的学生能否得到相同的英语教育机会和教育过程
		公立与私立学校之间的差距	公立与私立学校在英语教育方面的差距反映了课程的整体质量与社会公平的情况
		学习者之间的差异	学习者差异是任何学科教学的一个重要现实。在英语课程中，学习者之间过大的差异会影响课程目标的实现
		对英语教师教育的挑战	某个地区的英语教师教育是否能够为社会提供足够的、合格的英语教师也会影响当地的英语课程质量
		传统观念	各个国家和地区对于英语学习都会有一些传统的观念，它们中的一部分可能与现代课程理念和教育观格格不入，从而成为英语课程改革的拦路石。例如，背诵是我国英语教学中的一种传统方法，它对我国的教育改革有相当大的影响
10	未来	改革的方向	改革是各国家和地区课程发展的永恒话题，代表未来的发展方向。改革方向将分析英语课程在理念、实践等方面的一系列变革措施

第二节　英语课程体系文本分析和田野调查

上述 10 个维度构成了英语课程体系分析和比较的理论框架。它们是分析和比较课程文件和调查数据的指导。

分析所需要的信息来自人类文化志（Ethnography）调查，这是一种定性分析和描写人类文化生活的研究手段。课程体系是现代人类社会的基本生活形态之一。因此，课程体系的研究符合人类文化学方法论的要求。

人类文化学研究作为一种方法论，更确切地说，是一种分析问题的方法。这种方法无论是单独使用，还是与其他方法合用，其实都是由一系列的调查手段构成的。这类调查手段可分为两类：访谈当事人和访谈相关人。

在调查过程中，研究者可能采用个案分析（Case Studies）、话语分析（Discourse Analysis）、探查性资料分析（Exploratory Data Analysis）、现场观察（Field Methods）、采访（Interviewing）、案例交叉归纳（Cross-case Generalizability）和人种志/定性田野记录（Ethnographic / Qualitative Field Notes）分析访谈数据和资料，从中归纳出结论。

本研究的目的是比较六个国家的英语教育课程体系，为教材难度比较提供背景知识。本研究虽然采用了人类文化学的研究方法，但并不聚焦于师生的课堂生活，而是通过分析各国的课程特点来展现其英语课程的面貌，并通过课程内部的要素分析，展示英语课程对学生、教师和教育管理者所构成的压力，解释教材难度的原因。

本研究的调查分析框架、调查对象及数据（外部和内部）有关情况如表 2-3 和表 2-4 所示。

表2-3 外部数据有关情况

外部数据	性质和作用
1. 对象国家政府公布的课程纲要、评价要求、考试大纲和说明 2. 对象国家的学者对本国英语课程的评价与讨论 3. 其他国家的学者对研究对象国家英语课程体系的评价与比较	1. 这些资料所提供的信息属于对象国家教育政策制定的决策依据，可靠度高，为研究者提供了外部观察课程体系的窗口 2. 研究者主要采用话语分析的方法，依据课程理论分析框架，从中解析出有价值的信息

依照人类文化志研究方法论的要求，内部知情者（Insiders）提供的信息可以验证政策文本的分析结论。表 2-4 展示了内部数据的情况。

表2-4 内部数据有关情况

内部数据	性质与作用
1. 对象国家政策制定者（Policy-makers）。他们主要是教育主管部门官员，课程体系设计、评价和实施的专业人士 2. 课程的参与者（Participants）。课程的实际参与者主要指学生、教师或学校的管理者	1. 政策制定者可以为政策文本的分析提供解释与说明，提高政策落地的部分细节内容。其局限性是实践中的细节比较少 2. 课程的亲身体验者。他们能提供课程的日常细节，丰富调查内容。其局限性是他们的信息只反映他们亲身体验过的课程

本研究从外部和内部两个角度分析对象国的英语课程体系。分析资料与信息来源见表 2-5。

表2-5 分析资料与信息来源

国家	调查对象	信息性质与特点
巴西	巴西驻华外交官员、巴西英语教师、巴西留学生	1. 三位受访者均接受过完整的巴西基础教育 2. 巴西驻华某领事馆的文化参赞，熟悉巴西的教育体系和教育政策 3. 受访的巴西英语教师在巴西高中毕业以后赴美国留学，学习本科英语专业，毕业后回巴西从事私立学校的英语教学工作。2012年前后，随妻子赴华工作，定居上海

续表

国家	调查对象	信息性质与特点
巴西	巴西驻华外交官员、巴西英语教师、巴西留学生	4. 巴西女留学生，约25岁，在巴西接受完整的公立学校的基础教育后考入巴西某大学，攻读商业学位。本科毕业后从事商业工作，一年后辞职赴上海某大学学习中文
法国	法国交换学生A、法国来华学生B、法国某公立中学英语教师、法国领事馆文化官员数人	1. 受访的年轻学生A和B分享了他们在法国公立学校学习英语的亲身体验，协助本研究联系了法国某公立学校的英语教师。应本课题研究人员的请求，他们用电子邮件的方式回答了课程调查人员提出的问题 2. 法国驻华某领事馆的文化官员就法国英语教育的情况为本研究提供了宏观的信息
日本	日本在华留学生A、日本初中英语教师B、日本高中英语教师C	日本留学生A 利用假期回日本采访了一名初中英语教师和一名高中英语教师，为本研究提供了日本初中和高中英语课程体系的信息
俄罗斯	俄罗斯在华留学生A和B、俄罗斯在华学者C、中国驻白俄罗斯前文化参赞兼俄语教授D	1. A和B在俄罗斯的11年制学校毕业后来华攻读汉语语言文学专业 2. C毕业于俄罗斯某外语特色学校，在俄罗斯大学获语言学博士学位，后到美国留学，获美国的语言学博士学位，目前任中国某大学民俗文化研究外籍研究员 3. D为中国某高校的俄语教授，俄罗斯教育和文化研究学者，曾任我国驻白俄罗斯文化参赞。因工作关系，经常来往于白俄罗斯和俄罗斯的教育机构。现为我国某高校国际关系俄罗斯研究学者。该学者协助我们取得了俄罗斯的政策文件，如英语教学标准、评价标准、学习考试大纲等
韩国	朝鲜族外语教育专家	受访者是我国的一位朝鲜族英语教育专家，获英语（教师教育）博士学位，曾在韩国首尔某大学攻读英语教育硕士学位。丈夫及子女均为韩国公民，受访者后来成为本课题的研究者之一。受访者精通韩语，了解韩国教育，并为本课题的研究采访了韩国某中学的校长和当地的英语教师

第三节 课程挑战程度

课程挑战程度指的是教育政策制定者所期望的课程难度。它反映了政策制定者对学习内容和学习者能力的判断。根据史宁中等（2005）的难度理论，课程难度是由单位学习时间、知识的深度和知识的宽度决定的。

在一般教育学的意义上，课程难度是指学习者在单位时间内要学习多少知识，学多深。在单位时间内学习的知识点越深，知识点越多，学习就越难，反之则越容易。

在英语课程研究中，课程的知识深度和广度体现在英语课程的教学目标上。学习目标是政策制定者对学习者在课程出口处（Exit）的语言水平要求。单位时间的要素体现了教育资源的分配，具体来讲就是课时数。

英语课程的目标设定建立在下列三个问题的基础上：（1）英语的本质是什么？（2）学习者是如何学习的？（3）教师应该如何去教？

这三个问题符合 Kumaravadivelu（2006）所提出的“后方法”时代外语教学的理论原则。Kumaravadivelu 认为外语教学的核心要素是语言、学习和教学，语言学习目标又可分为以语言知识为主的学习目标和以语言交际能力为主的学习目标，如图 2-1 所示。

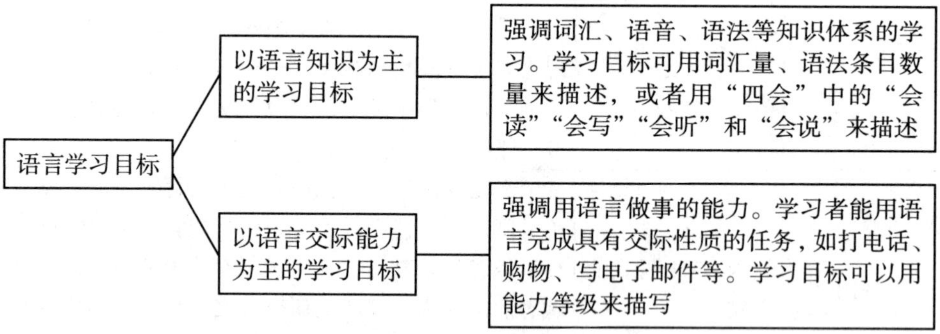

图 2-1 语言学习目标概念图

尽管课程目标有以语言知识或语言交际能力为导向之分，但两者的区分并不是绝对的。课程目标可以两者兼顾，在要求达到一定语言能力等级的基础上规定学生学习的词汇量或语法条目数的最低限度，也可以在以语言知识和常用词汇量的基础上要求学生在语言交际能力上达到一定的等级。无论用哪种方法，语言知识与语言交际能力之间不具有必然的相关性。语言知识多，语言交际能力未必强；语言交际能力强，词汇量和语言知识未必多。

在传统的课程大纲中，词汇和语法被认为是主要的学习内容。很多人以为它们体现了语言交际能力，其实这是对语言交际能力的错误认识。现代语言学认为，语言交际能力的内涵包括语言知识（词汇、语音、语法）、语篇知识、语用知识和策略能力（Strategic Competence）。也就是说，语言交际能力包含了语言知识，但语言知识不能代表语言交际能力，语言交际能力也不能代表语言知识。

以语言知识为导向的教学目标和以语言交际能力为导向的教学目标之间没有直接的关系。虽然语言知识只占语言能力中的一部分，但以语言知识或语言交际能力为导向的教学目标都不会与学习难度和课程挑战程度产生直接的联系。两种教学目标都可设置得很难，或者很容易，因而两者之间不具有相比的基础。要比较两个课程目标，必须找到相同的基础，即它们必须是相同类别的教学目标。

在上述以语言知识、语言交际能力或者“知识 + 能力”为主的教学目标中，造成学习挑战或学习难度的主要因素是什么呢？

在传统的以语言知识为导向的大纲中，人们一般认为构成学习挑战程度的主要因素是词汇量和语法条目数量，以及所谓的“四会”（指会听、会说、会读、会写）中的某“一会”（指会听，或会说，或会读，或会写）。

在以语言交际能力为导向的教学目标中，语法知识、词汇量等语言知识一般不单独构成学习挑战程度，而是要看学习者用这些语言知识完成什么样的任务。因此，构成学习挑战程度的主要因素可以归纳为能够用英语完成什么样的任务。

在“混合模式”（知识 + 能力）中，语言知识和语言交际能力都是构成学习难度的重要指标。因此，学习的挑战程度体现在学习单词和语法条目的数量，以及能够用英语完成的任务性质方面。

在语言交际能力和“混合模式”之间，两者所采用的“能力等级”

概念是有差异的。在以语言交际能力为导向的教学目标中，语言交际能力等级所涉及的词汇与语法知识是根据任务性质决定的。因此，这种学习目标不对词汇和语法条目做预先的规定。因为人们在使用语言时，不会先考虑要如何控制词汇，更不会考虑要如何控制语法。词汇和语法是为表达交际意义服务的。

在当今的国际教育界，以学生为中心的教学理念深入人心。以学生为中心的教学要求教师放弃部分权利，将课堂内的话题掌控权交给学生，由学生来主导学习方向。因此，与学生生活密切相关、紧密联系社会的话题便会超出教师的预设。在这样的情况下，任何试图对词汇和语法条目进行控制的努力均会失败。所以，以语言交际能力为导向的课程方案不预设词汇等语言知识，只提出一个要求——达到某个语言能力等级，至于单词和语法条目的多少就不是那么重要了。

从语言学研究来看，在以语言交际能力为导向的教学目标中，事先规定某些单词或语法条目也是没有必要的。

但是在“混合模式”中，除能力等级的描写之外，教学目标还会列出具体的语言知识要求，如规定词汇量，甚至提供词汇表，以供教学和评价参考。这种混合式的教学目标可以满足两类教师的需要，以语言知识为关注点的教师会采用语言知识作为教学和评价参考，关注语言交际能力的教师会采用能力等级作为教学和评价参考。

综合上述讨论，我们可以看出，在以语言交际能力为导向的教学目标中，课程的挑战程度或难度主要来自两个方面：用语言做事的能力（能力等级），适量的单词及有关的词法知识。

语言交际能力等级与词汇学习会受到教学资源的调节。相同的能力目标和词汇学习要求，在不同资源的条件下，课程的挑战程度会有很大的差异。这个调节因素主要是时间。也就是说，同样的学习内容与目标要求，时间越长，学习难度越低。图 2-2 可以说明课程的能力目标与交际能力要求、词汇学习及学习课时之间的关系。

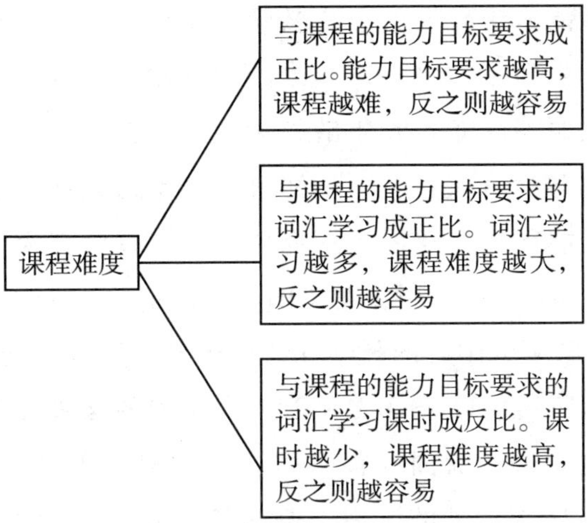

图 2–2 课程难度与能力目标及资源的关系

以语言交际能力为导向的教学目标有两个编写技术方面的困难，一是如何描写语言交际能力，二是如何给语言交际能力分级。语言学界，尤其是欧洲语言教学界对这项工作开展了近 40 年的研究。从 20 世纪 60 年代起，欧洲语言学界推出了一系列的能力描写与分级方案，如 Breakthrough，Waystage，Threshold，Vantage，Effective Operational Proficiency，Mastery 的语言水平等级（Council of Europe，2001）。在 20 世纪 90 年代，欧洲语言教学界将各种语言交际能力的描写指标合并，并通过一系列的实证研究对语言交际能力的描写指标进行了验证，使其成为一项事前验证的能力指标。这是语言能力描写的一项重大进步，因为用一个事先验证好的描述系统相当于制作了一把事先验证好的“尺子”，使得今后的语言能力测量有了一个共同的参考。为此，主持这项工作的欧洲委员会（Council of Europe）把这把“尺子”命名为“欧洲语言共同参考框架”[1]（Common European Framework of Reference for Languages，简称 CEFR）。

以语言交际能力为导向的课程方案与传统的以语言知识为导向的课程方案相比有很大的优点。第一，以语言交际能力为导向符合当代课程改革的方向，它提醒教育者要把发展学生的语言交际能力放在首位。第

[1] 取名为“欧洲语言共同参考框架”的主要原因是CEFR是由六个等级的指标组成的。

二，以语言交际能力为导向的语言教学强调语言使用。在以使用为导向的课程中，师生之间更加民主，学生的学习压力更小。这种课程适应的学生面广，能照顾不同能力和年龄的学生。第三，以能力为导向的语言教学可以更好地与学科内容、学习体验等学生感兴趣的学习内容和学习方式相结合，也能比较好地用于探究性教学、以内容为依托的语言教学（Content-based Instruction，简称 CBI）。第四，教师比较容易实施形成性评价，发展以学生为中心的教学和评价体系。第五，形式灵活多变。

在世界各国所用的以语言交际能力为导向的课程方案中，一般都借用欧洲委员会制定的“欧洲语言共同参考框架”作为等级划分的参考。这样做的好处是显而易见的。用一个比较客观的尺度来衡量语言能力，要比各国或各地区自己另设计一套标准更经济，各地区的外语教育水平也更具有可比性，便于各国和各地区外语水平的互相认证与承认。

以语言交际能力为导向的第二种课程方案是按认知目标分类（指 Bloom Taxonomy）的理论来设计能力等级。最典型的是美国“世界水准教学设计与评估”（World-class Instructional Design and Assessment，简称 WIDA，一个非官方的教育学术研究组织）所设计的能力框架。这一框架参考了欧洲的 CEFR 框架，结合美国移民学习英语的需要编制，主要特点是帮助教师在课堂教学中评估学生的语言能力，适合分权体系中教师作为独立自主的评估者使用。由于美国教育的特色是各地区各学校分权管理，因此，WIDA 提供了教师独立的评估方法，适合美国社会文化的特点。

WIDA 的能力指标与“欧洲语言共同参考框架”之间其实并无本质的区别。WIDA 的能力指标与学校的各类学科紧密联系，更多地关注学生二语能力的提高与其他学科学习需要之间的关系。

WIDA 的语言能力指标有明确的学科内容，如英语与学校生活、英语与数学、英语与社会科学、英语与科学、英语与人文艺术等。它的最终目标是帮助外国移民学生渐渐进入同龄人的主流学习环境中。严格来说，WIDA 的能力指标是教学工具，而非语言能力量表。它适合于美国特定的教育与教育文化，其他文化很难借鉴。最后一点，也是最重要的一点，WIDA 的能力指标是理论推理的产物，是依据布鲁姆的认知目标分类设计的语言能力等级。布鲁姆的认知目标分类是否适合语言交际能力等级划分，目前尚未得到研究的证实。

CEFR 是跨语种的外语交际能力描述与分类体系。它足够抽象，使得其测量方法不受学校环境、社会环境、语种，甚至学习背景的干扰。因此，CEFR 是国际外语交际能力比较的一种恰当的工具。

本章小结

本章讨论了英语课程体系的分析方法和比较原则。英语课程的理论基础是教学理念。本章介绍了学术界所讨论的五种英语课程理念，分别是学术理性主义、社会经济效益、以学习者个性发展为核心、社会公平和多元文化。课程理念是一个地区开设课程的基本理由，是课程的基础。除了课程理念，课程体系分析还需要考虑课程的社会文化目标、课程的目标、课程设置以及师资等问题。

课程体系分析的主要资料和信息来源于文本分析和田野调查。本章介绍了本课题田野调查的信息和数据来源，分别由外部信息和内部信息构成。外部信息来自六个国家的政策文本，内部信息来源于访谈等深度调查。调查对象是各课程体系内部的亲身经历者。

本章最后讨论了课程挑战程度问题。要比较各个地区的课程难度，首先必须建立统一的课程难度体系。课程难度可以用课程挑战程度来表示。课程挑战程度必须考虑学生在课程结束时要达到什么学习目标。这个目标可以用词汇量和语法条目数来表示，也可以用能力指标来表示。本章论述了各种目标指标的优缺点和特点。研究表明，能力指标正在成为国际学术界的主流。能力指标不仅符合当代外语教学界对外语学习目的的认识，而且更加符合社会对外语能力的认识。采用能力指标不仅有利于培养学生的能力，还有利于国际比较和互相理解。能力等级目标还必须考虑教学资源因素。只有在教学资源相同的情况下，能力等级的比较才能反映出课程挑战程度的实质。学习者在相同的学习条件下，能力指标越高，课程挑战程度越高，课程则越难。

第三章 英语课程国际比较

在描写各地区的课程体系时，我们把基础教育作为一个整体来看待，而不仅仅是研究高中英语课程。不了解课程体系的全貌，就无法清楚地看到高中英语课程的特点，也就无法全面地理解各地区高中英语教学和教材难度的差异。本章将分别介绍六个国家（按英语字母排列）的高中英语课程体系。

第一节 巴西英语课程体系

一、英语课程的社会文化背景

巴西的教育体系总体上类似于世界上很多国家的体系，分为学前教育、基础教育、中等教育和高等教育。基础教育是国民义务教育，学制8年。中等教育，学制3~4年。若学生高中毕业后接受高等教育，则修学3年；若进入社会就业，则接受职业性高中教育，学制为2~4年不等。[1]

巴西官方语言为葡萄牙语。历史上，巴西有近三个世纪曾是葡萄牙的殖民地。由于葡萄牙一直受法国的影响，所以法语在19世纪之前是巴西人崇尚的“高雅文化”的象征。直到今天，法语在巴西仍有很重要的地位。从19世纪起，葡萄牙反抗法国并与英国交好，为英语进入巴西创造了历史机遇。二战结束后，大批美国跨国公司进入巴西。从此，英语受到了高度重视。

在巴西，英语已经超越西班牙语和法语成为第一外语。巴西民众，尤其是年轻人，非常热衷于学习英语。巴西英语学习热潮的出现有以下几个方面的原因。

第一，是升学和考试要求。外语从小学起就是一门必修课，学生可以选择的语种有英语、西班牙语、法语。学生和家长的首选是英语，其次是西班牙语。高中毕业时，巴西有一项全国统一的考试（统考）——国家中等教育考试（Exame National do Ensino Medio，English，即High School National Exam，简称ENEM）。这项考试是巴西高中的毕业考试，具有高考选拔性质，主要用来评价中等教育结束时学生的能力和技能，为进入劳动力市场和大学录取提供评价参考。[2]巴西的国家中等教育考试虽然是全国统一的，但学生所考科目会根据所报考的大学和专业的不同而不同。英语一般是首选的外语考试科目。巴西的高校招生是独立的，因此各个大学还会再根据专业的需要要求学生参加“入学考试”（巴西称

[1] [2] 2013年3月4日采访时任巴西驻上海总领事馆副总领事Bernardes J. L.。（采访人：邹为诚）

之为 Vestibular）。因此，英语水平常常决定高中毕业生可以进入什么样的大学。巴西的高等教育分为公立大学和私立大学两类。一般来说，公立大学收费低，教育质量高，社会声誉高。私立大学收费高，声誉不如公立大学。通常英语水平高的学生更容易进入公立大学。[1]

第二，英语能力是巴西职场的重要筹码。美国等发达国家跨国公司在巴西薪金高、吸引力大，在招聘时一般要求应聘者具有一定的英语能力。

第三，英语在巴西人的日常生活中的重要性逐渐突显。巴西人出国旅游、交流、从事商业贸易都要用英语；对年轻人来说，英文歌曲、英文电影、英文书刊也慢慢渗透到他们的日常生活中。

总之，由于英语的实际用途以及在社会经济、文化生活中的影响，如今很多巴西人热衷于学习英语。在20世纪90年代，巴西一度是剑桥英语考试报名人数仅次于希腊的第二大国。对于一个在巴西的外国人来说，如果他只会说英语，基本上也可以在圣保罗、里约热内卢等大城市满足日常交际和生活的需求。

英语虽然是巴西的主要外语，但是西班牙语对巴西的影响也不容小觑。因为巴西地处南美，周围都是西班牙语国家，所以必须与邻国保持政治合作、经济贸易往来和文化交流。此外，西班牙语也是巴西边境地区的生活语言。随着南方共同市场（The Common Market of the South）成员国之间经济贸易额的增长，西班牙语在巴西发挥着越来越重要的作用。

目前，巴西基础教育领域呈现出西班牙语和英语两种外语竞争的势态。由于联邦政府允许各地区根据自身实际情况选择外语语种，因此学校具有自主选择外语语种的权利。总体来说，英语在巴西的外语领域中占据领先地位。

二、外语（含英语）课程理念

巴西基础教育的目标是“使受教育者得到充分的发展，为成为好公民做好准备并获得劳动技能”（Bruno，2012）。因此，巴西的基础教育定

[1] 2013年3月18日采访巴西英语教师Marcus V. Pires。（采访人：邹为诚）

位不是精英教育，而是面向全体儿童的教育。这样的理念和以社会经济效益为主的教育理念有很大的差别。

与这种教育理念一脉相承的外语教育理念重视英语普及教育，同时关注学生的情感和态度。因此，巴西的外语教学并不强调学生要达到多么高的水平，而是更加关注学生是否具有学习外语的权利。巴西教育界认为“语言学习是每个公民的权利。通过学习外语，学生能更好地了解他们所生活的世界，学会更灵活主动地适应世界，学会更主动地适应当代多样多元的社会”“学校外语教学的首要目标不是培养精英，而是帮助学生成为各自领域里的专家”（Bruno，2012）。

除此以外，巴西的外语课程也强调关注学生在语言知识和语言技能方面的发展，强调在新鲜的生活体验中学习外语，理解外国文化，提升国际视野，提高跨文化交往的能力，同时增强民族自豪感（巴西教育部，1998）。

巴西的外语政策体现了巴西著名的语言教育学者弗莱勒（Friere，1975）的著名思想，即语言教育是劳动者得以解放自己的手段，教育的主要目的是解决社会问题，重建公平。在这样的理念下，课程的重心不是根据专家的想法，以逻辑思维来构建知识，而是要给各个社会群体提供教育机会，消除社会不公。

从巴西的课程理念中，不难理解为何巴西的外语教学目标更加注重于培养好公民，为弱势群体提供外语学习机会。

三、英语课程设置和目标要求

在巴西，每年3月1日至12月15日为一学年，一学年分两学期，为200学日。6月15日至20日和12月1日至15日分别举行期中和年终考试。中小学一般是半日制，下午学生自由安排。有的家长会安排孩子去外语、音乐或体育等校外特长学校学习。[1]

巴西公立学校从小学五年级起开设外语课程，可选的语种有英语、西班牙语、法语。学生学习的语种，由家长和学生自行决定。私立学校

[1] 2013年3月18日采访巴西英语教师Marcus V. Pires。（采访人：邹为诚）

从小学一年级起开始学习英语，学前儿童参加校外英语培训机构的现象十分普遍。

在巴西高中的外语课程中，第一外语是英语，第二外语是西班牙语。这两门外语在每个地区各有侧重。以某联邦大学的附属中学为例，英语是必修的，西班牙语是选修的。从高一到高三共三个年级，英语课均是每周两节，每节课时长为50分钟，每学年上80课时。把巴西的第一外语、第二外语和母语学习时间进行比较（见表3-1），可以看出巴西的外语学习总体来说负担是比较轻的，外语学习占学生在校学习任务的比例很小。

表3-1　巴西和中国高中生外语学习负荷比较

比较国家		巴西	中国
学制		半日制	全日制
英语	课时/周	2课时	4或5课时
	课时/年	80课时	160或200课时
西班牙语	课时/周	1课时	—
	课时/年	40课时[1]	—
英语与西班牙语之比		2：1	—
母语	课时/周	4课时	4或5课时
	课时/年	160课时	160或200课时
英语与母语之比		1：2	1：1
总课时	课时/年	1240课时	1400课时
英语课时与总课时之比		1：16	1：7

上述数据表明，巴西高中生在校的英语学习课时和总课程课时之比大约为1：16（80/1240）。西班牙语占课程总时数的比例大约是1：31（40/1240）。中国高中生在校的英语课程时数和总课时之比大约是1：7（200/1400）。即使巴西的高中英语课时和西班牙语课时合并，与课程总时数之比也只有大约1：10，还是低于中国高中生英语学习的负荷。巴西高中生在校的英语学习负荷明显低于中国学生，说明巴西学校的英语学习任务比较轻。

[1] 高三时，西班牙语课时会增加到80课时/学年，和英语一样。

巴西学校的这种课程设置与他们的半日制体系有关。巴西的很多家庭利用半日制的体系把孩子送到私立外语学校去学习。这种体制的优点是家庭和国家共同承担学生教育的责任，而且家庭的责任更大一些；缺点是社会贫富不均会影响学生受教育的机会，导致受教育的结果出现差异。

巴西公立高中的英语教学方法主要是语法讲解、翻译和朗读。教师板书句型，解释其规则。学生进行固定句型操练或者按给定的模板开展练习。学生在课堂上也常有各种小组活动，但是学生表达自己想法的机会并不多，大部分都是以教师为主的活动。由于公立学校的英语教师绝大多数是巴西人，教学语言多使用学生的母语葡萄牙语。[1][2]

巴西的私立外语学校一般办学历史悠久，有优秀的教学传统。任课教师多是母语为英语的外国教师。这些教师训练有素，能够充分利用他们的专业特长和语言能力帮助学生学习英语。很多英美语言教学专家都有在巴西教学的经历，很多优秀的教材也源于这些专家在巴西的教学实践，如人教版初中英语教材（*Go for it !* ）等已经为我国读者所熟悉，并得到我国英语学习者的好评。巴西有一个非常有名的全国性语言学校叫 Cultura Inglesa（English Culture），在巴西有五百多所分校，每年在校学习英语的学生有几十万。（Rajagopalan，Rajagopalan，2005）

巴西的高中教学大纲并没有对外语教学提出明确的、可以验证的等级要求，也没有词汇量、语法条目之类的语言项目附录。巴西英语教学的要求主要是对外语能力的定性描述。我们根据巴西初中毕业、升入高中时的语言能力要求，结合巴西高校英语入学考试的试卷，分析了巴西对高中生英语水平的基本要求。

巴西教育部 1998 年公布的基础阶段课程大纲要求初中毕业时，学生的外语能力达到如下水平。（见表 3–2）

[1] 2013年3月18日采访巴西英语教师Marcus V. Pires。（采访人：邹为诚）
[2] 2013年4月18日采访巴西留学生Angelica Jorge。（采访人：邹为诚）

表3-2　巴西初中毕业英语能力要求

教学项目	期望学生达到的目标
阅读理解	1. 能在图标元素（如图片、图表、照片等）帮助下理解多种文体的文章大意 2. 获得文本中具体的信息 3. 能通过文本内容、连接词及其作用识别文本类型 4. 能意识到阅读不是必须理解每个单词的线性过程 5. 能联系作者和读者所处的社会环境批判地看待文本内容 6. 掌握文本涉及的语言系统知识
听力	（1~6）与阅读理解类似 7. 能通过语音、音调辨识语篇内容 8. 能通过人际互动的交际技巧听懂听力文本
口语和写作	1. 能初步考虑从句法、形态、词汇和语音角度得体地表达 2. 能根据写作的具体语境使用语言，能根据口语语篇的类型选择合适的交际类型 3. 写作或口语表达时能考虑到读者或听众的各种具体语境 4. 口语表达时能恰当地运用音调、语音

上述这些教学要求比较笼统，没有在听、说、读、写能力方面列出具体的要求（指能在什么条件下做到什么），所列出的都是属于元认知领域的能力。这些能力大体处于 CEFR 的 A1~A2 水平上。在交际能力的要求方面，接受性能力（读和听）要明显高于输出和交互性能力（说和写）。听、说、读、写综合起来评价，初中毕业的总体要求低于 A2 能力指标。

巴西高中阶段的英语要求，可以从巴西的高考试题中分析出水平等级。依据巴西某著名高校 2013 年的大学入学考试英语考试卷，我们可以看出这所大学对高中英语教育水平的要求。这所大学的入学试卷共有四大类题目。（见表 3-3）

表3-3　巴西某大学入学考试英语试题特点分析

题目类型	考题内容	题目数	所测试的目标能力
I.阅读漫画和对话	词语解释	3	能在图片的帮助下理解漫画表达的直白故事的情节
	句子解释	1	

续表

题目类型	考题内容	题目数	所测试的目标能力
II.信息读物（约500个英语单词，“如何在日常生活中克服害怕的心理”）	词语、短语、习语意义	3	能够利用上下文线索克服生词障碍，理解直白的信息大意
	上下文意义	2	
	中心思想	1	
	句子意义	1	
	语法意义	1	
III.媒体广告	广告目的	1	能够判断广告意图
IV.描写文章（约600个英语单词，介绍一位教育改革家的思想）	判断观点	1	能够在上下文的帮助下，克服原文词语的困难，了解作者的观点，获得事实性的细节
	习语、词语解释	3	
	上下文意义	2	
	事实细节	1	
主要特点	1. 考查在语境中理解语言的能力 2. 采用真实语料（注明了文章和素材的出处） 3. 所有的问题和指令都用葡萄牙语 4. 所有的题目都是客观选择题		

分析这份试卷，我们可以大体判断出巴西高中英语教学的要求。这份试卷主要对阅读能力进行了测试。测试的文章主要属于信息类内容，第四类试题带有一些观点的讨论，所提观点都有明确的语言表述手段，文章的单词大多是常用词汇，对词语、习语、句子意义的考查也都有上下文线索可查。这份试题大体上介于欧洲 CEFR 能力指标的 A2~B1 水平之间。CEFR 的 B1 阅读要求是“能够理解熟悉话题并用常用词汇表示的直白的事实细节”，或者“能够根据明确的语言标记识别议论文作者的观点”（Council of Europe，2001）[69-70]。

巴西的大学入学考试试题主要考查学生的阅读能力，而且试题描述主要采用学生的母语（指葡萄牙语）。这无形中降低了语言要求。对比高一入学水平和大学入学考试水平，巴西高中的英语教学水平位于 CEFR 标准的 A2 和 B1 之间，偏向于 A2，因为测试对听力、口语和写作均无要求。这一教学要求低于我国的高中英语教学要求（B1）。

四、高中英语教材

巴西实行“一纲多本”的教材原则。公立学校使用的教材是通过每年向各企业招标的途径选择的，各出版企业凭借其出版的教材参与竞标。这种市场化的运作方式使巴西中小学生的教材变动比较大。[1] 2013 年巴西发行供中小学生使用的英语教材主要有两套：*Freeway* 和 *Upgrade*。前者较为基础，后者语言难度更大。

本研究选择在以圣保罗州为代表的巴西东南部发达地区使用较广泛的教材 *Upgrade*（高中学段）来描述巴西教材的若干特点。

Upgrade 这套高中英语教材共有三本——*Upgrade 1*、*Upgrade 2*、*Upgrade 3*，供高一到高三的学生使用，每学年学习一本教材。教材采用 16 开大开本设计，彩色印刷，图文并茂。每册包括 8 个单元，每个单元聚焦于一个话题。话题注重贴近社会实际、学生生活。每两个单元配有专项练习。每单元由阅读（两篇材料）、词汇、语法、语言运用、职场链接、课后练习六部分组成。

通过对巴西高中现行 *Upgrade* 教材的分析可知，巴西基础英语教材具有鲜明特点，具体表现在：（1）话题贴近学生的实际生活，着眼于语言学习，为学生个人生活和发展服务；（2）取材基本忠实于原文，涵盖报纸、杂志、网络的各种语体，注重语料的真实性和地道性，图片和漫画插图也均取自原文；（3）各种文本、图画等素材均标明出处和获取时间。这大大增加了语言素材的真实感，同时增加了背景信息，也在无形中对学生开展了尊重知识产权的教育；（4）教材重在培养阅读原文素材的能力，改写和词语控制的痕迹非常少，教学活动以阅读理解、机械式对话和语言知识练习为主，任务型教学手段和探究性教学活动比较少；（5）教学活动指令使用学生的母语葡萄牙语。

五、英语师资

巴西教师的培养主要有两种模式：一种是通过师范类中等专科学校培养，一种是通过高等教育机构培养。两种模式培养目标各有侧重，高中教师必须是后者的毕业生。除了职前培养，巴西也重视教师的在职培训。政府为没有达到最基本学历的教师开设学历课程。

[1] 2013年3月18日采访巴西英语教师Marcus V. Pires。（采访人：邹为诚）

巴西基础教育中公立学校的英语教育师资总体来说力量薄弱。这也是巴西公立学校英语教学效果差的一个重要原因。

研究表明，巴西公立学校教师待遇偏低，英语教师也不例外[1][2]。教师收入地区差异很大，东北部高中教师的工资只有东南部高中教师工资的35%（Cury，2009）。

六、英语教育面临的挑战和改革的方向

巴西的公立学校没有足够的能力降低社会贫富不均给教育带来的冲击。在英语教育方面，大量的英语教学任务由私立学校承担。这是巴西公立教育界需要面临的挑战，但是由于国家经济力量有限以及民众对教育作用的认识不足，巴西教育界尚无足够的办法来解决目前的困难，公立学校教师的待遇也有待提高。因此，提高教师的英语水平和英语教学能力还面临很多挑战。

巴西政府采取了一系列措施试图减轻社会贫富不均给教育带来的影响，如改善教育投资，提高教师的收入，设立专门的基金支持教育，提高儿童入学率，增加学生高考的机会。教师的专业素养也正在逐步提升。

[1] 2013年3月18日采访巴西英语教师Marcus V. Pires。（采访人：邹为诚）
[2] 2013年4月18日采访巴西留学生Angelica Jorge。（采访人：邹为诚）

第二节　法国英语课程体系

一、英语课程的社会文化背景

学校外语教育对于文化历史悠久的法国来说是个比较新的话题，它是20世纪70年代以来随着全球化的发展而逐渐受到重视和得到普及的。无论是在欧盟还是世界范围内，法国都积极主张文化多元化。从20世纪80年代末开始，法国逐渐把外语教学多元化视为文化多元政策的重要组成部分。也是从那时起，法国逐步确定了外语在学校教育中的学科地位。

法国参议院文化理事会于1994年成立了调研组，对法国外语教学情况进行调查并提出建议。其调查报告提出了外语教学发展的两大方面、四个目标和五十项具体措施，成为之后法国外语教学的指导思想。两大方面是指保证语种的多元化和保障教学的有效性。四个目标是指：(1)保证所有年轻人除母语之外至少掌握两门外语，强调要逐渐提高第一外语和第二外语的熟练程度；(2)向其他的文化开放；(3)发掘国内方言宝库；(4)注重适应企业对人才的要求，把口语表达能力放在教学第一位。

法国的外语教育同其他国家一样，与本国乃至世界的经济、政治、科技和社会文化发展息息相关。全球化的发展、欧洲一体化进程，都全面影响着法国的外语教育政策走向。美国等英语国家在世界经济中占据着重要地位，使英语成为学习人数最多的语种。法国有96.3%的大学生和99.5%的高中生学习英语。

法国的外语教育政策经历了保守封闭期、被动转型期和主动捍卫期，经历了从不重视外语教育到逐步开设现代外语课程，再到提倡多语制的发展过程。

自法国大革命到20世纪末，法国的外语教育政策经历了以下几个发展阶段：法国大革命至第二次世界大战前，独尊法语，排挤外语；第二次世界大战后到20世纪80年代，致力于学习欧洲其他国家的语言；20世纪80年代以来，极力提倡语言多元性，朝多元化方向发展。

自法国大革命至第二次世界大战前，法国政府极力推崇国民学习法语，强调“一个国家，一种语言”，对外语教育并不重视。1881 年颁布的《费里法》规定，义务教育的教学语言只能是法语，公立教育要使所有儿童都能通过法语获得知识。法语既是教学语言，又是教学目标。教育部和老师的职责就是确保学生学好民族语言并将方言逐出学校。这导致外语和法国各地方言遭到了空前的削弱，同时也无形地抑制了民间对外语的学习兴趣。

第二次世界大战后，大量来自阿拉伯和非洲地区的新移民弱化了法国语言与文化“大熔炉”的同化能力。出于政治与经济利益考虑，法国不得不制定相应的外语教育政策，在中学开设现代外语课程，允许学生选修移民国家和欧洲其他国家的语言。随着欧洲经济共同体的壮大和欧盟官方语言的增加，法国政府感到了学习其他语言的必要性与紧迫性，提出增加现代外语学习的语种。2002~2003 学年，全国小学三至五年级有 78.5% 的学生选修英语。

20 世纪 80 年代末以来，随着英语的重要性逐渐突显且欧盟官方语言增多，法国政府开始极力在欧洲倡导多语制。1995 年，法国利用担任欧盟轮值主席国的时机，推动欧盟从教育领域着手捍卫语言多样性，并取得成效。欧盟委员会发表了关于语言多样性的备忘录。1989 年，法国教育委员会制定了 2000 年教育目标，建议全国从小学开始普遍进行外语学习，要求每一个学生都能掌握一门外语，实际上很多人已能掌握两门外语（Goullier，2012）。20 世纪 90 年代出台的第 92-234 号法令鼓励中学在初始阶段开设语言强化课程，树立学生多元文化的意识。2004 年，全国教育大讨论的总结报告《为了全体学生成功》也提出，英语能力是新世纪法国青年必须培养的两大能力之一。2005 年颁布的未来 20 年教育发展的新框架《面向未来学校的方向与计划法》也制定了一系列目标，目标之一就是让学生“掌握两门外语”。

法国的语言政策虽大力倡导“语言多元化”，要求中学生至少学会两门外语，提供众多的外语课程供学生选择，可是实际上法国的学生主要选英语为第一外语。这一现象表明法国以抵制英语为初衷的多元语言政策并没有取得成功，英语已经成为法国乃至整个欧洲的“第二语言”。正如 Phillipson（2007）指出的那样，欧洲正在发生“英语化”

(Englishization)。法国将无法抵挡这种发展趋势，因为对个人来说，维持一门少数人使用的语言，成本和代价将是无法估量的。有法国学者甚至指出，“语言多元化”其实是“英语化”的烟幕弹（Chauderson，2003）。

二、外语（含英语）课程理念

法国语言教育政策表明，法国的英语教育理念主要是促进法国社会经济发展水平，提高法国在国际经济中的竞争力，以及通过倡导多元语言的思想提升欧洲对多元文化的重视。

经济全球化使法国对外联系日益频繁，而国际交往对外语的需求使得外语教育在法国教育体制中的地位得以提高，从不受重视到逐渐成为学校教育体系中正式的独立学科。英语国家，尤其是美国在世界经济中的地位，决定英语成为法国人的首选和必选外语。

法国在外语教育方面的主张也因此成为欧盟语言政策的灵感来源。比如，欧盟国家目前所实施的在校学生外语语种选择多样化和中学生必须学习外语的政策就被视为法国对欧盟语言政策的重要贡献。在法国，本着语言多元的原则，可供学生选择学习的外语很多，目前学习人数比较多的语种是英语、西班牙语、德语。同世界各地的情况一样，英语在法国外语教育中独占鳌头。巴黎公立小学的英语课程占外语课的90%。除小学之外，初中和高中学习英语的学生人数也都是其他语种不能相比的。此外，相对于其他语种来说，英语在各教育阶段之间的承接也是最好的。（戴冬梅，2009）

坚持中小学外语教育多样性是法国政府基于战略出发的一种考虑。法国政府认为在基础教育阶段开设种类繁多的外语课程可为法国乃至欧洲的未来发展提供机遇。这对法国教育系统具有重大的意义。学生学习两门外语成为法国教育部制定的主要目标，因为欧洲国家相互理解是建设和保持一个多语言和多元文化的欧洲的必要条件。学校加强欧洲国家的语言和文化学习，可以帮助学生在未来更有效地投身到欧洲大一统的建设中去。

法国是当今世界为数不多的几个在中学开设多语种外语课程的国家之一，学生可以从中选择自己喜欢的语种。法国教育部规定，初中生可以在德语、英语、阿拉伯语、西班牙语、现代希伯来语、意大利语、葡萄牙语、俄语和法国方言中选择两种来学习。高中生可选的语种多达15种。除了初中开设的外语课程，还有汉语、波兰语、现代希腊语、日语、荷兰语、土耳其语。2001年，法国教育部在关于高中外语改革方案中提出，有条件的高中生可以选择学习第三门外语。（李丽桦，2004）

三、外语（含英语）课程设置和目标要求

法国社会比较重视儿童从小学习外语，但法国小学开设外语课的历史不长，起步于20世纪80年代末。2013年开始把原来五年级开设的英语课下移到一年级。这些课程主要是以活动为主，课时很少。目的是让小学生接受外语的熏陶，培养对外语的好感，以利于他们往后的外语学习。因此，学习要求很低，只有A1能力要求（起步水平）。（万梦婕，2012）开设这些小学生英语活动课的主要目的是满足法国家长对小学生学英语的要求。

法国的学生真正开始英语学习，并且有明确能力目标是从中等教育开始的。法国的中等教育涵盖初中和高中，共六年。中等教育第一年被称为“六年级”，第二年被称为“五年级”，以此类推，中等教育的最后一年被称为“毕业班”。六年级至四年级被称为“初中”（Lower Secondary School），三年级至毕业班被称为“高中”（Higher Secondary School），整个中等教育阶段外语课程的设置如表3-4所示。

表3-4 法国初中、高中外语课程设置

年级	课程设置	学习目标
六年级	每周4~6课时第一外语必修课	A1（起步水平）
五到四年级	每周3课时第一外语必修课 每周4课时第一外语选修课 从四年级开始，每周3课时第二外语的课程	第一外语目标：B1 第二外语目标：A2
三年级到毕业班	每周3课时第一外语必修课 每周3课时第二外语选修课 每周3课时古代语言（拉丁语或者古希腊语，选择文科方向的学生必修）	第一外语目标：B2

表3-4表明，法国的初中生（六年级到四年级）和高中生（三年级

到毕业班）有比较严格的外语学习要求，学生至少要掌握两门外语；其中，初中阶段第一外语的目标要求是 CEFR 的 B1 等级，第二外语的目标要求是 A2 等级；高中阶段，第一外语的目标要求提高到 B2 等级；未来要朝文科方向发展的学生除要维持两门外语的学习以外，还必须学习一门以上的古代语言（如拉丁语或者古希腊语），否则他们将来就达不到法国大学文科类专业的录取要求。

法国的语言教育专家（Goullier，2012）指出，法国教育政策所设定的教学目标并非所有学生的毕业要求，是为学生设立的目标要求。也就是说，学生在高中学习时，目标要求是 B2，但是毕业时候的英语水平可能只有 B1。目标要求会高于普通高中毕业生的实际水平。在以学术方向为主的学校里，目标要求是学生能够达到的水平，这样的学生大约占三分之一。因此，法国的外语教育要求并不是所有学生的毕业要求，而是面向优秀学生的学习目标。

法国的外语教育政策的一个特点是把外语学习的重心平均分布在初中和高中阶段，这与亚洲的日本、韩国形成明显的反差（日本和韩国一般把外语学习的重心放在高中阶段）。首先，这可能是因为法国的英语师资水平比较高，加上英语和法语同属印欧语系，给学习带来某种形式的便利。其次，在教育制度方面，法国的大学实行的是大学注册制度，具有中等教育证书的学生不必考试就可以去大学注册学习。这样对于大部分学生来说，高考的压力比较小。因此，法国能够充分利用学生在中等教育阶段的有利时机，培养学生的外语能力。最后，法国的外语教育政策把培养学生的口头交际能力作为第一要素，这也很大程度地减轻了中等教育阶段的英语教学任务，使得教师可以按照 CEFR 所描述的能力指标开展教学。（Goullier，2012）这种教学方式可以比较好地实施形成性评价，减轻学生的负担。因此，我们在理解法国的外语教学要求时，不能把 A2、B1、B2 这些等级看成是听、说、读、写的全面要求，它们仅仅是指听说交际的等级，而听说交际的学习要求要远远低于同等程度的读写要求。

法国英语教学课程方案以“欧洲语言共同参考框架”（CEFR）为基础，以框架内的能力指标作为教学要求和参照指标，这就使得法国的英语课程方案没有词汇表，也没有语法清单、功能附录、话题清单等附件。这样的课程方案给教师很大的自主权，教师在教学中依据能力指标而不是具体的词汇量来控制教学，让教学重心始终放在语言的交际功能上，因为能力指标是以交际功能为基础的。

这样做的另一个好处是教师能够在教学过程中开展对学生的形成性评价和终结性评价，使得这两种看似对立的评价模式构成一个评价连续体。例如，当教师要判断学生的语言能力，决定学生是否可以升入高一级水平的班级时，教师不必对学生进行测试，而是可以通过在课堂上或者在任务中的观察对学生进行终结性评价，而这种评价同时也具有形成性评价的特征，因为它是在教学过程中开展的。这样的体系有利于教育改革朝着形成性评价和终结性评价相结合的方向发展，有利于教师实施素质教育。CEFR 所倡导的这种评价方法不仅在法国得到了实施，在美国和加拿大等国家的 ELL（English Language Learners，即把英语作为第二语言的学习者）课堂中也得到了充分的体现。

四、高中英语教材

法国的外语教材和大纲的编写基本上是按照“欧洲语言共同参考框架”的标准来编写的。以 *Upstream* 这套教材中的一本 *Elementary A2* 为例，每个单元的编写都是围绕 A2 的水平要求（能在熟悉的环境中用浅显的用语表达个人基本信息，交流日常生活或例行工作）设计的。这本教材每个单元设计一个话题，如第一单元是工作、日常活动、周末活动，第二单元是名人、过去的经历、房屋的类型、博物馆，第三单元是假日、交通、节日。教学要求包括语法、听力、口语、阅读和写作等方面。教学活动的设计含有较多的任务型教学项目，注重跨文化交际内容。

教材十分注意培养学生的自主学习能力，鼓励建立学生“语言档案”（Language Dossier），将学生的学习项目、写作范例、短剧的录影带、教师的评分等，作为学生在课内、课外英语学习的见证。将来学生可以通过这些见证判断自己是否已经达到了某个等级。在欧洲，这种自我评估十分普遍。教育界提倡透明的评估方式，培养学生自主学习的意识和能力。这种语言档案还为学生在欧洲的流动提供了外语能力鉴定的便利。雇主和学校可以参考学生的语言档案，判断申请者的语言等级。

对法国的英语教材分析表明，法国的英语学习提倡活动教学（Action Approach），重视语言交际训练，教学活动力图为学生创造出相应的语境，鼓励学生在语篇的基础上学习和练习语言。教材的设计和 CEFR 的能力指标关系非常紧密，学习过程比较透明，教师和学生对于能力指标和等级有比较具体和直观的感受。

研究表明，法国的中小学比较重视利用 CEFR 能力指标来指导教学。教学过程和能力指标的挂钩使得教师能够按能力把学生分班或分组，这样更加有利于教师控制教学内容、教学方法和教学要求，比较有利于因材施教。

五、外语（含英语）师资

在法国，教师属于公务员。欲成为中小学教师，要具备一定文凭条件（学士或硕士）并通过资格考试。法国教育法典对所有教师的培养方式、机构和选拔方式都有明文规定。教师培训学院既负责教师的基础培养，组织教师进行资格考试，也负责教师的继续教育和培训。它属于公立的高等教育机构。大部分教师候选人都是通过注册教师培训学院后通过教师资格考试，也有少数候选人可以以自由候选人的身份通过国家远程教学中心备考并参加考试。教师资格考试分为小学、中学两个层次。考试均分为初试（笔试）和复试（口试）两部分。通过教师资格考试后，候选人进入教师培训学院第二年的学习，同时具备实习教师资格。按照规定，实习教师必须进行两种教学实习：两次完全责任实习和一次陪伴实践实习。前一种实习教师完全担当教师的职责，指导教师定期同实习教师见面并帮助实习教师分析遇到的困难。后一种实习一般在指导教师的班上进行，由教学顾问和校长帮助实习教师融入教师团队。在教师培训学院的第二年学习结束时，学术委员会将决定是否授予学员教师资格。获得教师资格的教师要进入全国的中小学教师调配体系。作为公务员，教师是有职业保障的，但他们有保密的义务和不能兼职的义务（如果要兼职，须向上级提出书面申请）。由于候选者众多，而职位有限，因此，资格考试竞争激烈，成功率不高，要获得教师资格并不容易。中学高级

教师资格尤其如此。（戴冬梅，2010）

六、外语（含英语）教学面临的挑战和改革方向

专业教师的缺乏是长期以来困扰法国小学外语教学的问题。根据巴黎公立小学外语教学调查报告，巴黎小学有教师资格的外语教师比例仅为41.4%。英语教师比例最高，占外语教师的43.8%。人们认为，没有经过专业的教学法训练和缺乏教学经验的人无法胜任小学外语教学工作。法国政府计划在未来几年增加法籍教师比重，以提高师资质量，加强其稳定性。师资缺乏带来的负面影响，除了不能确保教学质量，还有在岗教师负担重和培训机会少等问题。（戴冬梅，2010）

法国语言教学专家认为，虽然CEFR解决了欧洲外语教学能力测量的问题，但是文化多元性没有得到足够的重视。欧洲各国比较关心能力量表，而对外语学习过程中的文化学习没有给予足够的重视。法国的外语教学传统认为，学习外语一定要对目标语国家的历史和文化有深刻的理解。（Phillipson，2007）因此，法国教育界希望在实施CEFR时，能够兼顾法国的外语教学传统，增加文化学习，尤其是跨文化方面的内容。（Goullier，2012）

法国也和世界上其他一些国家一样，面临着学生外语学习动力不足的问题。Goullier（2012）在评论法国英语学习的问题时指出，法国中小学中有相当数量的学生对英语学习兴趣不浓。因此，如何激发学生的学习动机，帮助下一代提高英语水平，是法国教育界面临的一个艰巨的挑战。

法国英语教学面临的另一个挑战是教师解读和理解CEFR的能力。CEFR的写作风格晦涩难懂。法国的教师一方面认同这份文件，另一方面又感到难以理解和实施，由此造成的结果是许多教师对于学生应该达到的水平缺乏清晰的认识。因此，法国的外语教学界面临的重要任务是将CEFR的内容通俗化，使一般的教师能够理解。

第三节　日本英语课程体系

一、英语课程的社会文化背景

日本地理位置相对孤立，人口稠密，自然资源匮乏。鉴于发展的需要，日本自古以来不断向其他国家学习。19 世纪 90 年代，日本走向现代化，外语教育体制在初高中正式确立，英语成为主要外语。（Butler，Iino，2005）外语的应用能力为日本的经济发展发挥了巨大的作用。学习和理解发达的西方文化和科学技术成为日本实现国家现代化的重要步骤，所以英语被日本视为引入先进文明最重要的语言。（李雯雯，刘海涛，2011）进入 21 世纪后，全球经济科技一体化进程加快，英语作为全球通用语言，地位日益凸显。日本深刻认识到，提高英语交际能力是提高日本国际经济地位的重要手段。

除此之外，英语在日本人民的生活中也有举足轻重的地位。

首先，英语对日本的教育有着重大的影响。英语成绩影响学生的升学并进一步影响未来的就业。英语作为几乎所有学校必开设的科目，旨在培养学生的语言知识和语言交际能力，了解各国文化，增强国际理解力。

此外，就职要求也促使日本的英语教育得到普及。教育背景对日本的职位分布具有重要的影响，拥有高学历并出身名校是找到好工作的必备条件。而要进入这些名校，英语是一个必须迈过的门槛，各大高校的招生考试必考英语，而且往往占据很大比例的分值。（Butler，Iino，2005）

其次，英语的作用还体现在日本人民的工作发展中。随着日本的经济发展，尤其是从 20 世纪 60 年代到 70 年代初，日本经济进入高速增长时期，日本进驻海外的企业不断增加，在国外工作的人员和留学生也越来越多。（李雯雯，刘海涛，2011）日本国内也出现了越来越多的合资企业，政府和公司对员工英语水平的要求也越来越高。各大公司在招聘员工和海外派遣人员的时候会把“日本英语水平考试”（Society for

Testing English Proficiency，简称 STEP）成绩以及“国际交流英语考试”（Test of English for International Communication，简称 TOEIC）成绩作为参考，这些成绩还会进一步影响到员工今后的晋升问题。

最后，英语的使用体现在日本人民生活的方方面面。英语对日本最显著的影响体现在语言上，日语中出现了越来越多的以片假名书写的英语借词。此外，以字母形式书写的英语单词越来越多地出现在广告、产品名称、杂志和娱乐节目的标题中。（Kubota，1998）

二、英语课程理念

当代日本社会认为，在全球化的时代里，日本要提高在 21 世纪的竞争力和生存能力，就应该努力提高国民的英语水平和能力。为了让每一个学生都能在英语学习方面得到充分的发展，日本的语言教育政策十分强调发展学生的口语交际能力和以学生为中心的思想。这种思想主要体现在其课程方案中反复强调“在发展语言交际能力”的同时“发展学生对待英语学习的良好的情感态度”，在论及教学目标的部分反复出现“视学生能力而定”的要求。（日本文部科学省，2008）也就是说，日本教育政策虽然重视口语交际能力，但是这种能力的提高不得以伤害学习者的情感态度为代价。这种政策实际上重在培养学生热爱学习英语的情感态度，把英语学习当成一个终身学习的目标。

以学生为中心的理念（Learner-centered Ideology）认为学生的语言发展有其自身的规律，知识的学习是学习者逐渐建构意义的过程。因此，英语教育不应该脱离学生的实际强行施教，学生按其自身的发展规律学习更有助于他们发展每个人的潜质。这种理念的实质就是教育目标的灵活性，学校教师要根据学生的实际水平和能力来决定学生的学习目标和学习过程。因此，近年来日本的英语课程方案在目标设置上采用比较笼统的方式，给予学校和教师较大的自主权，使得学校和教师能够根据实际情况做出独立的决策。（Butler，Iino，2005）

从日本的课程理念中我们看到，日本教育界正在渐渐地摈弃过去的“精英教育”理念，让教育越来越适应大众的需要。虽然日本实行的是九年义务制教育，但是日本的初中毕业生 90% 以上会升入各种高中学习

（Butler，Iino，2005）。因此，日本的高考压力非常大。为了解决这个社会矛盾，日本教育主管部门从21世纪以来，大幅度地实施“减负”的政策，降低英语学习的要求，提倡加强英语听说训练，在高考中增加听力，试图把教学的重心由书面语转向口语。减负和加强英语听说训练在政策意义上是一致的。口语学习要比书面语更加容易一些，口语更能被少年儿童接受。这些政策反映了日本政府对日本人口数量急剧下降，生源减少所采取的应对策略；也反映了日本教育界向“尊重学生的个性，按学生的特点实施教育”这一国际教育思想靠拢的趋势。

日本基础英语教育的第二个重要理念是国际化和本土化之间的平衡。如何保护日本本土的民族文化，同时又充分地运用英语促进国际化发展，是日本教育界十分重视的一个问题。日本教育界将这种内外文化平衡的思想作为其基本的教育国策。（Kubota，1998）

在日本，关于是否应在小学阶段开设英语课的问题一直以来是一个有争议的话题。随着学术界对二语习得起始年龄的研究发展以及日本邻国（如韩国、中国）纷纷将英语引入小学，小学英语教育在日本渐渐成为趋势。

日本在1998年公布了新的小学课程设置文件（2002年实施），规定三年级及其以上年级设置“综合学习时间”（Integrated Study Hour），在综合英语课中安排英语知识以及有关国际化、信息化、科学技术等方面内容的学习。“综合学习时间”原则上为每周3课时，主要用来培养小学生对英语学习的兴趣以及国际理解力。

2003年《关于培养能使用英语的日本人的行动计划》（简称“行动计划”）出台，规定援助小学英语会话活动，即在综合学习英语会话活动中，应当有外教、精通英语的人士或初中英语教师进行指导。（日本文部科学省，2003）

根据日本文部科学省的调查，综合学习英语活动受到儿童、家长和老师的一致好评，大多数家长表示希望看到英语在小学能够成为正式的教学科目。（Honna，Takeshita，2005）

2008年新颁布的《小学生英语学习指导纲要》中，规定在小学高年级每周新设1节“外语活动”，每学年35课时，两学年共70课时。“外语活动”的教学目标是在形成儿童外语交际能力基础的同时，通过多种体验，发展对语言和文化的理解，培养对语言交际的积极态度，并让小学生熟悉外语的语音和基本表达。（日本文部科学省，2010）从2011年起，英语成为日本小学高年级学生的必修课程，同时规定小学高年级每周正式上英语课三个课时，活动时间三个课时，所以教学时间合计六个课时，同时还规定学生需要有学业考试。根据日本文部科学省公布的改革计划，为了适应小学英语教学的发展，日本还将对其传统的小学英语师资队伍进行改革，包括从初中和高中引进教师，充实小学英语师资队伍。这个计划先试验，于2016年根据试验修改课程，2018年实施，2020年完成推广。（日本文部科学省，2014）

从日本政府公布的上述文件来看，日本的小学低年级英语教育基本上没有实质性的教学内容、目标和要求，也不对学生的学业构成压力。其原因是多方面的，其中一个原因是，日本小学开设英语课程在客观上有师资困难的问题。日本的小学实施的是美国式的“全科制”教师体系，即小学教师包班制，有时一位教师要担负起所有学科的教学任务。传统的小学教师并没有进行英语教育方面的训练，不具有英语教育资格证书（License）[1]。日本的小学若要增加英语课，就必须改革其师范教育体系，这将导致日本的教育体系发生重大转型。为了英语课而全部推翻传统的教师教育体系是代价十分高昂的政策举措。但是，日本政府在2014年做出的改革决定表明，日本教育界决心改变这种情况，开始逐步加大小学英语教学的力度。由于这个改革计划刚刚开始，因此还不好评论其实际效果。

日本基础英语课程的第三个基本理念是“生本化”。“以学生为本”的儿童英语教育体系中大多是仅限于游戏性质的课程。这种课程与其说是正规的教育课程，不如说是培养兴趣、增强文化体验、发展多语观念的一种活动。它没有明确的语言知识和技能的要求。这种课程不需要非常专业的英语教师，教师只要能够组织学生开展活动就可满足要求。日本小学普遍

[1] 2013年2月12日就日本的高中教育问题采访Kotake Tomoko。（采访人：辻知夏）

采用活动课的方式开展教学，由一名英语本族语的年轻人[1]和小学教师合作，共同组织学生开展活动。这种教学活动的主要目的是让学生体验英语，而不是真正要学生学到实质的语言知识。

三、英语课程设置和目标要求

日本目前的6-3-3-4的教育体制是在二战后从美国引进的，即小学6年，初中3年，高中3年，大学本科4年。虽然英语教学从小学高年级就开始，但是正式英语教学是从初中阶段开始的。初中和高中阶段共六年都开设英语课，并且基本上是所有学生必修的课程，主要是因为"日本英语水平考试"是一项重要的考试。

日本的高中英语包括必修课和选修课。新的高中英语纲要于2008年制定，2013年4月开始实施。该纲要坚持选修和必修相结合以及学分制原则，共开设英语交际Ⅰ、英语交际Ⅱ、英语1、英语2、英语阅读和英语写作等课程，其中规定英语交际Ⅰ和英语1为所有学生的必修课，学分为2+3分（共5个学分），其余课程为选修课。各学校可以根据自身特点选择所修科目和课时。日本教育部门的指导纲要给出了如下课程安排。（见表3-5）

表3-5　日本高中英语课程设置

学科	课程	学分	性质
外国语	英语交际Ⅰ	2	○（必修）
	英语交际Ⅱ	4	选修
	英语1	3	○（必修）
	英语2	4	选修
	英语阅读	4	选修
	英语写作	4	选修

（日本文部科学省，2008）

各个学校在执行纲要时会有些小的变化，总体上高中学分的安排是：

[1] 日本教育界花费巨资，每年从英语国家聘请年轻教师到日本的中小学担任活动教师（一般由英美国家的大学生担任）。详见下文的"日本交换教学"项目。

高一、高二学年都是5个学分/年，第三学年是2~8个学分。（Butler，Iino，2005）

从课程安排可以看出日本教育部门对“生本化”教学思想的重视。这个课程体现了学习者的选择权。例如，虽然所有的高中生都需要修英语课，但是英语必修课只有5个学分，5个学分的课程对高中生来说不是很高的要求。如果学生要修完所有的英语课，则需要至少学习21个学分。学生在修习英语课上，差异达到4.2倍。这种课程设置是比较人性化的。它体现了教育界对学生在外语学习能力、兴趣和意愿方面的尊重。也就是说，在基本教育要求和个性化教育方面，英语课程的设置确实体现了“生本化”的思想，避免了一刀切的做法，回避了很多在教育上难以解决的问题。再如，在日本的“科学精英高中”（Super Science High School，简称SSH，全日本共有约150所），学生每学期可能会修5个以上的英语学分。如果在以文科见长的高中（Liberal Arts High School）[1]，英语课程可能每学期要达到6个学分。其他一般高中的普通学生在高中的三年里可以只修5个学分。

日本的英语教学政策没有规定各个年级的学生要达到的语言能力等级。日本的英语纲要规定的教学内容也仅仅停留在学校等级层面（如小学、初中、高中），而并没有具体到每一个年级。（Butler，Iino，2005）2008年新颁布的小学、初中、高中英语学习指导纲要对教学要求做出了笼统的规定，如小学教育要在培养儿童外语交际基本能力的同时，还要通过多种体验引导他们理解语言和文化，培养对语言交际的积极态度，并让小学生熟悉外语的语音和基本表达；初中教育要发展学生最基本的交际能力（如听、说、读、写），加深对语言和文化的理解，培养积极使用外语进行交际的态度；高中教育则强调要培养学生的交际能力，如能够准确理解和恰当传达信息思想等，加深对语言和文化的认识，培养积极使用外语进行交际的态度。（日本文部科学省，2008）

关于初高中毕业生离校语言能力要求，2003年“行动计划”中则确定了初中、高中阶段英语教育所要达到的目标：初中毕业生可以就与日常生

[1] 2013年2月12日，就日本的高中教育问题采访Kotake Tomoko。（采访人：辻知夏）

活有关的话题进行熟练流利的问候、回答，并具备同等的读、写、听的能力，初中毕业生的平均英语水平应达到英语三级；高中毕业生可以就与日常生活有关的话题进行自然的交流，并且具备同等的读、写、听的能力，高中毕业生的平均英语水平应达到二级或二级以上。（日本文部科学省，2003）

需要说明的是，日本对初中英语三级的要求相当于欧洲标准 CEFR 的 A1，这是起步阶段的一种外语能力，但是其高中阶段要求的二级相当于 CEFR 的 B1 水平。（Masako，Yuichi，2012）日本的这种能力指标分配让人很难理解。语言教育研究表明，在少年和青年时代语言发展最迅猛，学习者在这个阶段能够获得最重要的词汇和阅读能力，对后续的水平提高具有重要的作用。但是，日本的教育政策却给其初中毕业生仅仅设置 A1 的水平要求。由于要求太低，初中教师不能有效地利用少年时期的这个特殊心理发展阶段来为学生打好语言基础，难以为高中后续的提高创造条件。

日本的课程方案表明，日本的英语教育重心放在高中，初中的压力很小，这可能是日本有意减轻学生在初中义务教育阶段的学习负担的结果。2014 年日本文部科学省所公布的《日本基础教育英语改革计划》提出，未来日本高中生的英语水平应该从现在的 B1 提高到 B2，向欧洲先进国家看齐。

四、高中英语教材

日本外语教学实行“一纲多本”的政策。日本文部科学省拥有审核所有小学及初中、高中课本的权力，可以修改任何教科书的内容和措辞。任何没有通过审核的教科书都不能发行使用。（Sugimoto，2003）虽然教科书检定制度经过不断的修订、增改，但其基本内容没有改变，即教科书的编写、出版发行都由民间人士来完成，但编写基准、审定标准则是由官方来制定的。只要符合官方规定的标准，经过审定的教科书都可以成为教材。（谢淑莉，2005）目前日本国内使用较多的教材是由文部省审核通过的第一出版社发行的 *Voyager* 和三省堂出版发行的 *Crown*。除此之外，文英堂出版的 *Unicorn*、东京书籍株式会社出版的 *Power on English* 和 *Prominence* 都在日本教材市场占有一席之地。

日本的英语教材内容多为介绍世界各国的文化以及日本与世界的联

系，反映了日本英语教育重视增进学生对于世界文化的理解。

在编写方面，日本教材多侧重于阅读、语法和写作的教学和训练，听力与口语在教材中所占比重较小。教材中安排的活动多关注语言形式，关于语言实际使用的活动少之又少。这反映了日本初中和高中教师不重视英语口语训练，与私立语言学校重视口语交际能力的训练形成明显的反差。私立学校的教师主要来自英国、美国、加拿大、澳大利亚和新西兰。

日本教材几乎都为彩色印刷，插图丰富，印制精美，并配有音频光盘。日本英语教材的另一个显著特点是所有的教学指令都用日语。这虽然能帮助学习者较好地理解内容，但学生同时也失去了一些真实使用英语的机会。这种做法可能与日本倾向于用语法翻译法教学有关。

五、英语师资

日本的英语教师多为英语专业毕业的本科生，除小学教师外，英语教师原则上都必须有专门的外语教学证书[1]。在日本的初中和高中，口语交际是英语教学的一个弱项。日本教育主管部门为了提高教师的口语教学能力和学生的口语学习效果煞费苦心，投入巨资，采取了一系列政策来引导。在“行动计划”中明确要求初中和高中设立英语交际课程，给教师提供明确的教学法指导，如提倡小组活动，对子教学，角色扮演，戏剧表演，团队教学，书信、邮件教学；鼓励开展国际合作活动，如“日本交换教学”（Japan Exchange and Teaching，简称 JET）项目，日本政府每年从西方英语国家聘请 5000 名大学毕业生赴日担任中学英语课程助教（Assistant Language Teachers，简称 ALTs）。然而，让日本政府和教育政策决策者感到事与愿违的是，日本的高中教师和学生的口语语言能力仍然不尽如人意。

日本英语课程体系中这个“顽症”产生的原因很多。

一是日本的文化传统。日本人不擅长人际交流。如果他们觉得有任何不确定，就宁愿保持沉默。（孙闵欣，郑德敏，2005）

二是日本的学习传统。日本的外语学习有很强的语法翻译传统，这

[1] 2013年2月12日，就日本的高中教育问题采访Kotake Tomoko。（采访人：辻知夏）

种传统虽然受到西方教学思想（如交际法）的冲击，但是日本主流的英语教师仍然十分重视语法讲解。他们将语法和口语结合起来，形成了“语法口语教学”（Oral-G，G 指 grammar）的特点（Yasuku，2007），即教师在课堂上讲英语也是为了讲解语法规则，而不是为了语言交流。由于这种传统，学生注重语法知识的学习，注重读和写的能力，而在口头交际上得不到充分的训练。

三是日本的高考制度。日本的高考英语考卷由书面笔试和听力部分组成，主要是选择题。考试后，很多大学还要求学生另外参加申请入学的单独考试，这些大学的考试一般会采用写作（如写 100 词的短文），或者翻译文学作品的形式。很多学生以通过考试为英语学习目标，而不重视英语交际能力的发展。

针对日本英语教师英语综合能力不强这一问题，日本政府开展了多方面的工作。首先，在 2003 年的“行动计划”中明确规定所有英语教师需达到日本统一的实用英语技能检定考试准 1 级（STEP Pre-1，指 CEFR 的 B2），或者国际交流英语考试 730 分的水平。

虽然日本政府采取了很多加强师资力量的措施，但教师在教学观念、语言能力方面的发展并不尽如人意。因此，师资力量薄弱仍是制约日本外语教育事业发展的重要因素。

六、英语教学面临的挑战和改革方向

在 21 世纪，日本政府越来越重视培养日本人的英语交际能力，这在日本的英语学习纲要的目标上体现得非常明确。然而，日本人的语用能力欠缺是日本短期内难以克服的一个难题。

目前，日本教育改革的矛盾除了上述因素，教育公平也是一个挑战。日本虽然富裕，但日本的教育成本十分高昂。教育给日本家庭带来了很重的经济负担。因此，来自不同经济阶层家庭的子女受教育的机会是不同的。（Sugimoto，2003）

日本英语课程中存在的另一重大问题是政策导向问题。日本的语言教育政策过分强调“国际文化理解力”，混淆了文化学习和外语教学的特殊要求，这使得教师在教学中非常困难。（Butler，Iino，2005）在外语学习的初级和中级阶段，文化教学的含量是很低的，文化内容很难对语言学习产生明显的促进作用。

日本外语教育政策中还存在语言等级分配不合理的问题。日本的高中教育受高考影响非常大，把英语学习的重心放在高中，肯定会造成语言发展和高考应试之间的冲突。语言习得是一个漫长的过程，语言发展需要各种灵活的教学活动、宽松的学习氛围。高中教师在应试教育的压力下不可能很好地实施素质教育，也不可能给学生提供充足的外语交际能力发展的机会。

第四节　俄罗斯英语课程体系

一、英语课程的社会文化背景

俄罗斯英语学习的历史由来已久。早在 19 世纪，由于国际贸易和航海的需要，俄罗斯开始在一些商科学校和海事学校开设英语课程。它们是俄罗斯最早开设英语课程的学校。（牛道生，2008）

俄罗斯有喜欢学习外国语和外国文化的传统。20 世纪之前俄罗斯的第一外语是德语，其次是法语。很多俄国沙皇，如凯瑟琳大帝，来自德国。18 世纪的米哈伊尔·罗蒙诺索夫虽然是俄国人，却是在德国接受教育的。他在 1755 年创办莫斯科大学时，所有的教授都来自德国。到了 19 世纪，法语成为俄国贵族的语言，大文豪列夫·托尔斯泰的巨著《战争与和平》就是以一段冗长的法语独白开头的，俄罗斯贵族也以能说流利的法语为荣。进入 20 世纪，特别是二战之后，英语逐渐取代法语和德语，成了俄罗斯的第一外语。（Ter-Minasova，2005）

二战后，苏联与以美国为首的西方国家长期处于冷战和敌对状态，但苏联并不反对学习英语。在学校里，英语仍然是一门学科，只是不提倡学习直接来自美、英等西方国家的语言和文化教材。学校使用的都是经过统一编写、严格审定的教材，主要是经典文学作品，如莎士比亚、狄更斯、毛姆等作家的小说或诗歌。（Pauels，Fox，2004）

在这种文化氛围中，英语学习不讲实际使用目的，学生和教师都是为了学英语而学英语。教师主要用传统的语法翻译法，带领学生研读英语经典。教学研究以语言学，尤其是具有俄罗斯语言学特点的“国情语义学”为基础。“国情语义学”是俄罗斯在脱离西方结构主义语言学以后自行开展的对语言的研究传统，这种传统主要研究词汇、词语语义、词语搭配、习惯用法等。俄罗斯语言学界对语言学习的看法是语言教学必须基于对语言学的理解，因此十分重视对词汇语义的研究，尤其是注意语义惯用法搭配（Idiomatic Lexical Collocation）。语言的使用则具有太多的创造性。因此，这种“国情语义学”实际上并不适合语言学研究，也不适合作为语言教学的理论基础。在这种理论的影响下，俄罗斯的语言教学研究主要关心的是词语意义在两种语言之间的关系。例如，在研究 wash your hair 时，俄罗斯语言教师强调语言搭配的对比研究，认为英语的 wash your hair 和俄语的 wash your head 既相对应又不完全对应。英语的 wash your hair 也可以理解为 wash your head，但是俄罗斯人的 wash your head 不能对应于 wash your hair，因为对俄罗斯人来说，wash your hair 是“政治上不正确”，这样的说法对于“光头”有点残酷。（Ter-Minasova，2005）

俄罗斯人不重视英语的交际作用有三个原因。一个是受旧的欧洲语言学习传统的影响，如拉丁语学习在欧洲并没有实际用处，语法学校教授拉丁语的目的仅仅是认为学习古典语言能够训练逻辑思维。二是俄罗斯人认为他们的俄语已经是一种世界性语言。在第二次世界大战结束后，俄语不仅是俄罗斯民族的语言，还是苏维埃社会主义共和国联盟的共同语言。因此，俄罗斯人认为使用其他语言开展国际交流没有必要。三是俄罗斯人认为语言教学研究必须以语言学为基础，因此，必须重视理论研究。（Ter-Minasova，2005）

1991 年苏联解体之后，俄罗斯开始重视英语学习，从 20 世纪 80 年代中期开始教育改革至今。俄罗斯首先是放开学校的英语教育限制，由学校自主决定教材、目标和教学方法。但是在 20 世纪 90 年代，俄罗斯的社会动荡给英语教育带来了不小的混乱，放任的英语教育政策导致教材泛滥，质量不高（Borisenkov，2007）。在这一阶段，俄罗斯的英语教育并没有很大的起色。21 世纪以来，俄罗斯渐渐稳步发展，教育改革逐渐展开。联邦政府制定了一系列外语教育标准，使得教材和教师的教学思想得到有效的引导。粗制滥造的教材被逐渐逐出市场。俄罗斯英语教育学者将俄罗斯的英语教育和欧洲的 CEFR 接轨，制定了与其相链接的课程标准。

经过十多年的改革，英语已经成为不少俄罗斯中学生的首选外语；同时，国家大力扶持、鼓励语言学校和语言机构的发展，以发达的语言教学网络带动学生人群的增长，进而实现外语教育模式的不断更新。（张朝意，2010）各类为英语学习服务的国际非政府组织也日渐兴起。俄罗斯也开始出现一些用英语出版的本土报刊，广播、电视、电影等大众传媒对传播英语及英美国家的文化发挥了一定的作用。（Ustinova，2005）

21 世纪以来，俄罗斯的英语教学渐渐地从过去为了学英语而学英语的传统改变为全面培养学生的交际能力。因此，英语也渐渐地成为俄罗斯民众了解世界、与世界沟通的工具。英语正从一门“死语言”（Dead Language）逐渐变为“活语言”，在人们的升学、就业、生活等方面发挥越来越大的作用。

外语（包括英语）在俄罗斯正在从一门普通课程转变为现代化教育体系的必要元素。俄罗斯政府为中小学和大学制订了一系列英语教学计划和课程安排。外语（包括英语）作为一门必修课程，所有俄罗斯中小学生都必须学习。在 2011 年参加国家统一考试（Unified State Exam，即 USE）的考生中，92% 的考生选择将英语作为考核科目，这说明了英语学习在俄罗斯基础教育中的普及程度。（李葆华，2012）现今，大多数俄罗斯大学生被要求学习 3~5 个学期的外语，包括拉丁语、法语、德语、西班牙语等，当然英语是大多数学生的选择。一些专业（如电子信息专业和工商管理专业）的大学生必须学习英语。（Ustinova，2005）

俄罗斯父母十分重视对孩子外语能力的培养。在俄罗斯，出国留学已成为一种颇受欢迎的学习方式。此外，俄罗斯还兴起了一种非学校英语学习方式——短期出国游学。学生通过短时间深入英语国家的社会和家庭，在真实的英语环境中学习英语。这种方式因为形式新颖，而且贴近生活，受到了众多俄罗斯青年的推崇和喜爱。

英语对俄罗斯民众最大的影响表现在就业方面。20 世纪 90 年代苏联解体后，大量外资企业涌入，英语逐渐成为俄罗斯金融、旅游、交通等各行各业不可缺少的对外交流的语言。社会对英语人才的需求急剧上升，许多就业岗位对应聘者有明确的英语水平要求。可以这么说，在俄罗斯，掌握一门流利的英语意味着有更多的就业机会和工作保障。俄罗斯人也深深意识到这一点，因而对英语的重视程度在不断提高。

二、英语课程理念

俄罗斯的英语课程理念在过去的二十多年里经历了重大的变化，从过去为了学英语而学英语的“学术理性主义”渐渐转变为“社会经济效益”的理念。在20世纪90年代之前，苏联学者不太关注英语的实际用途和交际作用。他们关心的是英语作为一种语言其内部的语言规则。因此，语言理论研究在苏联的英语教学中具有极高的地位。这种理念在苏联解体以后受到了严重的冲击，学校教育逐渐向语言的交际价值转向，课程标准和教材开始以西方的交际教学为主要理论基础，强调学习者参与语言交流活动，满足学习者的交际需要。俄罗斯在21世纪的学术转型中取得了很大的成绩。我们的研究发现，俄罗斯的学生报告了他们的课堂学习经历。他们对课堂的描述基本上符合交际教学法的思想，教师和学生也都开始以发展语言交际能力为主的学习活动。在俄罗斯联邦教育部公布的外语教育课程标准中，培养学生的交际能力和文化学习能力是俄罗斯英语教学的重要目标之一。（俄罗斯联邦教育部，2004a，2004b，2004c）这种政策导向在地区性的教学大纲中也得到清晰的反映。（车里雅宾斯克州，2012）

俄罗斯转向的成功一方面是俄罗斯学术界向西方学习的结果，另一方面与俄罗斯的高校录取制度也不无关系。俄罗斯传统上由各个高校自行录取学生，各个学校录取的方式并不统一。学生凭高中毕业的成绩便可以申请就读大学。高中教师因此可以聚焦于学习西方的交际教学法，实践交际教学法的理念。这种大学录取制度目前正在经历新的转型。从21世纪开始，俄罗斯推行国家统一考试（USE）。如果参加统一考试的高校和科目越来越多，高中的英语教学可能就会受到考试制度的影响。（McCaughey，2005）

俄罗斯学者认为，俄罗斯在英语教学改革中，其“学术传统”不能完全抛弃。（Ter-Minasova，2005）因此，很多传统的学术理性主义内容在课程大纲和课程标准中有着明确的表述，如强调英语学习对人的世界观的影响，对学生人格塑造的作用，对学生智力发展的作用，对学生生活方式和生活态度的影响等。（库卓夫列夫，拉巴，别列古多夫，2014）英语学习到底有没有这些作用？英语教学是否能够承担如此重任？如果英语能够承担这些重任，那么学校里其他课程的作用是什么？这些问题可能是学术界可以探讨的话题。俄罗斯英语教学界到底有没有从过去的

“纯理性”的理念中完全走出来？还是以一种新的“纯理性”理念掩盖过去的“纯理性”理念？这些有待今后进一步观察和研究。有学者讨论了俄罗斯人当下学习英语的一些特点，例如，对词义上的“对等词”的追求，比较生动地说明了俄罗斯的“国情语义学”是深入俄罗斯人灵魂的英语学习理念。（McCaughey，2005）由此来看，俄罗斯的英语教学理念的转变可能还需要很长的时间。

三、英语课程设置和目标要求

传统的俄罗斯教育学制是 11 年制，包括互相衔接的三个阶段：初等教育（一到四年级）、普通中等教育（五到九年级）和完全中等教育（十到十一年级）。（Nikolaev，Chugunov，2012）三个阶段分别相当于我国的小学、初中和高中，其中前两个阶段为义务教育。从 1994 年起，俄罗斯教育界认为 11 年制的普通教育时间不足，使得学生负担过重，不利于学生身体健康，使教育水平下降；另外考虑到世界上近 80% 的国家都实行 12 年以上的普通教育，如果俄罗斯不及时跟上形势，与国际接轨，势必落后。2001 年俄罗斯政府决定将俄罗斯学制逐步向 12 年制过渡，到 2010 年过渡完成，并实施 10 年普及义务教育。（乔桂娟，2009）目前的新学制小学阶段由原来的 4 年变成了 6 年，即一到六年级；初中阶段由原来的 5 年缩减到了 3 年，即七到九年级；高中阶段变成了 3 年，即十到十二年级。如今，12 年制已经成为俄罗斯普通教育的主要学制。

在俄罗斯的基础教育体系中，外语是一门重要的课程。它与俄语、民族语和文学等一起属于“语文学”（Philology）范畴，是一门必修课程。（丁曙，1998）按照“俄罗斯基础普通教育外语国家教育标准”（以下简称“国家标准”），普通中等学校开设英语、德语、西班牙语、法语和意大利语。（俄罗斯联邦教育部，2004a）其中，绝大多数学生选择英语作为他们的第一外语。同时，俄罗斯学生还需要在七到十年级期间学习第二门外语，其中学得最多的是德语。

根据俄罗斯课程大纲，小学外语学习在有条件的地区可以从二年级开始。由于俄罗斯的教育政策不是集中控制式，地方和学校拥有较大的课程设置自主权，因此在某些英语学习压力较大的地区，学校甚至从一年级就开设外语课程。私立学校普遍从一年级开始学习外语，十分重视英语课程。在农村和偏远地区，小学开设英语仍然存在困难。因此，俄罗斯的基础英语教育存在比较明显的地区差异。

俄罗斯的基础课程大纲对各个地区外语科目做了最低课时的规定，允许各地区根据自身条件增加外语课时。实际上，各地区学校的外语课时基本上多于国家规定的最低课时，各地间存在较大的差异。根据我们对俄罗斯远东地区某城市、西伯利亚某城市和圣彼得堡进行的学校调查，俄罗斯基础教育的英语课时实际情况见表 3-6。

表3-6 俄罗斯高中英语课程设置

学段	课程性质	每周最低课时	每周实际课时	学期周数
小学阶段	必修	2	2	20
初中阶段	必修	3	3~4	20
高中阶段	必修	3	4~5	20

上述数据表明，俄罗斯基础教育阶段的英语课时与中国的非常相似。但是，中国课程标准所推荐的周课时在实践中变化很大。各地学校，尤其是在高中阶段，增加课时的情况十分普遍。中国高中生的英语学习负担可能要比俄罗斯学生重。

俄罗斯的英语教学理念目前正处于转型之中，由过去的“纯理性主义”向“实用主义”转变，这些转变体现在教师的课堂教学中。

苏联时期，英语课堂主要是以教师为中心，采用语法翻译法教学，注重语言知识的讲解，语言学习的理论性非常强。学习内容也以英文经典作品为主。学生学习标准的英式英语、经典英语文学名著，如莎士比亚、弥尔顿、狄更斯等名家的作品。此时，英语教学的主要方面是阅读、翻译和讲解语言知识，学生的语言交际能力和学生的真正需要不受重视。（Ustinova，2005）苏联一直实行高难度教学的原则，以帮助学生牢固地掌握知识。

在苏联解体之后，俄罗斯的英语教学逐渐向国际学术界所倡导的理念靠拢，英语教学内容、目标和方法向培养学生的交际能力转化，新的教学方法已经逐步形成。这些方法包括坚持小班教学（不超过 20 人），注重学生的口头交际能力，关注学生的情感、需要和能力水平，在不同的年级采用灵活多样的教学方法，游戏、唱歌、排演话剧等屡见不鲜。在对学生评价方面，注重学生听说交际能力的评价，较多地实施形成性评价，用五分等级制而不是百分制评定学生的学习成绩。即便是在高年级，教师也还能将形成性听说能力评价和终结性的考试结合起来，用五分等级制评价学习，避免对分数的过度关注。研究发现，俄罗斯教学转型还面临严峻的挑战，学校和学校之间、教师和教师之间、地区和地区之间仍然存在很大的差距。（Kolesnikova，2005）

20 世纪 60 年代初，苏联开始创办“加深学习某门科目的班级或学校”，即“特科学校”，并一直延续到了今天，成为俄罗斯教育的一大特色。这类学校以某一学科为办学特点，学生在这类学校的该学科中受到比较好的、高水平的训练。在以外语为特色的“外语特科学校”中，学校从一年级开始开设英语课程，课时密集，教学容量大。学生到高中阶段时，每周的英语课时数可达 7~8 节，学生在听、说、读、写方面能接受比较全面的训练。

处在转型时期的俄罗斯，一方面推行教育改革，力图和国际学术界保持同步；另一方面仍然保留了不少学术传统。例如，在高中英语教学要求方面，俄罗斯明确了其“实用主义”的立场，但这是高难度的“实用主义”。

从俄罗斯繁杂的课程标准文本来看，它的英语教学要求可以简单地分为两方面：英语交际能力和其他能力。英语交际能力方面主要有：发展学生的言语能力（指用英语交际和用英语学习学术知识的能力），发展学生系统的语言知识，发展学生的社会文化能力（包括社会语言学能力）；发展学生的英语学习和英语交际的策略；发展学生的教育认知能力（指学生用英语学习学术内容的能力）。其他能力方面主要有：培养学生个人定位和职业定位能力，以及社会适应能力；培养学生积极的生活态度和爱国主义情操，以及作为跨文化交流联系的主体意识；培养学生文化交流等方面的素质，使学生能在跨文化交流中进行团体合作；培养学生独立学习外语的能力，使学生能在其他知识领域继续自我教育；促使学生获取创造性活动的经验，以及在专业领域运用所学语言参加研究工作的经验。总体来看，俄罗斯英语教育政策给人的印象是烦琐、难度高。

英语教学大纲理应体现英语教学方面的特色，但是，这个大纲除英语交际能力和英语有关外，其他一般教育学方面的要求也力图面面俱到，与学生发展有关的问题都做了具体的要求。

在英语能力方面，俄罗斯“国家标准”所列出的要求也是一般的高中生难以达到的。第一条“发展学生的言语能力”，要求学生能够把英语作为交流和认知的手段。“交流”指的是发展人际交往的语言能力，而“认知”指的是用英语来开展学术活动的能力。国际学术界认为，能够开展学术活动的英语水平至少必须达到CEFR的B2等级（相当于IELTS“雅思”考试的6.5分，英国大学接受国际留学生的起点）。这个要求明显是教学要求的上限，而不是具备普及性的要求。第二条“发展学生系统的语言知识”，要求高中生不仅能够掌握日常生活所涉及的词语和句子结构等知识，还需要掌握“系统化、与专业相结合”的语言知识。所谓“系统化”，就是要求教师在语言教学中强化语言知识的作用，达到学习“专业词汇”的水平。第三条“发展学生的社会文化能力（包括社会语言学能力）”，要求学生能够“根据既定的价值取向，提高学生理解和解释文化现象的能力”。社会文化能力虽然是掌握英语运用能力的重要保障，但是高中生在英语课堂中是否能够“理解和解释文化现象”是一个很大的问题。更何况，俄罗斯的英语课堂中大部分教师是本土教师，他们自己也属于缺失英语社会文化知识的人，如何能够实现这一目标？第四条“发展学生的英语学习和英语交际策略”，这是英语学习的一个重要领域。它承认英语学习只能使人获得有限的知识和能力，不可能培养出完美的语言使用者。因此，学校有责任帮助学生发展英语学习和交际策略，使他们在遇到学习和交际的困难时，能够发挥主观能动性，克服各种困难，继续英语学习和英语交际。第五条“发展学生的教育认知能力”，要求学生不仅能够学会英语，还要在学习过程中提升学习能力，并且把这种能力迁移到学习其他学科上去。英语教师如何能够教会学生把在学习英语过程中所增长的能力迁移到其他学习领域中去呢？教师如何检验这种教学效果呢？学生在英语学习中到底能产生什么样的能力，并迁移到其他学术领域中去呢？

这五条要求几乎对关于学生全面发展的问题都做了逐一论述，这样其实就是把“英语教育”和“一般教育”混为一谈，把“教育”和“教学要求”混为一谈了。有俄罗斯学者对俄罗斯英语教学的实践能力评价道：俄罗斯曾经产生过世界级的心理学家，但是今天俄罗斯的英语教学实践研究却不尽如人意。（Ter-Minasova，2005）

俄罗斯的英语课程教学要求很高，在实际的考试中也有所反映。英语考试被认为是俄罗斯国家统一考试（USE）中最难的一门科目，从《2013年国家统一外语考试试卷标准》的试题难度表可见一斑。（见表3-7）

表3-7　俄罗斯国家统一英语考试难度表

题目难度	CEFR参照等级	题目数量	分值所占比例
基础水平	A2	16	40%
提升水平	B1	15	25%
高级水平	B2	15	35%
总计		46	100%

（俄罗斯联邦教学评估研究院，2012）

从表3-7可以看出，在俄罗斯国家统一考试外语科目中，基础水平（CEFR-A2）的试题为16题，分值占总考题的40%；中级水平（CEFR-B1）的试题为15题，分值占总考题的25%；高级水平（CEFR-B2）的测试题为15题，分值占总考题的35%。从试题难度分布数据中我们可以推测，在俄罗斯高中毕业生中，大约有三分之一的考生能够应对CEFR-B2水平的试卷。这说明B2虽然是俄罗斯英语教学的要求，但它不是对全体学生的最低要求，而是上限要求。同时，这也说明俄罗斯英语课程标准的教学要求比较高。

俄罗斯的英语考试难度还表明了俄罗斯向国际接轨的实际行动。俄罗斯用CEFR的标准来设计和衡量自己的英语教学水平，这对俄罗斯的英语教学与国际接轨、融入国际学术体系有非常大的帮助。

四、高中英语教材

俄罗斯联邦（中央）、各地区、各学校都有权编写自己的教材，并且由于加大对外开放力度，各种各样的英语教材和读物涌进了俄罗斯，满足俄罗斯英语教育需要的同时也带来了烦恼：由于教材过多，缺乏严格的教材审查制度，各类教材参差不齐，大量教材粗制滥造；教材和练习题的增多也极大地增加了学生和教师的负担。21世纪以来，俄罗斯联邦政府逐渐加大了教育改革的管理力度（Borisenkov，2007），对教材、课程和评价体系进行了系统的梳理，教材参差不齐、粗制滥造的情况已经基本得到扭转。目前俄罗斯实行的是"一纲多本"制度，每一门课程都会有三四种经审查合格的教材，被批准进入学校的教材一般都有较好的质量保障。

俄罗斯近年来对教材的治理取得了很大的成效，学校的教学资源得到极大丰富。新教材在设计上把重心放在促进学生语言能力发展的教学手段方面，教学活动设计水平较高，英语文本的思想性、文化性和文字质量比较高。

在学习素材的选择上，俄罗斯教材内容比较沉重，譬如学术性的内容比例比较高，与之对应的教学活动复杂度高，难度大。相对而言，俄罗斯高中英语教材在整体上比我国相应的教材难度要大。

五、英语师资

从师资来看，现在俄罗斯中小学英语教师都为本土教师，他们大多持有师范院校学士及以上的学位。俄罗斯对刚入行的新教师有一定的英语水平要求，但没有明确的等级考试制度。现在，越来越多的英语教师有海外留学的经历，有的老师曾经在英美等国生活过较长的时间。但是，高中英语教师仍然存在师资质量参差不齐、教师自身英语水平高低不一的情况。

目前，俄罗斯在英语师资上存在的一个严重挑战是很难吸引到高水平的人担任英语教师。英语水平较高的人由于教师薪资较低，常常被外资企业、银行等领域的高收入职位吸引。年轻人不愿意从事教师的职业，英语教师缺口较大。（Ter-Minasova，2005）

为了尽快提高英语教师队伍的素质，俄罗斯致力于外语教师的培训和发展。各级政府制订了一系列英语教师培训计划，强化英语教师的业务水平，如教师短期速成培训计划、在职培训计划等。现今俄罗斯主要有两种在职英语教师培训方式：一种是由国家支持的培训课程，另一种是由各种公益组织举办的培训项目。前者主要由各类公办教育培训机构（如师范院校、教师发展中心）承办；后者则由来自不同国家的公益组织开展，如 British Council，Goethe Institute 等。这些公益组织会定期组织关于英语教师培训的讲座、研讨会等。这些讲座、研讨会等形式多样，且用英语进行培训，极大地推进了俄罗斯英语教师的能力发展。（Kolesnikova，2005）在教师培训方法方面，俄罗斯主张对教师进行教学实践能力的培养，而不是只关注理论化学习。俄罗斯教育人士还努力寻求与国外英语专家的合作，共同发展俄罗斯的英语教学。

六、英语教学面临的挑战和改革方向

随着俄罗斯举国上下对英语日渐重视，俄罗斯在英语教学方面取得了一定的成绩，但是仍然存在不少问题与不足，主要有以下几个方面。

首先，英语测试繁多且难度较大，导致学生课业压力增大。俄罗斯地域广阔，地区差异性大，并且地区和学校有很大自主权。评价学生学习能力的重担全部落在了教师身上。因此，俄罗斯急需能适应地区差异性的系统的英语评价体系。和许多国家一样，俄罗斯的英语教师同样有应试教育（Teaching to the Test）的观念，特别是毕业班的学生考试格外多。此外，俄罗斯继承了苏联时期的高难度教学原则，认为只有高难度才能帮助学生牢固地掌握知识和技能。因此，外语科目被认为是俄罗斯国家统一考试中最难的一门课。但是，联邦政府的教育主管部门的专家没有降低难度的意向。因此，俄罗斯学生外语科目压力很大。由于在课堂上的学习已经不能满足教学需求，越来越多的学生选择到课外英语辅导机构学习。如此看来，原来推广的交际教学法中以活动为中心的教学手段正在受到更多的挑战。

其次，英语师资不足。现在俄罗斯的英语专业大学毕业生往往不愿意进入收入偏低的中小学教师队伍，而更倾向于到工资待遇较高的企业、银行工作，从而导致中小学英语一线教师不能得到及时补充，特别是农村地区，师资缺乏情况严重。此外，一线教师的老龄化问题严重，超过一半以上的教师拥有 20 年以上的教龄，其中超过 20% 的教师已经到了退休年龄。（Nikolaev，Chugunov，2012）同时，很多教师教法陈旧，课堂质量得不到保证。

最后，英语教育比较容易受到社会不公平问题的影响。俄罗斯各地区之间、农村与城市之间、贫富人群之间差距显著。教育资源分配不均，特别是农村学校，缺乏资金，办学条件差，设施简陋，英语教学条件不尽如人意。事实上，俄罗斯绝大多数的学校分布在农村地区。因此，克服地区差异和贫富差异，实施公平教育，是俄罗斯英语教学面临的重大挑战。

上述挑战也是目前俄罗斯课程改革的主要方向。为了促进高中教育，更好地培养人才，俄罗斯从高中开始实施免费和收费相结合的课程计划。这种改革称为“塑造未来的教学改革”。（Borisenkov，2007）高中生可以根据自己的意愿选择若干重要的基础课程，这些课程的教育费用由国家承担。除此之外，高中生若挑选与自己前途和未来发展有关的选修课程，选修课程部分学生必须自费。这个改革方向是否会影响高中英语的教育发展，需要时间来回答。

第五节　韩国英语课程体系

一、英语课程的社会文化背景

韩国的英语教育始于西欧文化涌进的旧韩末时期（1897~1910年）的公办官学和教会学校。当时的英语教育主要针对韩国贵族及官员们开设，教师大部分来自英美国家，因此属于浸入式教育（Immersion Education）。它促进了朝鲜半岛的近代化进程。在日本强占期（1910~1945年），因日本同化政策及日语教育政策的垄断，朝鲜半岛英语教育受到打压，陷入滞缓期。（Shin，2007）二战以后，韩国宣布独立，英语教育开始蓬勃发展。

根据1997年制定的《教育基本法》，韩国以“弘益人间”为教育理念，以民生和民主国家的发展以及人类的共存为目标，陶冶全体国民的人格，培养国民的自主生活能力和成为民主公民的必要资质。韩国的教育体制由学前教育、基础教育、中等教育（普通中等学校和职业技术学校）、高等教育（大学和专门技术学校）等构成。初等义务教育六年计划（1954~1959年）启动了韩国小学义务教育，其顺利实施并提出了具体规定，如增建教室、补充教员、确保经费等。初中义务教育于1985年开始分年级按阶段实施，《关于实施初中义务教育的规定》的总统令规定先从经济困难的岛屿、偏远地区居民的子女（新生）开始实行，到2004年在全国范围内普及初中三年义务教育。但是，初中只减免学费和教材费，学校运营赞助费（比如育成会费）和餐费须由个人承担。

随着韩国经济的发展，韩国国际化进程加速，国际交流频繁。韩国国民一直认为英语教育是获得国民经济实力、增强国际竞争力的重要手段，也是国际合作的必要工具。韩国政府及企业都对公立英语教育做了巨大的投入，国民对英语学习的热情达到了“狂热”的程度。（Shin，2007）对韩国国民来讲，英语已不是单纯的外语，而是相当于第二官方语言。就个人而言，在某种程度上说，英语影响个人的成功，是通往成功的阶梯。英语还是个人整体教育水平，乃至家庭背景的参考项。此外，英语已成为个人生存的必要条件。无论是升学还是就职，英语与韩国人息息相关。这给大多数韩国人带来一定的压力和负担。

二、英语课程理念

从1955年《第一次英语教育课程标准》颁布以来，韩国前后进行了九次英语教育课程改革，颁布了七次英语课程标准，以及《2007年英语教育课程标准》（修订版）和《2008年小学英语教育课程标准》（修订版）。《第七次英语教育课程标准》（韩国教育科学技术部，2012）把英语定义为国际语（International Language），总体目标是通过学校教育培养学生的英语交际能力，创建以学校为中心的新型实用英语教育的框架，为每个学生提供均等的教育机会，为国家培养国际化人才。

韩国的英语课程理念旨在培养全面发展且追求个性的人；夯实基础能力，发挥创新性的人；扩大视野，开拓前景的人；理解本土文化，创造新的价值的人；发挥民主市民意识，贡献于共同体发展的人。（韩国教育科学技术部，2012）

韩国英语教育的总体目标反映了韩国社会对语言交际能力、文化沟通能力以及以学生为中心的教学体系的认识，这些目标在小学、初中和高中的学段中各有侧重。

小学英语教育的目标主要强调培养学生的情感因素，即培养学生对英语的好感；培养理解和表达日常生活中常用的基础英语的能力。出于对英语学习的重视，大部分韩国家庭都从幼儿园或者小学一年级就开始英语教学，培养孩子对英语的情感和态度，以及英语语言和文化意识。但是，在公立学校，学生是从三年级开始英语学习的，而且对小学英语学习规定了比较高的认知目标。

小学英语教育课程重点培养听、说、读、写四项技能融会贯通的能力。表达能力分为口头交际能力和书写能力，理解能力分为听力和阅读。《2007年英语教育课程》（修订版）把英语写作技能开设时间从小学四年级提前到了三年级第二学期。《2008年小学英语教育课程》（修订版）延长了小学英语课时：三、四年级延长到每周2小时，五、六年级延长到每周3小时。

中等英语教育（七到十二年级）强调培养学生的在英语学习方面的

认知因素，主要是在小学所学的基础上，帮助学生认识到英语交流的必要性；培养学生就日常生活和常用主题开展交流的能力；帮助学生发展获取并活用各种英文信息的能力，使他们能够通过学习英语理解各种文化，并用英语介绍韩国文化。

2008 年 1 月，韩国总统的咨询委员会出台了《英语公立教育完善及实践方案》，提出以下要求：要确保所有的高中毕业生都可以用英语进行日常会话，不参加英语补习班也可以考上大学。通过制定七次课标，韩国经历了以教科书为中心、以经验为中心、以知识为中心的课标和现在以复合型人才为中心的课标。

从上述的小学、初中和高中三个学段的课程目标来看，韩国的英语课程方案对学生的要求是比较高的，其教学重心主要是在小学和初中，高中阶段主要是为高考做应试准备。这种课程体系可能会对学生造成比较沉重的课业负担，尤其是小学阶段要求小学生同时发展听、说、读、写四种英语技能的要求，可能超出一般儿童的学习能力。韩国对儿童的过高要求已经引起了国际社会的关注。（Koo，2014）实际上，韩国外语政策中的“培养儿童的情感态度”和“以学生为中心”的理念所取得的效果并不明显。

三、英语课程设置和目标要求

韩国的英语课程设置对一到十二年级实行统筹管理，按照课程目标中的交际能力、情感态度和以学生为中心的思想来设置各个学段的课程。韩国英语课程一到十二年级的设置方案见表 3-8，韩国英语课程课时安排见表 3-9。

表3-8　韩国英语课程设置

<table>
<tr><th>学段</th><th>课程性质</th><th colspan="6">设置方式</th></tr>
<tr><td>三到六年级</td><td>国家共同基础课程</td><td colspan="3">深化型</td><td colspan="3">补充型</td></tr>
<tr><td>七到九年级</td><td>国家共同基础课程</td><td colspan="6">按阶段设置</td></tr>
<tr><td rowspan="2">十到十二年级</td><td>普通选修课程</td><td colspan="2">英语（1）</td><td colspan="2">会话（1）</td><td colspan="2">阅读与写作（1）</td></tr>
<tr><td>深化选修课程</td><td colspan="2">英语（2）</td><td colspan="2">会话（2）</td><td colspan="2">阅读与写作（2）</td></tr>
</table>

（韩国教育科学技术部，2012）

表3-9 韩国英语课程课时安排

学段	学时数/年
三到四年级	34
五到六年级	68
七到八年级	102
九到十年级	136
十一到十二年级	128

（韩国教育科学技术部，2012）

从表3-8和3-9可以看出，韩国在小学就已经开始为学生的分流做准备，将英语课程分为深化型和补充型。三到四年级为每学年34课时，小学高年级（五到六年级）课时数为每学年68课时。这样，一方面可以为那些从幼儿园或者校外自行安排学习英语的儿童提供英语深化教学，另一方面可以为没有能力安排早期英语教育的儿童提供补充型的教学，为他们提供比较公平的教育服务。

小学和初中的英语课程在性质上属于国家共同基础课，英语课程的设置按年级开展英语教育，课时随着年级的提升而逐步增加。韩国的英语教育政策为义务教育阶段所有的韩国少年儿童提供了基本的英语教育。

当学生结束义务教育阶段的学习进入高中后，课程性质发生了变化，课程不再是国家共同基础课程，而是强调个性发展的选修课，分为一般选修和深化选修两类。课程的选择性还体现在英语学习的重心变化上。学生可以选择“一般性的英语课”，也可以选择“口语”，还可以选择“阅读与写作”的课程。通过两个层次和三个课程类别的设计，韩国的英语教育政策力图体现出高中阶段的“选择性”，为高中生自主发展创造条件。但是，高中阶段的课时比较少，只有128课时/年，相当于每周4~5个课时，作为学生自主选修课程，分配到具体的课程上的课时可能就更少了。这也说明韩国的英语教学重心主要位于小学高年级和初中阶段。

从韩国的高中课程设置上判断，韩国的课程设置是比较实事求是的。首先，初中阶段设置为外语学习的重点，这比较符合语言学习的心理发展，因为此阶段既有少年时期学习语言的优势，又开始具有成年人理性的学习特点，语言学习的效果相对来说比较好。其次，高中选修课的三大课程类别比较符合英语作为外语学习的特点。

韩国的高中学生除了学习英语，还可以选择学习第二外语。目前，韩国的课程方案中可以选择的外语语种有汉语、德语、法语、西班牙语、俄语、日语、阿拉伯语等。

韩国的英语教育政策对英语教学还提出了很多非常具体的要求。课程方案对语言素材、语言、词汇、句子长度等做出明确规定。教学素材必须能够诱发学生的学习兴趣，能够引发学生产生交际的需要，有助于对英语和世界上其他地区文化的理解，有助于学生获得日常生活的常用语言，内容要符合学生的认知水平等。在语言方面，课程方案对各个年级段的学习提出的要求比较具体。小学阶段的单词量为 520 个；初中和高中要学习 1290 个词；韩国的课程方案甚至对句子的长度也做了比较明确的要求：小学三到四年级的单句长度不得超过 7 个单词，五到六年级不得超过 9 个单词。

课程方案还规定小学英语教学主要采用形成性评价，取消了以前的“秀、优、美、良”的等级制度，采用描述性评价方式，即教师在每单元之后针对学生的学习进度、进步与否等情况，用文字对学生的学习进行描述。

初中和高中教育阶段实行“成绩等级评价制度”，把学生的学习成绩按 A–B–C–D–E–F 六个等级评价。韩国最新课程方案还改革了配套的英语高考方案，把英语科目从高考体系中分离出来，单独实行“全国英语能力考试”（National English Ability Test，简称 NEAT）评价制度，分别检测听、说、读、写四项技能。这一考试的初衷是为了改变高中阶段的应试教育，提高高中生英语学习的质量，让不参加校外补习班的学生也能进入大学。这项考试于 2019 年正式实施。（Wikipedia，2019）这样不仅有利于高中英语教学的改革，减轻高考对英语学习的负面冲击，同时也有利于提升韩国社会和国际学术界对 NEAT 考试成绩的认可程度。NEAT 考试中听和读实行等级制度，分为 1~3 个等级。1 级相当于大学二到三年级的水平，可替代毕业考试，或用于就业、留学等。2~3 级适用于高中生，可代替高考英语成绩。说和写只分合格与不合格。对大学生则实行听、说、读、写能力的全面评价。

从上述的介绍中我们可以看到韩国教育界在教学改革方面的力度，尤其是在英语教育评价方面。韩国的英语教育具有下列特点。第一，韩国教育存在学业负担过重的问题。为了解决这个问题，韩国力推以形成性评价为主的教学改革。如在小学阶段，等级评价让位于描述性评价。这样的评价可能会更加全面，更加有利于少年儿童的健康发展。在高中阶段的改革主要是减轻高考的压力。韩国力图通过 NEAT 考试让英语教育进入学生常规能力发展的轨道。由于语言测试手段的局限性，NEAT 最后会对韩国高中英语教育产生什么影响，还需要时间来证明。NEAT 考试的一个优点是它和国际知名的考试实行等级挂钩。如果成功，NEAT 考试就有可能成为一个地区性的重要考试，为韩国的学生在国际上求学和求职提供很多便利，同时促使韩国的教育更加国际化，更加有利于韩国的英语教育体系获得国际学术界的认可。

在韩国课程方案对英语教学的具体要求上，有些地方控制得过紧，要求的分布有失衡的可能性，如对词汇量的要求，小学要求比较高，而初中和高中却比较低，政策目标和具体指标之间出现矛盾。

在小学阶段，520 个词并不是一个难以实现的学习目标，但是，如果要以这样的词汇量来实现听、说、读、写的全面发展，要求比较高。初中和高中只要学习 1290 个词，这是一个很低的要求。韩国的学生在一到十二年级只需学会 1810 个词，这个词汇量的要求很低，甚至都达不到 Nation 所说的外语阅读门槛 2000 词的要求。如果学生达不到阅读的词汇门槛，其他的要求，如阅读能力和写作能力都将是一句空话。

韩国外语教育政策对小学英语教育的规定比较严格，甚至对单句的长度都做了规定，小学生学习的句子最多不能超过 9 个单词。从语言学的角度来讲，适合儿童学习的语言材料都比较短小，而且以常用语和词组为主，因此，没有必要对句子长度规定得如此细致。

四、高中英语教材

韩国的英语教材由学生用书（电子书或者传统的纸质图书）、练习册以及教师用书等构成。小学教科书的学生用书一般为电子图书，中等教科用书由教科书、教师用书和练习册组成。

小学英语教材每单元的内容设置四个课时来完成，每课时由导入、展开、整理等教学程序组成，每个单元都是按听、说、读、写的顺序展开，最后在 Let's play 或 Role-play/Activity 版块综合上述四项技能。中学英语教材共有十几种，但是其模式如出一辙，单元数都一致，教材活动的编写方式一律采用听力、会话、阅读、写作的顺序。每个单元都是由对话范文为基础编写的听力和会话为主要内容。课程方案对教材的素材也做了规定，共有 17 种，主要以日常生活以及学生所熟悉的话题为主题，要求选择学生感兴趣的素材，同时还要有助于增进学生的沟通、探究以及解决问题等能力的发展。

高中英语教材的素材与初中英语教材的素材有明显的不同，如世界、文化、科学、成长、自然等领域的素材所占比例明显多于日常生活的素材。每个单元的构成则与初中英语教材十分相似。编者通常根据特定的话题，在对话范文的基础上，编写听力、会话及阅读教学活动。

五、英语师资

韩国的教育政策对英语教师有非常明确的要求。小学英语教师需毕业于师范院校英语教育专业或四年制普通院校的英语教育专业，并通过小学英语教师任用考试。在公立或私立中等学校任教必须有中等二级英语教师资格证。这一资格证不是通过考试来获取，而是给以下人员颁发的：一是韩国四年制师范院校的英语教育系毕业生，二是韩国四年制本科院校英语语言文学专业已修教职课程的毕业生，三是韩国教育大学院（指研究生院）英语教育专业已修教职课程的毕业生。教师即便获得上述教师资格证，也不能确保被录用。公立中等学校教师需参加中等英语任用考试并合格，私立中等学校教师需申报，经过公告并鉴定合格方可被录用。此外，从 2009 年开始公开录用英语会话教师，报名资格可以是二级教师资格证获得者、国外大学本科毕业生或在国外定居指定年限以上者，TESOL（Teaching English to Speakers of Other Languages，中文翻译是"对外英语教学"）资格证所有者优先录取。

六、英语教学面临的挑战和改革的方向

纵观韩国英语教育，我们不难发现韩国的英语教育仍因“高消费、低效率”而颇受质疑。韩国的英语教育主要以灌输式教育（Indoctrination in Education）、应试教育为主，加上公立学校教师英语口语水平普遍不高（Shin，2007），一些学生即使在校学习英语已经10年以上，或TOEFL（托福）、TOEIC成绩很高，甚至大学主修英语专业，可能仍无法和英语本族语者顺利地交流。这种“哑巴英语”现象受到韩国社会的广泛批评。一些普通的韩国学生不仅口语交际能力不强，书面表达能力也不强。他们不能用书面英语比较准确地表达自己的想法，更无法阅读与本专业相关的英文原文资料。韩国的英语教育专家认为，韩国英语教育的问题首先是政策不合理。有学者指出，韩国的英语课程并没有真正实施按照水平分级教育，合格的师资数量、教学条件和评价体系未能跟上改革的步伐。韩国学者对于小学、初中、高中的英语教育目标、内容、方法和评价体系的合理性也提出质疑，认为英语课程体系并没有真正按照培养学生交际能力的目标来设置内容、方法和评价体系。

在访谈调查中，我们发现韩国小学英语课程的内容非常简单。对于参加课外辅导班的学生来说，小学英语教学的目标过低；而对于没有参加课外辅导班的学生来说，小学英语教学的目标又过高。

课程方案本身规定过多、过细也是使韩国英语课程出现问题的因素之一。在调查中我们发现，教材虽然实施“一纲多本”，但是，由于教材要遵循课程标准指定的素材来编写，使教材在整体上缺乏多样性，并且初中和高中教材之间没有明显的难度差异。

在教学方式上，调查表明，尽管韩国已经实施了新的课程标准，并采用了新的配套教材，然而，以学生为中心、以培养交际能力为目标的教学方式并未普及。课堂上教师大都用韩语授课，教师和学生用英语沟通的机会较少，学生之间更少。上课基本上是教师念课文或例句，学生跟着读。初中班级一般为35人/班，因此学生参与式的教学仍无法实现。高中仍采用课文和语法为主的以教师为中心的授课方式。虽然形成性评价占总分的30%，但是其主要是通过检查日记或评估课堂参与度、小测验等形式来实施，因此很难评价学生的听说参与度。课堂既不能真正做

到以学生为中心，也没能实施真正意义上的形成性评价。

访谈数据还显示，很多英语教师的口语水平仍有待提高，一些普通的英语教师无法用英语组织课堂。韩国虽然开始了大规模聘请外教进入中学课堂的政策，但是韩国的英语教师和学生都不欢迎外教，因为他们在教学文化方面无法满足韩国学生的学习需求。（Shin，2007）韩国本国的英语教师虽然擅长帮助学生为考试做准备，却无法实现课程标准的教学目标。因此，韩国英语课程标准所展示的英语课程体系是理想化的英语教育，与现实中的教育脱节。

韩国政府为了提高全民的英语水平，把英语由原来的“外语”重新定性为“共同语”，并把课程标准所预期的国民英语水平由原来的英语为母语的国家语言水平下调为不同文化间话语者的水平。（韩国教育科学技术部，2012）这种调整改变了韩国英语教育的方向，明确了韩国英语教育的内容，还预示了韩国英语教育的授课方式和评价手段的变化，说明韩国的教育政策制定者开始越来越清楚韩国英语教育的定位。这种变化有可能使学校真正实施以学校为中心、以学生为中心的新型实用英语教育，把英语教育认定为对语言技能的培养，重视英语交际能力的提高，从而扩大语言输入量，完善评价体系，全面改善公立学校的英语教育现状，使全民英语水平得到提高。

为了扩大语言输入量，韩国的教育主管部门建议延长英语教学时数，扩大词汇量，读写与听说并重，提倡教师用英语教学，完善以学生为中心的评价体系等。同时要求英语教学注重听、说、读、写四项技能均衡发展。由于当前的英语教育偏重听和读，所以要求加强说和写技能的培养，保证学生语言技能均衡发展。十一、十二年级的英语选修课应根据学生的水平差异及个体需求，加大实用英语、英语会话、英语写作等教学内容。在改革的任务中，教育主管部门目前还要求提高英语教师的素质，建议增加在职教师的研修学习时长，要求达到600小时／年。另外，要求教师具有合格的口语能力，改善英语师资的培养方式和质量，对聘用的英语教师增加口试和授课能力测试环节。此外，政府还计划提供专项奖学金，聘用海外侨胞和英语本族语者到韩国的学校（尤其是英语师资力量薄弱的学校）任教，提高英语教学质量。

第六节 课程体系比较

为了更好地突出对比内容，比较全面地展示各国英语教育的现状，现将六个国家的英语课程体系比较情况汇总于表 3-10。

表3-10 六个国家英语课程体系比较

国家	主要理念（按重要性排列）	课程设置	目标要求	主要特点
日本	1. 以学生为中心 2. 培养世界文化观 3. 发展口语能力	1. 小学高年级开设英语课，3课时/周 2. 高中5~21个学分，分必修和选修 3. 无第二外语要求	1. 小学无明确要求 2. 高中笔试达到B1级 3. 等级评价制度	1. 外语学习的重心在高中阶段 2. 高中自主选择程度高 3. 教学要求较高 4. 评价方式与国际挂钩
韩国	1. 扎实的英语基础知识 2. 提高英语交际能力，服务于提升国家实力	1. 小学三年级起开设英语课 2. 高中阶段分必修与选修，以选修为主 3. 无第二外语要求	1. 小学要求较高，听说读写全面要求，520词 2. 初高中1290词 3. 高中应试负担重 4. 实行等级制评价 5. 从2019年起英语退出高考科目，改为社会化考试	1. 外语学习的重心在小学高年级和十年级之间 2. 高中自主选择程度中等 3. 评价方式与国际挂钩
中国	1. 重视基础知识和技能 2. 强调自主学习能力 3. 注重评价的作用 4. 强调用英语参与国际交流	1. 小学三年级起开设英语课 2. 高中英语约200课时/年，4或5课时/周 3. 无第二外语要求	1. 小学600~700词 2. 初中1500~1600词 3. 高中约1500词 4. 基础阶段一至十二年级共学习3600词左右 5. 高中毕业笔试接近B1级	1. 外语学习的重心在小学和初中阶段 2. 高中统一高考压力较大 3. 对词汇和语法有明确的限制和规定

续表

国家	主要理念（按重要性排列）	课程设置	目标要求	主要特点
巴西	1. 保障公民权利 2. 培养公民所需的能力 3. 培养语言交际能力	1. 小学五年级起开设英语课 2. 高中2课时/周，80课时/学年 3. 学习第二外语（西班牙语或法语）	1. 小学无明确要求 2. 高中毕业阅读笔试达到A2级	1. 外语学习的重心在高中 2. 半日制，公立学校教育较少，社会学校作用较大 3. 两门外语要求 4. 无语法和词汇要求和限制
俄罗斯	1. 重视理论学习 2. 培养语言交际能力	1. 小学二年级起开设英语课 2. 初中3~4课时/周 3. 高中约4~5课时/周	1. 高中毕业笔试达到B2级 2. 无第二外语要求	1. 课程偏重理论性，尤其是语言学理论，“国情语义学” 2. 追求高难度 3. 无语法和词汇的要求和限制
法国	1. 发展国民多语能力 2. 学习多元文化	1. 小学一年级起开设英语课，以活动为主 2. 初中3~6课时/周 3. 初中或高一开始学习第二外语、第三外语或古代语言	1. 初中第一外语达到B1级，第二外语达到A2级 2. 高中第一外语达到B2级 3. 等级评价制度	1. 外语学习的重心在初中、高中阶段 2. 以CEFR为指导 3. 口语能力要求高，掌握多语能力 4. 无词汇和语法的要求与限制

表 3-10 表明，单纯比较高中阶段的学习目标与要求并不能真实地反映出各地区高中英语课程的情况，而必须把整个课程体系作为背景来研究。在课程体系中，一系列的因素都会对学校英语课程内容与课程设置和学习要求产生影响，它们之间的相互作用可以反映出社会对英语教育的看法。例如，日本的高中英语设定的目标是 B1 级，这个要求与中国

的要求非常相似，但日本的英语教育理念是以学生为本，所以日本对小学和初中阶段的要求比较低，而把学习的任务往后移，待学生成熟一点，有能力自主决定学习时，再向他们提出较高的学习要求。在日本，义务教育阶段（一至九年级）儿童的学习任务相对来说是很轻松的，他们的学习负担主要在高中阶段。由于小学和初中阶段要求很低，高中阶段就不能一下子把目标提得很高。日本实施英语等级考试，其优点是可以淡化分数的影响，把听、说、读、写分类评价。如果高中的英语课程以选修为主，学习任务的分配就更加合理了，擅长学习英语的学生就可以额外选修合适的英语课程，从而达到很高的水平；不太喜欢英语学习的学生，只需拿到基本必修课的学分即可。由于日本的必修课学分都很低，因此，这部分高中生虽然也要学习英语，但是他们的学习要求并不高。由于日本的 B1 级并不是要求所有的学生都达到的水平，因此，设置很高的要求并不会给所有的高中生带来过重的负担。

分析韩国和中国的课程体系可以发现，两者都十分强调基础课程的作用。中国英语课程重视基础，强调基础阶段语言知识与能力对学生未来的作用。韩国的课程理念也是如此，强调扎实的基础知识。中国和韩国的英语教学重心都在小学和初中阶段，中国小学阶段要学习 600~700 词，初中阶段要学习 1500~1600 词，高中反而降低为约 1500 词。这反映了英语学习的重心是在少年儿童时期，出现了重心前置的现象。韩国的情况与中国类似，小学单词量为 520，初高中为 1290。虽然整个基础阶段只学习约 1800 词，但其中 1/3 要求低年级（小学生）的儿童学习，这反映了韩国英语课程的两个特点：一是强调儿童时期英语学习的重要性，二是高中英语学习的要求降到了很低的水平。但是，韩国的英语课程体系改革方向值得我们注意，根据韩国教育部的安排，韩国于 2019 年实施高考英语社会化等级考试，改革的目的主要是减轻高中生的高考压力。

法国、俄罗斯、巴西的文化和东亚文化相距甚远，课程体系呈现出各自的社会特点与对英语教育的不同看法。

法国和俄罗斯都属于欧洲国家，但是它们对英语教育的作用有完全不同的认识。法国推行外语教育的主要目的是抵制英语对法语文化的侵蚀，但正如学者 Goullier（2012）所评论的那样，法国的多元语言政策反而助推了英语在欧洲的推广，从而使更多法国民众学习英语。法国的英语学习目标最高，初中阶段第一外语要达到 B1 级，高中阶段要达到 B2 级。但是法国所规定的目标并非书面语目标，而是口语目标，学习量会少很多。同时，B2 级并不是所有高中生必须达到的毕业要求，而是一种期望（Goullier，2012）。由于法国教育高中段实行学分制，学校和学生对课程有很大的自主选择权，因此，即便法国英语教育的期望值是 B2 级，实际上只有很少人能达到这个要求。相比之下，俄罗斯的高中毕业生也要达到 B2 级，但这个 B2 级的要求明显高于法国，因为它是全国统一的书面语要求，是实际考试中学生必须达到的水平。所以，要准确地比较各国高中英语课程的难度，还有别的因素需要考虑，下面会专门讨论。

巴西是中等发达国家，其教育理念很有特色。巴西的英语教学重心在初中和高中，稍偏向于高中，小学几乎没有明确的英语教学要求。这反映了在巴西，英语课程仅仅是学校的一门科目，有一定的实用价值，但英语教育期望不高，而重在普及。

在所比较的六个国家中，课程的难度还与目标要求中对语言知识的规定有关（见表 3-11）。语言教育专家认为，语言教育的目标既可以用能力等级来描述，如 CEFR，也可以用具体的语言知识来要求。用语言知识来要求的方法是规定词汇表和语法清单。（Kumaravadivelu，2006）

表3-11　六个国家英语教学目标和描述方法

国家	目标和描述方法	评价方式
法国	能力等级（口语）	教师评价、形成性评价、终结性评价
俄罗斯	能力等级（书面语）	统考 USE
巴西	能力描述	统考＋高校单独考试
日本	能力描述等级	等级考试STEP＋高校单独考试
韩国[1]	词汇量规定	社会化考试
中国[2]	词汇和语法知识＋能力等级描述	统考

［1］韩国从2019年起英语高考实施社会化等级考试。但是在此之前，其目标的描述方法还是依据语言知识为主。

［2］中国的课程标准虽然用“词汇和语法知识+能力等级”的方式描述课程目标，但在教材编写、课堂教学和考试评价中，能力目标并不起作用。

影响课程挑战程度（指难易程度）的另一个因素是课时量或教学量，它们与教学目标一起构成影响课程难易度的内部要素。（见图 3-1）

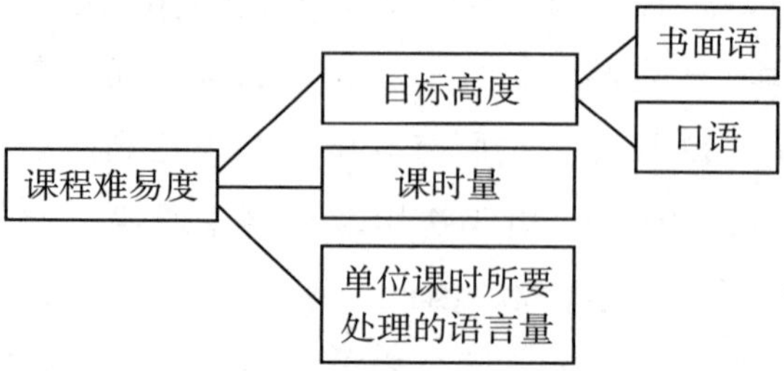

图 3-1　课程难易度概念

在给定课时量和语言量（指教材容量）的情况下，目标高度越高，课程越难，反之则越容易。

在给定目标高度和教学量的情况下，课时越少，单位课时内要完成的语言量就越大，课程的难度就越大，反之则越容易。

在给定目标高度和课时量的情况下，教材容量（教学量）越大，单位课时内要处理的语言量就越大，课程就越难，反之则越容易。

图 3-1 的基本数据来自表 3-12。

表3-12　课程难度综合因素

序号	国家	目标	高中阶段课时量	教材容量	目标的评价方法（括号中的数值为每课时容量）
1	法国	B2	360	36 534	口语，形成性评价（约101）
2	俄罗斯	B2	400	30 211	笔试，统考（USE）（约76）
3	日本	B1	760	23 397	笔试，社会化考试（STEP）等（约31）
4	韩国	A2	392	26 160	笔试等级制，社会化考试（NEAT）（约67）
5	巴西	A2	240	16 278	笔试，社会化考试（ENEM考试中一部分）（约68）
6	中国	B1	600	32 749	笔试，统考，各地会考（约55）

说明：

1. 目标按政策的最高要求描写。如法国的目标 B2 级是期望值，因而属于最高要求。

2. 每学年均按 40 周算。

3. 教材容量根据教材的总词数来计算，目录、前言、附录、注释等辅文均不计算在内。如果教学指令用学生母语，也不计入总词数。

4. 教学目标的评价方法会对目标难度造成影响。

5. 本研究中涉及的俄罗斯学校是 11 年制，高中只有两年，其教材也是两年制教材，故本研究仍按高中两年的学制计算。

上述图表表明，在比较的六个国家中，英语课程的难度可以划分为三类：（1）难度高的地区是法国和俄罗斯。它们的课程目标都是 B2 级，每课时容量法国约为 101，俄罗斯约为 76。（2）难度中等地区是日本和中国。它们的目标都是 B1 级，每课时容量日本约为 31，中国约为 55。两者课程目标相同，但是单位课时语言量差别比较大，说明中国的教材要比日本的难很多。（3）难度较低的是韩国、巴西。它们二者的目标都是 A2 级，每课时容量韩国约为 67，巴西约为 68。

本章小结

收集到的数据表明，课程负担与是否有考试评价无关，与是否有应试教育传统也无关。俄罗斯有统考，学生有高考压力，学校中也有大量的应试教学存在。法国虽实行大学注册制度，但一些学校，如巴黎高等师范专科学校，仍然要求学生通过竞争性考试入学。巴西有全国性考试ENEM，日本也有全国性考试STEP，但这些国家的英语课程压力差别很大。

这些数据还表明，课程负担与教学内容的多寡、教学目标的高低关系不是很大，但有可能与高中阶段课程的自主选择性有关。课程自主选择与学校的办学自主权有关。选择性较大的国家（法国、俄罗斯）的课程要求要高于选择性小的国家（日本、韩国），巴西是个特例。

课程的自主选择性程度与学生选修课程的自由度有很大的关系。学校的自主性越强，学校所设的课程就越容易符合学生的各自特点，学生自主选择课程的程度就会提高。学生自主选课程度提高的一个结果就是学生自然形成的能力特点与课程要求相符的程度得到提高。例如，喜欢学习英语和学习英语有成就感的学生更容易选修英语课，教学就倾向于提高课程要求，加大学习容量。这可以较好地解释法国和俄罗斯高中英语课程目标高，课程容量大，但社会问题少的现状。相比之下，高中的课程选择性不是很强的国家，社会对学生的英语水平期望很大，学生在没有选择的情况下学习很多英语课程。由于选修英语课的学生水平差异很大，再加上本地英语教师能力不足，因此不得不降低教学目标，加大对教学过程的控制，减少教学量。这样会导致教学目标低、教学容量小、课程的挑战性下降的结果。

第四章 教材研究

教材是任何教育体系不可缺少的元素，也是课程体系的重要组成部分。但一个奇怪的现象是，文献研究鲜有对教材的专门研究，尤其是实证研究，大部分教材研究方面的文献比较关注如何挑选教材或者如何评价教材的一些外部因素。本章将从教材作用的宏观研究、教材设计理论研究、外语教材的研究这三个方面展开讨论。

第一节　教材作用的宏观研究

一、教材是课程大纲最好的“替代品”

目前对教材研究得比较全面的是美国斯坦福大学的 Chambliss 和 Calfee（1998）的著作 *Textbooks for Learning：nurturing children's minds*。但它不是以实证研究，而是以观点和引述他人的研究为基础。

Chambliss 和 Calfee 两位学者认为，教材在美国的基础教育中具有重要的作用，实际上是美国国家课程大纲的替代品（the Surrogate for a National Curriculum）。美国教育具有分权的特点，教育政策是由各州和学区自主决定的，没有在联邦政府层面上的全国性的课程大纲。美国的教材具有重要的影响力，无形中承担了全国性的课程大纲的角色，因此，美国的教材专家把他们的教科书称为“国家课程大纲的替代品”是非常恰当的。

二、教材的作用

现代科技手段，如网络、新媒体、新传播工具的出现，极大地扩大了教师收集、使用各种教学素材的可能性。传统的教材似乎正在渐渐失去地盘，甚至有消失的危机。因此，很多专家认为教材早晚会消失。1988 年美国加利福尼亚州甚至呼吁教材出版机构向学校提供“原文材料”，即从社会现实中获得的原始素材，而不是传统意义上的经过作者“改头换面”的大部头教材。

但是，大部分学者仍然认为传统意义上的“书本教材”具有顽强的生命力，需要教育界重视。美国学校中教师的教学内容和活动有 75%~90% 来自教科书。大部分教师不具备编写教科书的专业学科知识，尤其是小学的教师，所以“值得教”和“应该向学生展示”的内容主要是来自教科书。另外，美国的教育虽然经常被批评，但是美国出版的教科书得到了世界各国的普遍认可。（Chambliss，Calfee，1998）[1]

因此，目前教材仍然被认为是不可替代的教学工具，Chambliss 和

Calfee（1998）对此提出了三个理由：（1）有组织的思想、内容和结构是教材的重要特征，其帮助学习者塑造思想、促进智能和情感发展的功能和威力是难以撼动的，也是现代的新媒体仍然无法比拟的。（2）教材是国家课程大纲最好的替代品。世界上很多国家要么缺乏全国性课程大纲[1]，要么全国性的课程大纲非常笼统[2]，教科书是事实上的全国性课程大纲，这要归功于教材的商业化政策和出版市场的作用。（3）教材是社会各界关注教育的主要领域。各种社会团体只有在教材上才能找到共同的讨论话题，才能建立起对话的平台，否则社会对教育的讨论将无法开展。

三、好教材的特征

上述关于教材存在的理由并没有完全讲清楚什么是好教材。什么样的教材是好教材的问题仍然没有解决。但遗憾的是，在现有的研究文献中，很多有关教材的论述都没有重视这个问题。

Chambliss 和 Calfee（1998）认为，好的教材要能够在学术内容上展现出专家、学者处理真实世界的方式，使得学生获得体验真实世界知识形态的体验。以学生为中心的教学设计保证学生未来即使不成为学科专家，也具有专家们看待世界、解释经历体验的视角，帮助学生对学习开展反思，创造机会让他们把学到的知识用于新的情境。

理想的、高质量的教材应是有条理、清晰易懂的，能充当学生个人经验与专家知识之间的桥梁作用，能引导学生用专家的方法来观察和处理真实世界，在时空上拓展学生的体验，能为“以学生为中心”教学方法提供支持，在教学上提供灵活性。（Chambliss，Calfee，1998）[2]

此外，好教材在设计上要具有三个特点：（1）教材必须以“大概念”

［1］如美国，美国联邦政府的教育部并不制定全国性的教学大纲。

［2］如日本，日本的英语课程纲要十分简洁。这可能代表一种方向，世界许多发达国家的课程方案正在变得越来越简洁，如英国和加拿大BC省的课程大纲；英国的课程大纲可见The National Curriculum in England，Framework document，详见 https：//www.gov.uk/government/uploads/system/uploads/attachment_data/file/210969/NC_framework_document_-_FINAL.pdf（2014-09-06）。

（Big Ideas）[1] 为设计基础；（2）在教学上，教师有调整的灵活性；（3）结构要完整，反对词典式的一个个知识点的堆砌。

Alfred North Whitehead 是一位哲学家，他研究了实际经验和思维训练之间的关系。他指出，实际经验所产生的实践性知识是杂乱无章的，是由连续性事件构成的体验；但是，思维训练的结构是原则和规则、规律的发现。他还指出，教育就应该致力于培养学生获得知识、欣赏知识并发现知识之间的联系。Whitehead 认为，教育者不应教学生过多的学科内容，教学内容应该少而精，要以少量的知识去带动学生探索相关的其他知识。（Whitehead，1974）[3]

教材中的知识不应该是简单的堆砌，必须让出空间由学生去建构。为了保证这点，教科书要教有用的知识。抽象的、与实践脱节的教育是低效的。

学术界相关的研究证明，儿童需要接触大量的实际例子，才能从中发现规律，需要通过比较彻底的学习才能建构知识框架。这些发现均说明教科书应减小知识的宽度，增加学习和体验的机会，让学生深刻体验到学习中的曲折（Twist and Turn）过程，而不是仅仅向学生灌输大量的事实性知识。

为了说明教材中知识类别的作用，Chambliss 和 Calfee（1998）讲述了一个故事：

一位身材壮实、年龄五十多岁的搬家公司老板带了一个新徒弟。新徒弟身材瘦小，没有经验。一天，他俩为一客户搬家，在如何搬家的问题上，他俩发生了矛盾。按师傅的主意，搬家时应该一个房间一个房间地搬，到了新房子里，再一个一个房间分别搬进家具，理由是人们习惯把原来房间里的东西仍然放在新房子中相同的房间里，因此，这样搬家对搬家公司及客户都很省事。但是徒弟认为，应该按家具、物品的轻重大小和

［1］“大概念”（Big Ideas）的方法指的是从实际世界中一个具体的大概念出发，引导进入理论学习。例如，在学习物理的光学理论时，教师可以先教学生使用相机，搞明白相机内镜头的工作原理，然后引导学生进入光学理论的学习。目前，“大概念”的思想被广泛地应用于数学、科学和语言等各个领域的教育中，并且在某些国家的课程大纲中得到应用，如加拿大不列颠哥伦比亚省的课程方案，详见http：//www.bced.gov.bc.ca/irp/welcome.php（2014-09-06）。

形状决定搬家的顺序，这样可以保证车装载得最为合理和高效，这也是一个合理的搬家方案。但是，随着工作的开展，后来徒弟渐渐地放弃了自己的想法，按师傅的方案完成了搬家的工作。

这一故事说明，师傅的知识要比徒弟的知识更丰富、更有价值。这是因为，师傅是从实际生活中总结出来的知识，而徒弟的出发点是“书本知识”，是关于力、物品形状与效率方面的静态知识。当徒弟把“书本知识”放到实践中后，书本知识才逐渐转化为实践性的知识。因此，教材设计要创造出“与实践相撞”的机会，使学生摆脱书本的束缚。一本设计良好的教材具有两个“世界”：一个是“徒弟的世界”，这是学生的出发点；另一个是“师傅的世界”，这是他学习的结果。

此外，教材，尤其是低年级的教材，应有内容丰富的照片或图片，但文字仍然必须充足；教材中要有足够的补充材料，信息要丰富，词汇注释、索引、学习任务、试题、花絮信息、职业和科技信息、适用的年龄及性别、文化人群与少数民族等都应在教材中有所体现。

最后，一本好教材还要外表好看，经久耐用，装订结实，能承受学生的“残酷虐待”。

四、当前教材中存在的问题

Chambliss 和 Calfee（1998）认为，目前的教材中普遍存在以下问题：

（1）内容太多。由于内容过多，教材就会忽视学生已有的认知，造成教师蜻蜓点水式的教学，没有什么深度。学生所学与其亲身体验之间难以建立联系，导致低效教学。

（2）写作质量不高。教材的选文与文本的话语模式结构不清晰，词语平淡乏味，没有吸引力。这些问题在改编的教材中尤其明显。学者们普遍认为，改编的教材往往破坏了教材原有的质量。

（3）编辑质量问题。如过度依赖花哨的色彩与图片，有些插图与美工对内容没有帮助，反而会使读者分心，从而影响教材的整体效果。页面上注释、词汇表信息过多，编者试图迎合读者的各种口味和偏好，忽视了目标群体的需求与接受能力。

第二节 教材设计理论研究

一、教材设计的理论框架

教材编写理论是一个非常重要的问题，但是，同教材研究一样，系统论述教材编写理论的文献很少。由于缺乏在教育学意义上的理论，教材编写的理论基础非常薄弱。在现有文献中，Chambliss 和 Calfee 是比较完整地提出这方面理论的学者。他们在其著作中提出了教材设计的基本原则。这些原则具有一般教育学意义，适用于多种学科：(1) 内容必须从学生经验与兴趣出发；(2) 高水平的写作；(3) 内容便于学生理解；(4) 能够展示良好的课程大纲；(5) 支持以学习者为中心的教育理念；(6) 教材内容不求多或难，而是以粗线条的"大概念"开始，以简洁的线条贯穿整个单元，这种做法称作 KISS（Keep It Simple, Sweetheart.）策略（Chambliss，Calfee，1998）[13]。

这些教材设计的要点系统地体现在两位学者提出的理论框架中。这个框架综合了教材文本内容、课程大纲和课堂教学特点三要素。（见表 4–1）

表4–1 教材设计框架

项 目	主 题	要 素	链 接
可理解性	内容熟悉度高 内容趣味性强 内容结构完整	写作措辞 句子结构 段落结构 文本结构	篇章功能衔接手段 语篇修辞模式
课程大纲	专家视角原则	知识 技能 情感	教学内容的顺序 教学内容的描述
课堂教学	以学生为中心 合作学习 探究模式 建构主义 聚焦镜头原则[1]	教学内容之间的衔接 教学内容的组织结构 学习者的反思 学习内容拓展	灵活性

（Chambliss，Calfee，1998）[21]

[1] 所谓"聚焦镜头"（Zoom Lens）原则，是指教学过程能启发学生"以小见大，举一反三"。

可理解性（Comprehensibility）是指教科书中的主题必须有趣，学生熟悉，语篇结构恰当。要维持主题上的可理解性，关键要素是语篇的措辞和句子结构，文本段落与篇章要恰当。语篇要符合常见的语体（Genres）/语步（Moves）的要求。换言之，要用学生所熟悉的说话方式。同时，要照顾到书面语特征，还要有功能性的语篇，如简介、过渡与连接、归纳、重复与总结。这三个方面的手段是保证教科书内容易理解的原则与方法。

课程大纲（Curriculum）要求选择的话题必须是专家认为重要的，并且是具有理论模式（Theoretical Models）和能让学习者运用于实际的内容。其必须包含知识、技能和情感三个要素（Elements）。教学内容的顺序安排要合理，对知识和技能的描写要充分。

课堂教学（Instruction）在主题内容方面必须从学生的实际出发，创造出“合作学习，共同探索”的环境与条件，以建构主义为教学原则，为学生提供“以小见大，举一反三”的学习机会。如建立知识与技能之间的联系，合理组织内容，给学生反思的机会，最后能让学生联系实际、个人生活，体验相关的内容。这一手段内部的连接复杂，教学的灵活性是关键。

二、可理解性问题和教材语篇难度研究

为了解决教材的可理解性问题，学术界的研究主要集中在人类语篇理解的方式和特点上，这一类研究对于阅读和写作具有重要的意义。

教材主要是由学术语篇构建的，它和生活语言所构成的语篇有很大的不同。学术语篇语言是一种语境孤立性语言（Decontextualized Language）。它的主要特征之一是自成体系，不依赖交际环境的支持（Coffin，Donohue，2014），而生活语言是受交际环境支持的语言，因而理解难度低。学术语篇的语言和生活语言的差异是学术学习的困难之一，这一现象早已被社会语言学家所证实。（Bernstein，1971）若学生家庭语言的语篇风格和学校语言的语篇风格差异过大，学生在学校使用学术语言就会感到困难。这些发现激发了语言学家对学术语言难度问题的重视和进行系列研究。

（一）可读性公式的作用

早期文本难度（可理解性）是通过可读性公式（Readability Formula）的测量进行控制的。依据这个公式，由简单的词汇和句子结构构成的语篇比较容易理解，而由大字眼、复杂句构成的文本读起来比较困难。下面两个例子可以展现可读性公式所依据的原理：

（1）Short words and sentences are easy to remember.

（2）In contrast, the writer who calls upon a more extensive lexicon and embeds these entries in complicated syntactical constructions challenges both comprehension and retrieval.

依据可读性公式测量的结果，例（1）适合小学六年级学生阅读，例（2）适合博士生阅读。

根据这个原理，作者可以通过可读性公式来控制教材文本的阅读理解难度。但是学术界对此提出了不少批评。有学者指出，可读性公式的致命缺点是它只考虑英语单词音节数和英语句子结构的复杂度，而不考虑其意义。（Harrison，1999）完全依赖可读性公式反而会导致文本难以理解和记忆，因为可读性强的句子就像购物清单，一连串的短句有时会更加难理解。如下列药品说明，例（3）虽然更加复杂，但是反而比例（4）好理解，因为例（3）所用的逻辑连接词使语义得以构成一个完整的单元，而例（4）缺乏逻辑连贯性，读者难以理解例句内部之间的关联，从而难以记住内容，难以构建语篇。

（3）If you become nauseous or perspire, then you should stop the treatment and inform your physician.

（4）You become sick to your stomach. You sweat. Stop taking the pills. Call your doctor.

例（3）和例（4）长度差不多,例（3）的句法结构和词汇都比例（4）难，但在语篇水平上，例（3）比例（4）好理解。

我们要一分为二地看待学术界对可读性公式的批评。可读性公式不考虑语义，只考虑词汇和句子的复杂性，这在语篇的水平上极易产生测量误差。例如，诗歌的语言虽然在词汇和句法上比较简单，但诗歌往往是最难理解的文本之一。再如，工作指令类的操作说明，如手机使用手册，虽然其每项指令都以极简单的语句描写，但读者仍会觉得难以理解，因为指令类的语句很难让读者记住语篇上下文。学术界的批评合理地指出了可读性公式的缺陷，但是这并不能成为否定可读性公式作用的理由。

学术界的批评也正好说明了可读性公式的使用条件。可读性公式并不是一个可用于任何语体的测量工具，而必须在一定条件下使用：（1）可读性公式必须基于大文本中的多次抽样测量数据，因为一次抽样，极易碰巧抽到不恰当的样本，从而会得出没有代表性的结论。（2）可读性公式仅限于测量正规的报纸、教科书、技术说明书、政府文牍之类的文本，不适用于测量艺术性较强的文本，如诗歌、广告短文等特殊文体。因此，在测量教材的可读性数据时，艺术性文体必须排除在外，另行考虑。

学术界的有些批评也有不合理的地方。例（4）并非自然文体中的语言。一般的作者均倾向于使用类似于例（5）的写作方法。

（5）If you feel sick，or sweat，stop taking pills，and call doctors.

经过这样的修改，例（5）的可读性就大于例（3）。学术界有时会使用极端的、不恰当的例子来批评，而在正式文本中，很少作者会写出例（4）这样不连贯的句子。

尽管可读性公式招致了种种批评，但它仍然是目前最常用的测量手段之一，广泛用于英语媒体，如报纸、网络文章、政府公文、军队训练文件、技术说明书等，甚至在微软的文字处理软件中也有应用。

可读性公式在本质上是一个经验公式，是基于大量的统计规律总结出来的计算方法。有两个因素会使这个公式产生变化。第一个因素是教育水平的提高。传统的可读性公式的指数随着教育水平的提高可能也会提高，但是这个过程需要很长的时间。第二个因素是语言因素，目前的可读性公式是基于英语研究出来的，所以它对别的语言没有可用性。如中文文章，因为人们对中文的学术性语言和生活语言的差距没有明确的研究，因此不能确定可读性公式的语言学基础是否存在；汉语里几乎没有多音节词语（极少例外，如“蜘蛛”“玻璃”等），句法的基本单位不明确，因而可读性公式不适用于中文文本。在分析英语教材时，可读性公式是适用的，因为英语教材的篇章主要由正规的文本构成，诗歌和其他特殊文体非常少，可以忽略不计。

（二）话语分析方法

除了可读性公式，还有三大要素也对教材文本的难度产生影响，即主题（Themes）、语言元素（Language Elements）和连接手段（Linkages）。这三者常常综合在一起，对文本的可理解性产生影响。

1. 主题

主题对可读性的影响主要是通过读者的熟悉程度（Familiarity）、兴趣（Interest）和文本结构（Text Structure）发挥作用的。

（1）熟悉程度

熟悉程度是指读者（或学习者）已有的知识与文本内容之间的联系。读者（或学习者）已有知识的多寡决定读者（或学习者）在阅读中能记住多少上下文的内容。读者（或学习者）已有的知识越丰富，记住的内容就越多，阅读就会变得越容易，反之则越难。

教材文本要最大限度地贴近众多学习者的已有知识状态，而作者在第二个因素（指兴趣）上必须能迎合学习者的需要，并且把学习者不太熟悉的内容用学习者所熟悉的语言来表达，在词汇、句子结构、篇章组织和说话方式等方面与学习者已有的知识建立联系。

阅读研究（Chambliss，Calfee，1998）[250]表明，在小学六年级学生的测验中（词汇熟悉度 × 主题熟悉度），学生对主题相同但词汇不同的情况（组合1：相同的主题 × 不同的词汇）和主题不同但词汇熟悉的情况（组合2：不同的主题 × 熟悉的词汇）反应差异巨大。研究结果显示，在主题相同的条件下，学生对词、句的熟悉程度越高，记忆内容和理解的准确性就越高，反之则越低。在词语、句子熟悉程度相同的条件下，不同熟悉程度的主题对理解和记忆影响巨大。学生对主题的熟悉程度越高，理解和记忆表现就越好，反之则越差。研究还表明，词汇与主题相比，学习者对主题熟悉度的敏感性要超过词汇熟悉度。也就是说，教材的话题选择对教材的阅读难度影响最大，其次是词、句等语言因素。

相似的研究在大学生身上也获得了相似的结果。大学生虽然有较强的学习能力，但是也受主题和语言方面的影响。同样，主题的熟悉程度对理解的影响要大于语句的熟悉程度。

主题熟悉度虽然对可理解性影响最大，但是词句的使用和说话的方式对理解度的影响也不容小觑。功能语言学家在语篇分析方面的研究表明，语句的组织结构会对读者的理解和记忆造成影响，如对概念的定义方式、故事中因果关系的表述方式会对读者的篇章理解产生影响。熟悉度的概念中还包括读者所习惯或熟悉的信息表达方式或组织方式。因此，教材文本必须在主题熟悉度、词句熟悉度与信息结构熟悉度上满足学习者的需要。满足学习者需要的教材篇章，阅读难度就低，反之阅读理解的难度就高。

（2）兴趣

兴趣是由两个方面的因素决定的，一个是读者自身的兴趣点，另一个是文本所具有的特点。由于读者个人的兴趣点不是一个可控的因素，因此，研究主要是针对文本中可提高读者对学习文本的兴趣的因素，从而降低文本理解的难度。

Hidi 和 Baird（1988）、Wade 和 Adams（1990）的研究揭示了文本能产生兴趣的原因。这两项研究都表明，使用戏剧化的动词和人称代词、鲜明的人物角色、较强的情节性、具体的细节、新奇的措辞以及其他文本特征能有效提高读者的兴趣，并提高读者读后的记忆水平。一个经典的例子是税务局敦促纳税人仔细阅读报税单，核对报税单以确保信息准确性的一份通知：

HEY! YOU MAY HAVE PROBLEM! We checked your tax return, and guess what—no, you don't owe us anything. But the other person named on the return does not match our records. You may have gotten married(Congratulations!)or changed your name(It happens). Please check the form and be sure that everything is correct—after all, YOU DON'T WANT THE IRS ON YOUR CASE!（Chambliss，Calfee，1998）[26]

大写、新奇的话语方式、通俗易懂的用词、短句子等语言上的特点，大大地增加了文本的趣味性，降低了文本的阅读难度。

但是也有研究表明，一味地追求文本的趣味化会使效果适得其反，把读者的注意力吸引到一些细节上，降低读者对重要内容的关注程度，从而增加阅读理解的难度。文本中的“噱头”和“趣味性手段”必须符合篇章写作目的，否则兴趣化手段不但不能服务于交流目的，反而会增加理解的难度。

（3）文本结构

在过去的半个多世纪里，篇章与人类理解、阅读、写作之间的关系一直是教育语言学家研究的重点之一。教育语言学家研究发现，语篇的文本结构会对阅读的难易度造成一定的影响。

①修辞模式

修辞模式（Rhetorical Patterns）指作者为了达到写作目的而采用的说话方式。语言研究和对人类语言交际的研究发现，叙述模式（Narrative Patterns）是人类天生的一种修辞模式，儿童不必经过专门的训练就会叙述。但是，人类的其他修辞手段却不是天生的，如论证模式（Expository Patterns）的各种手法均是学习以后的结果。这说明故事类、叙述类的文本要比议论文、论说文等论述性文本（Expository Text）易于理解。

在论说文（Expository Discourse）类的文本中，各种子类的论说文的难度也是不一致的。Hare、Rabinowitz 和 Schieble（1988）三人所进行的一项实证研究发现，小学六年级教科书中不同类别的论说文所产生的阅读难度是不同的。从总体上说，论说文段落中有明确的主题句（Topic Sentence or Thesis Statement）的文章要比没有的易于理解。在没有主题句的段落中，各种论说文的修辞难度各异，表 4-2 按从易到难的顺序排列。

表4-2 论说文修辞模式的难度

易↓难↓最难	主题发散式论说文（指文章有一个中心，作者从不同的角度来论述该中心思想）
	线性式论说文（指文章有一个中心思想，作者依次一环扣一环地论述，串联各环节构成中心思想）
	矩阵式论说文（指文章有一个中心思想，作者在不同的话题上讨论，话题之间构成一个网络状的联系，读者需要综合各个话题的思想，最后构成篇章的中心思想）
	多米诺骨牌式论说文（指文章中相邻两句话构成逻辑因果关系，文章的中心思想由若干个因果关系构成）

Hare 等人的研究表明，如果论说文没有主题句引导，文章的难度会大幅度提高（学生的理解平均分：有主题句的段落为 3.11，没有主题句的段落为 0.63）；不同论说文的风格也会对文章的阅读难度造成影响，叙述性文章阅读难度最低，用多重因果关系构建的篇章最难阅读。

但是修辞模式对文本难易度的影响还受到读者年龄，即心理发展水平的影响。Hare 等人研究的是小学四到六年级的学习者。成年人的实验结果与 Hare 等人的结论部分是一致的，只是成年人在记忆内容时，在矩阵式论说文和多米诺骨牌式论说文两项任务上，表现要优于主题发散式论说文。

上述研究表明，若文章缺乏主题句，成年或接近成年的读者（年龄大于 16 岁）倾向于认为文章内部逻辑关系强的文章（多米诺骨牌式论说文）或意义重复次数较多的论说文（主题发散式论说文）比较容易理解。

②元语言研究

和篇章研究、修辞模式研究有关的另一个研究也对文本的难度问题做出了开拓性的研究，即元语言（Meta-discourse）分析。元语言是控制语言的语言，因此，它应是一种对篇章理解具有重要作用的语言。Vande Kopple（1997）[2] 提出，教材的元语言会对读者的情感状态产生影响，使读者对教材的内容产生或难或易的感觉。良好的元语言能促进教材的可理解性。

依据元语言理论，教材的内容可分为两类：包含教学主题信息的内容和帮助读者联系、组织、阐释、评价和发展情感态度的内容。后者的内容被称为“元语言”，具有调控读者对教材阅读理解行为的功能。元语言的目的是使教学内容更易于理解，促使读者更好地与文本互动。语言学家们普遍认为，元语言是一种修辞模式，因此，元语言理论与修辞模式几乎是相同的概念。修辞模式或元语言的认知特性在 Hare 等人的研究中已经得到验证。

但是，Hare 等人的研究对象是本族语学习者，语篇的修辞模式对外语学习者是否也具有同样的影响呢？答案是肯定的。对外语学习者来说，语篇的话语模式同样会对外语阅读者产生不同的难易感觉。这个问题是由 Bruce（1989）研究后得到确认的。Bruce 的研究表明，恰当的元语言可以降低外语学习者阅读论说文的难度，元语言可以帮助外语学习者区分事实信息（Factual Content）与作者评论（Writer's Commentary）。Camiciottoli（2003）的研究表明，教材中元语言丰富的论说材料要比元语言少的文本容易理解。所以，在外语教材中，元语言具有降低阅读与学习难度的作用。

Crismore（1983）在儿童至大学生读者中系统地开展了对各种文本（包括非教材文本等材料）二语阅读难度研究。她的研究得出的结论是元语言在帮助读者理解方面具有两大功能：（1）促进对文本的理解；（2）帮助读者预设语境、阅读目标和内容的结构。

元语言有两种交际功能：一是提供信息的功能，二是设定态度功能。前者旨在帮助读者理解作者提供的信息，后者旨在帮助读者理解作者的立场与视角。Crismore（1984）对教材中的元语言做了如下定义与分类。（见表4-3）

表4-3 教材元语言的定义和分类

类 别	子 类
信息类元语言	目标：全局性的目标和陈述（包括导言类和回顾类） 内容预告：全局性的有关内容和结构的预告 内容追述：全局性的内容和结构回顾
态度类元语言	凸显性：思想的重要性 强调：对陈述的肯定程度 保留：不确定性 评价：对事实和思想的态度
目标语/学生母语在教学中的比例	母语使用场合：标题、教学目的、教学语言、导入、阐述、注释、补充材料、附录等

2. 语言元素

句法结构的复杂性会影响阅读理解的观点得到了语言教育研究的实证支持，20世纪80年代曾有过许多研究表明，教材中的某些语言结构会对学习者的阅读造成困难，如：（1）句子结构（从句比较多、被动句、动词名词化、省略结构、语法隐喻）；（2）句子、主题的复杂形态（That fact that... 从句、非谓语结构开头）;（3）情态动词结构、双重否定结构。一般来说，学习者在遇到这些结构的句子时，比较容易出现阅读理解障碍。

（1）*The conversion of the products obtained from the crackers of the oil refineries into the basic raw materials of the plastics industry* occupies a large section of the world's chemical industry.（超级庞大的主语名词词语）

（2）Meanwhile the Normans, *who earlier in the Confessor's reign had narrowly failed to gain a commanding position in the kingdom*, were now preparing a landing somewhere along the coast.（主语之后紧跟着一个超级庞大的插入语结构，内含从句结构）

（3）*The thread and screwdriver* we hid.（异常的宾语前置）

（4）The *exploration* and *charting* of the coastlines of these new lands was the work on an English seaman.（动词名词化）

（5）*The fact that the monomers and similar chemicals that are the starting materials for the manufacture of plastics can now be made cheaply in large quantities* is a result of all the research and development that has been carried out in recent years.（用 the fact that ... 或者 what... 之类的从句开头的句子）

（6）*Had the journey been made in years gone by*, they would have found the downs far more open.（没有 if 的条件句）

（7）*Returning from its feeding sojourn in the Antarctic Ocean* the emperor penguin leaps to a height twice its own length.（过去分词 / 现在分词非限定结构开头的句子）

英语中类似的结构还很多，其中还有歧义结构，对本族语学生和外语学生都会造成理解障碍，从而影响篇章意义的理解。

语言因素不仅有结构问题，还有表达功能问题。某些功能不容易被学生理解，对非母语学生来说更是如此，如表达对立（Polarity）、可能性（Probability）、必定性（Obligation）、常见性（Usuality）、假设性（Presumption）等，对这些语义单位，读者要么会置之不理，要么就是理解深度不够。

3. 连接手段

在阅读过程中，读者依赖各种手段来建立语篇意义，或直接根据自己的背景知识，或依赖语篇中的连接手段来建构篇章意义。有些连接手段很容易识别，如明显的词汇手段 if、but、therefore、in conclusion、to begin with、first、second、because 等。这一类连接手段类似于路标，指引读者朝某些方向思考。

但是语言中有很多连接手段并不是如此直接的，读者需要弄清上下文之间的联系，运用逻辑判断而非常识去建立意义之间的联系。例如，下面两个例子对一个三年级的学生来说，出现错误是正常的，因为他还没有足够的逻辑能力去建立语篇。

（1）It is cold on the top of the mountain. The sheep has a warm coat. The sheep doesn't feel the cold.

Question：Why? What is his coat？

不出意外，（中国小学三年级）学生的回答是："It has wool." 不要凭此高估学生的阅读能力，以为他理解了语篇，其实他没有，因为紧接着在另一个语境中，他是这样回答的：

（2）It is cold on the top of the mountain. The shepherd puts a warm coat on the sheep. The sheep doesn't feel the cold.

Question：Why？

学生的回答同样是"It has wool."。对比同一个学生对两种语篇的理解可以看到，这个小学三年级的学生在第二篇阅读中还不具备根据逻辑来联系上下文的能力，他的回答在很大程度上还依赖于他在日常生活中所获得的常识。因此，读者大脑中的背景知识和逻辑判断能力是阅读中建构语篇意义的重要手段，两者缺一不可。

还有很多语篇即便是成年人也不容易判断。因为读者不仅要有一定的逻辑能力，还要有很好的记忆能力和预测能力，能够记忆起已经阅读过的内容并预测还未阅读的内容。如以下文字：

Here I want to spend some time examining this issue.First I propose to look briefly at the history interest in the problem, then spend some time on its origins and magnitude before turning to an assessment of the present situation and approaches to its solution. Finally, I want to have a short peek at possible future prospects. (McCarthy, 1991) [74]

在这段篇章中，有些词语具有十分重要的篇章连接作用，它们被称为篇章意义的“向标指路”(Signalling expressions)，读者以此连接上下文。如在这段文字中，如果我们回忆不起来上文已经提到过的 this issue 和 the problem 指的是什么，我们就无法理解这篇文章到底在说什么。同时，如果我们不能预先捕捉到 assessment 和 solution，就不会明白接下来作者要谈论的 future prospects 到底是什么内容。

类似的文章经常出现在我国的高考阅读题目中，这种题目能够测试出读者建立语篇的能力。对于很多外语学习者来说，这样的语篇比较难，也是比较容易出错的地方。

三、课程大纲和课堂教学对教材难度的影响

(一)课程大纲

课程大纲反映了专家对某一学科知识、技能与情感所采取的视角。这种视角与普通人的视角，通常不一致。例如，普通人看到的水滴与化学家看到的水滴是不一样的，而他们与物理学家所看到的水滴又是不一样的。同理，教材呈现知识的文本会不同于平常人所看到的，教材中的文本必然不能完全切合学生的口味。为了降低难度，有的教材可能会牺牲掉专家视角，但是这样的教材在设计上是不合格的。教材必须在不牺牲专家视角的条件下提高可读性，降低阅读难度。

知识单元的排列顺序也会对教材的难易度产生影响。一般来说，切合专家视角的排列顺序是合理的。学生受教育的标志就是，无论学生未来是否会成为该学科的专家，都能像专家那样看待世间事物。

(二)课堂教学

教师在使用教材时的倾向性也会对教材的难易度产生影响。教材通常按照学习任务的复杂程度来排列教学内容，这种做法有时是正确的。但是，中小学教师在专业知识与技能方面有很大的局限性，教师对内容难易的判断与专家的判断会有差异，有时甚至是矛盾的，因此，教师的教学过程就会对教材的难度产生影响。例如，美国某出版社为某州编写

生物学教材时，专家观察到青少年对人体生理非常感兴趣，于是决定采用“大概念”的方法，用学生所能接受的语言和概念以人体生理作为课程的开始。这一设计既符合“可理解性文本”“兴趣”“大概念”等以学生为中心的教学理念，同时又符合专家的视角，即从人体生理的角度开始生物学学习。对于专家来说，任何生物体都可以成为生物学教学的开端。他们有以小见大，从局部引申到学科全局的能力。他们倾向于找学生最感兴趣、能和学生现有知识产生连接的地方开始教学，这样编写出来的文本学起来会比较容易。然而，这一设计遭到了一线教师的强烈反对。在传统的教学大纲中，人体生理一般是生物学课程最后的内容，因为这部分内容最复杂，因而被认为是最难学的。教师因此反对把人体生物学知识放在课程的开始部分，认为这样难易倒置不利于学生学习。最后，出版社为了照顾教师的意见，不得不按传统的编写方式把人体生理学的内容放在教材的最后部分。（Chambliss，Calfee，1998）[78]

专家眼中的难易与普通教师眼中的难易不一定吻合。在确定教材的难易之前，首先必须明确判断难易度的视角是专家的视角还是教师的视角。从目前的研究来看，大多数意见倾向于以专家的视角为主，因为他们的专业意见代表了课程的三大基础（专家对知识的态度、社会发展的需要、学生发展的需要）之一。（Tyler，1949）

（三）教材知识的量与难度的关系

上述讨论曾指出，教材不宜堆放太多的知识。教材的知识应该简洁，但要系统，必须能回答 Tyler 的经典性问题“What can your subject contribute to the education of young people who are not going to be specialists in your field？”。（Tyler，1949）[26] 另一位哲学家 Schwab 则提出了类似的要求：“Schools need to impart subject-matter knowledge in such a way that laymen will be able to make use of it.”（Schwab，1978）[229-272] 在基础教育阶段，两位专家都强调知识量的问题，强调学习者要能应用这些知识，但是教育界的做法却与之背道而驰。学术界对教材的量的问题有一些批评，认为当下的教材动辄编成几百页的大部头，内容越来越庞杂，知识量急剧增加，难度越来越大。造成这种现状的原因是，出版商为了满足各种教师的需求，在不断修订教材的时候，内容只增不减。出版商通过不断增加知识量的方法，提高图书的适用面，从而扩大市场覆盖面。因此，单纯根据教材的知识量来判断教材的难易程度是片面的。西方学校的教师不会在教学中教授书中的全部内容。教师如何选择教学内容，教到何种程度，这与教材本身所含的知识量之间无必然的联系。

Chambliss，Calfee（1998）[53]认为，由于人类认知方面的无穷潜力与优势，我们在编写教科书时不能仅仅提供事实（Facts）信息，而应该提高学习任务的难度，通过复杂度高的任务提高学生的思维层次（High-level Thinking），使学生能够获得“专家的眼界”。提高教学的难度应主要通过设计复杂的学习任务来完成，而不是通过增加知识量。他们为此提出了一种提高任务复杂性的设计方法，简称为 CORE。

C：Connect（联系学生生活、已有知识、兴趣、关注度）；

O：Organize（文本篇章与任务的结构要合理，符合学生建构知识的规律）；

R：Reflect（能让学生反思学习过程，学会控制自己的思想与学习过程；回顾反思，解释过程、现象与问题；观察及评判分析）；

E：Extend（举一反三，活用知识，学以致用）。

符合 CORE 教学原则的教科书知识量不多，但教学过程中的任务复杂，学生学得很彻底。这种思路符合 Tyler 和 Schwab 的教育哲学思想。教材中的学科知识要遵循“少而精、系统化、学以致用、反思控制”的原则。

第三节 外语教材的研究

外语教材的概念和其他学科教材的概念一样，应包括任何可促进外语学习的素材，如学生用书、教师用书、外语练习册、教学视频、教学课件演示文档、英语分级读物、英语课堂的教学卡片、英语活动手册、网络资源等。语言教材可分为信息型（告诉学习者有关目标语的知识）、教学型（帮助学习者练习语言）、体验型（帮助学习者感受目标语的使用状况）、引导型（帮助和鼓励学习者使用语言）、探索型（引导学习者探究语言）。（Tomlinson，2012）目前，应用语言学家主要关心的是教学型教材，高中英语教材就属于这一类。

对英语教材的学术研究和教材研究的整体情况是一致的。对教材的实证研究很少，而研究现行教材中问题的人就更少了。原因有二：一是外语教材市场竞争激烈，对英语教材的研究一般是由出版社启动的，目的是帮助改进教材，提高教材的市场地位。这一类研究通常不会发表，因为涉及出版社的商业秘密。（Littlejohn，2011）二是外语教材的编写常常被看成是商业行为，很多学者不愿意讨论具体的“商品”，因此对具体的教材问题的研究非常少。

对外语教材研究比较多的是我国大学里教育学和课程论方向的硕士研究生。他们热衷于研究某本外语教材是否适合某个地区或者学校使用。这一类研究的共同点是把教材默认为是学术或者教育改革的权威，主要探讨一线教师能否贯彻教育改革的某些思想，对教材的编写质量、方法和教学思想讨论极少。这些研究与其说是讨论教材，不如说是讨论教师的教学问题。所以，这些研究并不是真正意义上对外语教材本身开展的学术研究。

外语教材在中国基础教育界的地位颇像美国学者所指出的那样，充当了国家课程标准的“替代品”。由教育部主持的2013年“中国高中英语课程标准实施情况调研”表明，我国很多高中一线教师并不熟悉课程标准中重要的技术指标，如外语能力指标。各种课程标准培训更加注重于如何使用某本外语教材，因为外语教材是根据外语课程标准编写的。教师学习课程标准的方法主要是参加教材培训，学习如何用新教材开展教学改革。对于中国大部分高中英语教师而言，教材是“事实上的高中英语课程标准的替代品”。

在教材评价领域，研究进展非常缓慢。早期比较系统的有 Byrd（2001）、Cunningsworth（2002）、Harmer（2007）、McGrath（2002）的工作。这些评价大都围绕如何挑选教材的内容进行讨论，设计挑选教材的核对清单(Checklist)。这些研究的共同特点是凭印象(Impressionistic)决策（Littlejohn，2011）[181]，而没有对教材的学习性质进行研究。

Littlejohn 批评这些研究仅仅采用核对清单的方式评价教材，缺乏对教材内容的分析。Littlejohn 指出，教材评价必须通过分析教材具体内容，用事实来说话，并且能够帮助教材分析者深入了解教材内容，这样才能帮助用户理智地选择合适的教材。

Littlejohn 提出，研究教材必须把教材当成教学工具 / 手段（Materials as Pedagogic Device），以及外语学习的工具来研究，因此，应重点研究两个问题：材料设计上所反映的教学法（Methodology）以及材料的语言学特征。

对外语教材的研究现状，Tomlinson（2012）认为主观性比较强。主要原因是外语教材的研究没有注意区分本地特征（Local Features）与普遍特征（Universal Features）之间的关系，造成外语教学理论和教材编写理论之间脱节。

Canagarajah 等人（1999）也相继指出，长期以来，外语教材的演变反映了教学理念、材料的应用方法、学习观、课堂权利分配和对学习结果预期等重要内容的变化。早期，教材仅仅指用于语言学习的原始素材，教师自行设计教学配套材料，如词汇手册、练习、活动工具。但这种传统的做法由于出版业的发展而改变了。现在，大批商业化教材提供了各种辅助性的资料、练习和活动材料，极大地影响了语言教师的职业理念、行为和教学方法。

外语教学界已经注意到这个问题，最近几年，应用语言学界开始注重教材编写的理论和实证研究。在评价教材的研究方面，比较出色的是

Littlejohn。他在2011年的研究报告中，试图建立一个三级分析的框架来分析外语教材的教学思想。这个三级分析框架克服了传统外语教材评价过于注重教材表面特征的缺点，而从教学活动的设计和衔接的角度对教材所蕴含的教学思想进行分析。Littlejohn指出，我们需要一个工具来综合评价教材的变化对课堂教学的影响，评价学生学习、教学方法和材料特征是否吻合。

Littlejohn提出，评价者要用下列问题来检验出版社做出的种种承诺是否在教材中得到实现：(1)材料有助于学习者自主学习的能力发展吗？(2)具有"解决问题"性质的练习吗？(3)材料以学习者为中心吗？(4)是否有"多学科知识"的融合？(5)它们是否适合各种学习者学习？(6)它们是否基于最新的"二语习得"研究结论？

Littlejohn（1997）[181]把这些问题称为"探究特洛伊木马"（Looking Inside the Trojan Horse）的内部工作。他利用了Breen和Candlin（1987）、Richards和Rodgers（2001）的理论框架设计了教材内容的分析框架。

Littlejohn（2011）分析框架主要由下面三个级别组成：

1. 出版物。出版物指教材的物理形态，如整套书的册数，是纸质材料还是电子材料，是学生用书还是教师用书，以及辅助材料的情况（如学习任务单、答案、词汇表、注释的位置等）。这些物理形态上的安排会对教师的教学方法产生怎样的影响。

2. 设计。设计指材料的选择和教学活动背后的思想。材料的选择可反映教学目的：教授的是通用英语，还是专业英语，或是特殊技能。教材中的活动选择和排列顺序均反映了设计者的教学思想、学生的学习方法、教师的教学过程，还有学生的学习过程及其情感因素、能力因素、技能发展等，如听、说、读、写能力的发展。课堂活动中学生的参与方式，是独立活动、小组活动还是团体活动；教师和学生在课堂中扮演何种角色；这些教学设计是否有助于教师的微观控制（Micromanagement），是否有利于教师提供反馈；教师与学生是否能看到相同的目标。

3. 根据第二级的分析推测作者的目的、排序原则、选材原则，推测教师和学生的角色，推测教学活动对学生的能力要求。

Littlejohn 认为，上述三个层次的分析可以帮助教师分析判断教材活动的性质，检验作者声称的教材特点是否都体现在教学活动的设计中。Littlejohn 还在分析框架中提供了一份教学活动形式分类表，用来分析教材内部活动的分类。

Littlejohn 的分析框架比其他的教材评价工具更加接近客观实际，但是，他的分析框架缺乏宏观的理论指导，过于注重细节。练习的分类没有理论依据，随意性很强。

在对教材练习活动的分类和作用上，Ashwell（2010）的研究引人注目。他认为划分练习活动只需二分法就够了，分为聚焦形义（Focus on Form，简称 FOF）和聚焦于形（Focus on Forms，简称 FOFs）。

Ashwell 的二分法以互动理论为基础，以习得实验为依据，是可信的。他在日本对填空类型的练习进行了对比研究。实验表明，FOFs 效果只有很微弱的优势。他的研究再次证明填空一类的练习只能提升学习者的显性语法知识，显性语法知识与隐性语法知识（语言交际能力）之间只有非常微弱的联系。（Ellis，2011）

对教材内部的设计和编写问题，目前的研究主要集中在任务型教学活动的效果、任务难度方面，研究的焦点是影响任务难度的因素，目的是解决任务分级的问题，以及课程中教学任务排序的问题。这些问题虽然和教材有一定的关系，但是它们更加关注语言习得和任务难度的界定，因此，这些研究可以算作教材研究的基础性工作。

外语教材的研究还往往和具体的文化区域内的外语教学有关，区域性的研究更加多一些。例如，我国的英语教材既有本地的，也有从国外引进的，在引进中也会发生质量变化比较大的情况。在我国的基础教育界，凡是引进的英语教材，在经过第二和第三次改编以后，原作的很多特点往往就不复存在了。文字的优美度、话语模式的清晰度、文化特性、美术加工和教学设计的亮点都会发生较大的变化。这些都是教材编写和使用中的普遍性问题。因此，改编教材的问题比较容易引起大家的注意。

对于教材的改编问题，外语教学界也有不同的看法。例如，在英语教学界，一些学者认为，应该尊重当地的知识（Local Knowledge）。（Kumaravadivelu，2006）他们的理念是，教材只有和使用教材的教师的能力、知识以及当地的教学文化相结合才能发挥其作用。

教材要适应当地的教学文化和课程目标，这是目前越来越明显的一种趋势。许多国际性的教材经过一到两轮的使用以后，都会结合本地情况进行改编，以适应当地课程和教学文化的需要，因此，教材的改编是一个有争议的话题。

文献研究还表明，教材改编的现象在日本也比较普遍。日本的外语教学界并不像欧美外语教学界（或者二语教学界）那样首先关心提高学生的外语交际能力，日本外语教学的重心是培养学生的世界文化观，因而他们的教材强调世界文化知识的介绍，力图用教材激发日本学生对世界文化的兴趣。（Yuasa，2010）

教材研究除了有助于教材评价，还有一些其他作用。例如 :（1）有助于开展国际比较研究，分析各地区教材使用的倾向，分析其主流教材内容、设计、活动类型等。这些研究可以解释各国外语课程、外语教育政策与学生学习的特点。（2）有助于检验二语习得研究在实践中的应用，如 Jacobs 和 Ball(1996)的研究。由于一般教师并不关心二语习得的研究，他们往往不深究教材中教学活动的设计思想和教学理念，因此，如何把二语习得的研究成果用恰当的方式表现在教材中，使教师能较好地按正确的实践原则开展教学，是教材研究中一个很有价值的研究方向。

本章小结

本章重点讨论了国际学术界对教材的研究。文献研究表明，教材具有特殊的学术地位。它既是国家课程大纲的“替代品”，也是学生塑造思想、获取知识、发展技能、获得处理真实世界问题能力的主要媒介。虽然教育界有很多人对教材抱有不同的看法，但是对于教材独特的教育作用，教育界予以充分的肯定。

本章通过文献梳理，介绍了美国两位学者 Chambliss 和 Calfee 的理论。他们提出的教材编写理论对教材的难度研究有重要的启示。其理论表明，教材难度可以从三个方面分析：一是教材文本。教材文本的难度因素与内容的选择、语言的选择、篇章结构、修辞模式等因素有关。二是课程大纲。教材难度与其所展现的知识、技能和情感因素有关。教材的作用是引导学习者从书本知识的模式转入真实的世界知识的模式，而动态的世界知识模式学习难度要远远大于静态的书本知识的学习难度。因此，分析教材的静态知识和动态知识是教材教学大纲层面上的一个重要研究领域。三是课堂教学。虽然教材和课堂不同，但是教材的设计必须给现代语言教育的理念、思想、实践原则与方法留有空间。这些原则包括以学生为中心、建构主义、合作学习、探究学习、放大镜原则等。教学内容和活动按照这些原则设计，学生的学习就会比较彻底。另外，教材的编写一定要简明扼要，要遵循 KISS 原则。

本章还梳理了外语教材方面的研究，这方面的实证研究非常少。应用语言学现有的一些研究基本上没有跳出 Chambliss 和 Calfee 两位学者所提出的理论框架。外语教材也必须关心他们俩提出的三个层面上的内容：（1）教学素材是否容易被学生接受？这里面包含课文的内容、题材、可读性、词汇和语句的选择问题。（2）在课程大纲的层面上，知识、技能、情感三个要素是通过什么活动来控制的？什么样的语法教学活动和语言练习活动能够引导学生从静态的书本知识模式转换到真实的世界知识模式？这种难度是如何控制的？（3）外语教材应该如何设计出合适的教学活动，以便以学生为中心，为合作学习、探究式学习、建构主义和放大镜原则发挥作用创造条件？这些都是现有的教材研究留给我们的空间，也是需要我们在本研究中一一解决的问题。

第五章 文本难度和词汇难度研究

英语教材在本质上属于语言训练性质的教材。虽然它也试图给学生一些人文性质的熏陶，但人文思想方面的训练毕竟不是其主要功能。把外语教材的作用定义为人文性工具，这是一种舍近求远的做法。因为在人文熏陶作用方面，教育界有更加高效的工具。这并不否认外语教材也必须注意人文思想。例如，教材的内容要反映正面价值观，要有利于学生发展良好的道德品质和高雅的文化素养。通过对内容的控制，这是很容易实现的。但对于一本优质的外语教材来说，这是远远不够的。它必须能够帮助学生发展外语交际能力，满足Chambliss和Calfee所提出的三个层面的要求。这是外语教学最难实现的目标，能否帮助学生做到这一点也是外语教材质量的试金石。

发展外语交际能力首先必须考虑给学生提供外语的语言输入，因此，研究外语教材的难度必然要先考虑语言教材的可理解性问题，其次要考虑教材与教学大纲之间的关系，最后要考虑教材与课堂教学的关系。

本章将讨论外语教材中影响理解难度和学习难度的两个重要因素：文本的可读性问题和词汇学习问题。前一个问题直接与教材内容的理解有关，后一个问题与课程大纲和课堂教学因素有关。两个问题密切相关。可读性的主要依据是词汇和句法的复杂性问题，它和词汇量、词汇种类和词汇学习负荷有着密切的关系。因此，可读性和词汇问题是外语教材难度评估中重要的因素。

第一节　英语文本可读性研究

上一章的教材研究已经讲到英语文本阅读难度的两种分析方法：一是可读性公式，二是话语分析。话语分析的方法已经有了比较详细的讨论，本章将重点讨论英语文本的可读性公式在教材难度评价方面的作用和特点。

一、可读性公式的起源和发展

文本可读性测量兴起于 20 世纪 20 年代，主要受两个因素的推动：一是中等教育的普及，第一代中学生大规模入学。教师认为教材太难，不能适应教学的需要。在此之前，学校的教材基本上来自学生家庭，家庭的文化传统决定学生的学习教材。（Chambliss，Calfee，1998）[13] 二是用科学工具来研究教育问题。例如，由于教育心理测量技术的兴起，教育界得以科学地测量词汇对读者所构成的心理负担，通过统计手段，得出了阅读难度测量的经验公式。随着众多研究者的参与，这些经验公式不断地得到修正。目前，使用最普遍的有下列两种难度测算方法。

公式一：Flesch Formula

Readability = 206.835-1.015（TW/TS）-84.6（TSYB/TW）

其中：

TW 是指测量样本中的单词总数。

TS 是指测量样本中的句子总数。

TSYB 是指测量样本中的单词音节总数。

公式一得出的数据越大，文本越容易阅读。

（Flesch，Ferry，1949）

公式二由 Flesch 与 J. Peter Kincaid 共同命名，是专门为美国学生确定阅读难度的公式，也称为 U.S. Grade Level 或 Flesch-Kincaid Grade Level。

公式二：Flesch-Kincaid Grade Level

F-K Grade Level=0.39（TW/TS）+11.8（TSYB/TW）-15.59

这个公式得出的数值需要查阅经验表，得出文本的阅读年级相应数据。

这两个公式虽然有差别，但是它们在本质上是一致的。公式一用于测量一般文本的可读性指数；公式二专门用于测量美国教材的阅读等级，譬如分级读物的编写和难度控制。

这两个公式在原理上大致相同，都基于以下事实：（1）英语是一种拼音文字，拼音的音节与意义没有关系，且每个单词的音节数多寡不一。由于历史和文化的原因，英语中多音节词要比单音节词难学。一般来说，单音节词多见于口语，出现在日常交流语篇的频率高，而多音节词多见于书面语，在日常生活语言中不常见，因此在日常语篇中出现的频率低，而书面语词多的篇章通常要难于口语词多的篇章。（2）英语的口语规则与书面语规则差异极大。书面语通常语句冗长，结构复杂，且多含古典新词（Neologisms），常用于学术性强的文章中，适合用来表达比较复杂的逻辑关系和思想。学术性强的文章通常多音节词、复合句和被动句比较多，再加上学术思想复杂，所以学术性文本就比较难读懂。可读性公式巧妙地避开了文本内容无法客观评价的难题，利用有限的、可以客观分析的单词音节总数、单词总数、句子复杂度来表述英语文本的阅读难度。

可读性研究在20世纪40年代得到了心理学研究界的认可。学者们在对各种出版物进行大规模统计测试中发现，可读性公式对教材的测量可靠性尤其高。（Flesch，Ferry，1949）因此，除某些特殊的文体（如诗歌等）外，在一般性的英语教材的文本评价中，可读性测量公式仍然是目前最经济、最便捷的测量工具。

二、可读性公式的主要应用

在可读性公式的科学性得到确认以后，出版业主要用其来控制教材的可读性与学生阅读水平及年级的关系。这对教育界来说非常重要，因为教师希望学生的阅读材料和他们的能力相适应。在这个理念的推动下，研究人员利用公式二（Flesch-Kincaid Grade Level），总结出相应的阅读难度和学生年级之间具有以下经验关系。（见表5-1）

表5-1　阅读难度和学生年级的关系

Style	Flesch Reading Ease Score	Estimated School Grade Completed	Estimate Percent of U.S. Adults
Very Easy	90–100	4th Grade	94
Easy	80–90	5th Grade	91
Fairly Easy	70–80	6th Grade	88
Standard	60–70	7–8th Grade	83
Fairly difficult	50–60	Some Hi-school	54
Difficult	40–50	Hi-school/Some College	33
Very difficult	0–3	College	4.5

（Gray，2012）

近年来，随着计算机技术的普及和大型语料库的出现，学术界重新对这个公式进行了多次验证。

日本和美国的三位学者联合起来，通过大规模计算机语料库复杂的统计工具对 Flesch-Kindaid Grade Level 和 Flesch Reading Ease Score 进行了对比研究（Crossley，Allen，McNamara，2011），发现这两个难度计算公式对于英语作为外语的文本可读性的预测是一致的。也就是说，虽然目前对这两个传统的可读性公式有各种批评，但最近的研究证实，只要符合公式使用条件，它们对于英语文本难度的测量仍然是有效的。这是关于可读性公式研究的最新结论。三位学者将其与最新的、复杂的测量工具和统计方法（Coh-Metrix L2 Reading Index）进行对比研究，发现新的工具在准确性方面仅仅略高于传统手段。如与人工直觉相比，Coh-Metrix L2 Reading Index 与人工直觉的一致性最高，其次是 Flesch-Kincaid Grade Level，最后是 Flesch Reading Ease Score。但总体而言，三者都能有效地把人工直觉认为“难，中，易”的阅读材料区分出来。

Coh-Metrix L2 Reading Index 的一致率为 60%，Flesch-Kindaid Grade Level 为 48%，Flesch Reading Ease Score 为 44%。统计显示，三者的一致率都是有效值，并非随机误差所致。这说明三者都能预测读

者处理文本时的心理变化过程。研究者也承认，Coh-Metrix L2 Reading Index 虽然在一致性上优于传统的两种方法，但这种优势不足以完全确立其绝对领先的地位。传统公式的缺陷，如语义的问题，它仍然难以克服。新的手段并未从根本上解决传统手段的不足，更没有推翻传统的计算方法。

可读性公式在实际使用中也遇到一些挑战。在大学教育中，学者们发现可读性公式有时并不可靠。例如，Gray（2012）在一项研究中用可读性公式来评价学生学习文献的能力和他们的研究能力之间的关系。他发现大学一年级的学生更喜欢阅读和引用非专业性的杂志内容。学生认为引用学术性专业刊物的内容更难，因而引用较少。用 Flesch-Kincaid Grade Level 检查学生所引用的两类阅读材料，Gray 发现非专业性杂志上的语言比专业杂志上的语言更难。这说明，如果文本材料涉及专业性质的内容，Flesch-Kincaid Grade Level 可读性公式并不可靠。

Gary 的研究也说明 Flesch 在 20 世纪 40 年代提出可读性测量工具时所附带的条件是正确的。

在过去的十多年里，可读性公式被许多大学教师用来判断教科书的难易度。多项研究表明，抽样不当会造成结果不一致的问题。（Gray，2012）因此，教师如果希望获得客观、全面的结论，应该尽量把全书都作为样本。在 20 世纪 40 年代，这一方法在实际操作上有困难。但是，随着计算机和语料库的大量使用，抽样不足的问题得到了解决。为了确保不出现抽样偏差，研究人员应根据全书的样本，用计算机计算以全书为样本的阅读难度指数。

三、可读性与外语教材的关系

英语文本的可读性研究在 20 世纪 80 年代被我国的学者所了解。我们看到的最早的文献是福建师范大学林铮的研究。林铮（1995）认为，Flesch-Kincaid Readability 未考虑到外语学习者的特性。词汇有明显的等级，由于学习先后顺序及练习时间的不同，学习者对这些词的难度感受是不同的。在一篇文章中，不同等级的词汇比例不同，所造成的难度也不同。读者对单词的音节数等并不敏感，而只对词汇的等级敏感。林铮将我国教育部颁布的教学大纲中的词汇，参照教材中的分布划分为八个等级，然后结合句子的长度计算英语文章的可读性。

林铮的方案对特定的教学大纲、特定的教材和特定的教育环境下的学习者来说是合理的。其不足之处是，如果学生学习其他教材，他的方案便不再适用。此外，林铮的方案仅仅是一个假设，他还根据这个假设编制了一个称为 ERDA 的计算机软件。与 Flesch-Kincaid Readability Formula 相比，林铮的方案并未得到实证研究的验证，因此，林铮的方案仍然只能称为假设。

近年来，由于计算机语料库技术的发展以及人们对可读性公式的适用条件的了解，Flesch-Kincaid Readability Formula 逐渐成为英语出版界的主流工具。

在外语教材本文的改写中，文本的难度也会发生令人意想不到的变化。改写者的初衷是使词汇、句子以及表达方式更加贴近外语读者的理解水平，但是结果却可能事与愿违。英国学者 Fulcher（1997）对英语教材的改写问题进行了对比研究。他请五位读写专家对外语教材中的文本进行评估，然后把专家的评价和 Flesch-Kincaid Readability Formula 的计算结果对比，结果发现，经过改写的文本反而更加难以理解。这是由于改写质量不高造成的。文本语言结构不合理，篇章结构不好，概念支离破碎，读者对象不明，低劣的措辞和句子使得文本的可读性受到严重影响。这种影响有时会超过 Flesch-Kincaid Readability Formula 的预测。

对于英语教材文本改写的问题，Nation（2004）也发表了相似的观点。Nation 指出，教材文本的修改通常是在词汇和句子结构上做文章，但是不良的简化文本会产生负面作用。例如，它可能会降低文本的可读性，也可能使原文传达的信息变得模糊或引导学习者选择错误的阅读策略。

这些研究都说明，虽然 Flesch-Kincaid Readability Formula 可以用来检验外语教材文本的阅读难度，但是，由于外语教材的文本经常受到干扰和改写，原文可能已经面目全非，用可读性公式检查文本的阅读难度有一定的局限性。因此，若要用可读性公式来测量外语教材，首先教材的文本必须有一定的质量保证，其次是自然语料的占比要足够大，尽可能把改写质量不高的文本比重降低到最低限度。

第二节 英语教材中可读性测量的特殊性

可读性难度检测都是以100词为抽样单位的。这在传统的文本研究中有一定的合理性，因为一个文本的前后语言难度差别不会太大，如测量某一新闻报道文章时，采用100词抽样的方法既经济又合理。

教材文本不同于新闻报道或者简易读物材料，我们所调查的高中英语教材一般有下列三种类型的文本构成。（1）语言学习素材。这类素材包含的文本有：论说文、故事、信息类文体（如旅游介绍、说明书等）、诗歌类（童谣、诗词、歌词）。（2）练习素材。这类素材包含的文体有：教学指令（Instructions）、语言素材的文化或语言的注释、练习（如填空、改错、完形填空、阅读理解练习等）、学习反思（要求学生总结，归纳的内容）。（3）补充知识。这类素材主要包括：与课文等语言学习素材有关的文化介绍、百科式的补充说明或补充学习信息；比较系统的语言知识点，如语法知识、学习策略、交际策略、写作策略等说明和指导。

这三类语料在不同的教材中的比例是不同的。有的教材比较注重第一种语料，如中国的教材；有的教材比较注重第二种语料，如巴西的教材；而有的则三者兼重，如法国的教材。教材的编写倾向反映了编者的教学观，但更重要的是反映了教材所针对的目标对象的学习文化，或者说，教材的编写倾向反映了目标群体的学习方式。

教材的这种编写文化使我们看到传统的可读性难度测量工具的局限性。如果按100词抽样测量，测量的数据就会出现很大的偏差。为了克服这个局限性，对英语教材的可读性难度比较必须排除教学文化的影响，必须以教材的全部内容作为难度测量的基础，而不是按100词抽样。

本研究所采用的方法是将全书内容输入语料库，用语料库的方法测量可读性难度，由此得出全书的可读性值。这种方法避免了抽样所带来的偏差。

第三节　词汇与词汇学习难度研究

一、词汇学习是外语学习的主要任务之一

词汇学习在直接法和听说法[1]（Direct Method & Audiolingualism）中是一个被回避的问题。这两种方法都把教学重心放在语法结构上，认为词汇学习只需满足句型结构训练就可以了。但是，从20世纪70年代起，持交际教学法的学者反思了外语教学界对词汇的观点，认为词汇学习是外语教学“学以致用”的重要手段。语言学家甚至说：“没有语法仍可以表达思想，没有词汇将什么都不能表达。”（Wilkins，1972）[111]另外两位语言学家Dellar和Hocking也说：“如果你整天学语法，你的英语不会有什么进步。但如果你的词汇量能增加，你的英语会进步很大。有了词汇你几乎什么都可以说！”（Thornbury，2002b）[13]

词汇学习是外语学习的主要任务，也是学习外语的主要难点。这个观点近年来得到了认知语言学家的支持。Hudson（2007）提出“词汇语法”（Word Grammar，简称WG）的思想。这是一种认知语言学观，用于解释语法学习的机制。在词汇语法理论中，词（Word）具有各种网络状的关系，这种关系可表达一个词在概念、语义和句法结构上的特点。通过这种关系网络，学习者学习大量的词汇就可以发展大脑中的语法体系，这个机制叫作词汇学习的“遗传”（Inheritance）特性。一个词只要被学习者确认某一属性，就可能激活该词所“遗传”的所有语言特征，从而发展出语言系统。

例如，“Vlad brought a book to Boris.”。

若学习者认识到brought为一动词，这一句子的特点便会被赋予brought一词一系列的遗传特性。Hudson认为这一句子至少遗传了三个特征：（1）brought是一个动词；（2）动词前要有一个名词做主语；（3）

[1] 这两种方法在19世纪末至20世纪60年代曾经是外语教学的主流思想。它们的主要观点是：语言是一种习惯，是通过正确的、反复的操练而获得的能力。这种思想在语言交际思想出现并成为教学主流以后渐渐式微。

动词后面需要有另一个名词做宾语。

这三个特征通过这个句子“遗传”给了 brought。通过使用该句子，学习者激活了上述特征，从而建立起与 brought 相关的句法。因此，学习者在语言使用中学习词语，能获得“遗传”特征的机会，从而学到语法，尤其是句法知识。因此，句法知识并不是通过句型教学获得的，而是通过使用词汇获得的。（Hudson，2007）[227]

词汇学习遵循从群体到个体（From Token to Type）的原则。群体（Token）又称“例符”，是指实际使用的字词。个体（Type），又称“型符”，指不同的字词符号。一篇文章若有 500 个词，则例符为 500；若其中只有 200 个不同的词，则型符为 200。“从群体到个体”的含义是任何语言规则的获得都需要建立在接触足够语料的基础上。

词汇是导致外语教材文本理解难度变化的一个主要因素。语言学家们普遍认为，词汇学习是外语 / 二语学习中最令人生畏的任务之一。（Hulstijn，2007）外语学习者的词汇量与其对文本的理解程度之间有直接关系。认知语言学家认为，第二语言的阅读理解主要依赖从下而上（Bottom Up）的心理过程，因此，学习者对词汇的掌握程度是决定阅读理解质量的重要因素。

二、词汇量构成的学习难度

词汇学习有难度的主要原因是其学习数量庞大，且没有规律可循。对于母语为英语的学习者来说，庞大的英语词汇是从婴儿时期就开始学习的，这个学习过程伴随其一生。一个英语本族语者到大学时期大概学到 20000 多个词。在大学的学习期间，其词汇量增长速度大约是每年 1000~2000 个，每天大约增加 6~7 个。（Thornbury，2002b）[11]

如果我们把词汇的质量考虑进去，一个英语本族语者所掌握的词汇量是非常惊人的。语言学家认为，词语的意义是由语境决定的。因此，若把学习者根据语境判断语义的能力也考虑进去，这将是一个十分庞大的数值。（邹为诚，2013）[8]

外语学习者要学会这些词汇是非常不容易的。Thornbury 认为词汇学习和其他学业内容的学习是一样的，在本质上首先是记忆；与语法学习不同的是，词汇记忆是没有规则可循的，而是靠一点一滴，一个词一个词地逐渐积累起来的。因此，词汇学习的本质是记忆工作。（Thornbury，2002b）[23]

既然词汇学习的本质主要是记忆，教育界就必须理性地看待词汇量问题。尽管从理论上讲学生掌握的单词多多益善，但是学生的学习时间、精力和兴趣都有限。应用语言学界必须研究两个重要问题：如何提高词汇学习的效率？什么是理性的和合理的词汇量？

三、频率：词语学习的重要条件

提高词汇学习效率最初是从词汇的频率上开始研究的。语言学家发现，词汇学习的主要方式是重复，学习者必须反复地看到和遇到所学习的词汇。Ellegard（1960）的研究表明，学习者的词汇量与词频有密切的关系。高级学习者的低频词数量庞大，这一结论与21世纪的认知心理语言学的结论一致，即词汇的频率是学习者获取词汇的先决条件之一。词汇频率高，学习者就容易见到，学习者重复的机会越多，词汇就越容易被学到。

是不是任何方式的“重复接触”都有益于词汇学习呢？答案是否定的。心理学研究表明，重复并不是记忆的条件，重复加上注意事物的方式才是记忆的重要条件。

应用语言学家和心理学家对这个问题有大量的研究。他们发现，口头重复说词汇与记忆词汇拼写形式相比，前者的记忆效果没有后者好。看到词语及其解释，与回忆词语意义并获得词义的“反馈”相比，后者的记忆效果优于前者。因此，如果教师不专门帮助学生进行词汇学习，词汇学习效果就会差，学生就会觉得记单词很难。

正确的重复词语方式对语言学习是必要的。Kachroo（1962）对重复的问题有过研究。他通过计算教科书中词汇的重复率研究学习者记忆单词的情况。研究发现，教科书中重复7~8次的词能够被大多数学生记住。教科书中重复一次或未重复的词，大部分学生都没有记住。

Salling（1959）也得出类似的研究结论，学生要记住一个单词，至少要重复学习6次。Crothers和Suppes两人用更严格的实验得出了类似的结论。（Crothers，Suppes，1967）学习者要记住一个单词必须重复 6~7 次。Saragi 等人用实验的方法研究学生记忆单词的情况。（Saragi，Nation，Meister，1978）他们在做实验时不告诉学生目的，只让他们看书，结果发现，学生在书中看到某个单词 16 次以上时，才能记住这个单词。

词语的重复和正确的重复方式是高效词汇学习的重要条件。什么是正确的重复方式呢？认知语言学认为，提高重复的质量取决于学习者对词汇的认知深度。为此，语言学家提出了三项原则（Hulstijn，2007），即放大活动（Elaboration）、反复排练（Rehearsal）和熟能生巧（Automaticity）。

放大活动是指教师夸大学习目标词语，将学习者的注意力吸引到词汇的意义、形式、发音和拼写的各个方面上去，并组合成听、说、读、写等有意义的活动。反复排练是指教师要找机会让学生能反复见到、用到这些词，要设计活动让学习者反复注意这些词。初学者的回顾次数要密集，随着学习者水平的提高可以逐渐降低回顾频率。Hulstijn 强调这一做法要制度化才能收到效果。熟能生巧是指教师要给学习者大量的浅显易懂的语言素材，如简易读物或影视材料。这些素材必须遵循 Krashen（1985）的“i+1”的原则，即语料的难度要略高于学习者已有的水平，这时大量的读和听是学习者达到自动处理语言的重要条件。教师不必追求难、怪、偏的词汇，而应把主要精力集中在高频的 2000~3000 词。学习者经过 4~5 年的学习后，即可长久地记住常用词汇，后续的学习会容易得多。

Hulstijn 的观点和研究表明，教材的词汇密度应该较低。密度低，词汇的重复率就高，这样学生才能在基础阶段实现 Hulstijn 说的三大原则。其原则同时也说明，大量阅读不是学习词汇的必要条件，而是巩固词汇的手段。Hulstijn 的研究得到了 Nation 的支持。Nation 认为教材词汇的难度首先体现在型符和例符的比例上，教材的词汇密度越低，教材的词汇学习负荷越小，学起来就越轻松，反之则越难。（Nation，2004）

四、词频分布（Lexical Profile）

Hulstijn 的三原则虽然获得了外语教育界的认可，但是这些原则和学校的词汇教学目标之间有着微妙的关系。由于学生学习时间和精力是有限的，如果按 Hustijn 的原则来操作，降低课程的词汇密度，势必会导致学生学习的总词汇量减少。因此，如何在词汇学习的质和量上取得平衡是外语教学界要研究的另一个问题。

应用语言学界首先在词汇频率的问题上得到启发。外语教学界发现，在一个给定的语料库中，英语词汇的分布是有规律的，这就是词汇的出现频率与文本覆盖率之间的关系。表 5-2 展示了根据美国韦氏词典的 128000 词对文本进行测量的结果。（Nation，2004）[16]

表5-2　词汇类别与文本覆盖率

类　别	词汇量	文本覆盖率
高频词	2000	87%
大学学术词语	800	8%
技术专业性词语	2000	3%
低频词	123200	2%
总计	128000	100%

表 5-2 表明，在 128000 词中，2000 个高频词就覆盖了 87% 的文本，800 个大学学术词语覆盖了 8% 的文本，2000 个技术专业性词语只覆盖了 3% 的文本，最后 123200 个低频词只覆盖了 2% 的文本。

在另一项研究中，研究人员发现了类似的词汇频率与文本覆盖率之间的关系。表 5-3 展示了语料库中的 500 万词的分布情况。

表5-3　词数和词汇分布关系

型　符	在500万词中的百分比
86741	100
43831	99
5000	89.4

续表

型 符	在500万词中的百分比
3000	85.2
2000	81.3
100	49
10	23.7

（Carroll，Davies，Richman，1971）

这组数据告诉我们，在500万词的文本中，大约有40.4%的词只出现一次。这意味着如果读者阅读这500万词（约200页的英文书80本），将会遇到35000个只出现一次的词。显然，低频词给学习者带来了词汇学习的主要困难。在这些低频词中，约有2/3来源于法语、拉丁语和希腊语。（Nation，2004）[18]

Nation因此提出，对教学来说，主要精力要集中在高频词上，确保学生能学会这2000个词。高中生或大学生花很大的精力去学习和掌握800个大学学术词语。对于1000~2000个专业词语，学生需要在专业教师的帮助下学习猜测词义等。对于123200个低频词，教师只需教会学生猜测词义的策略即可，不值得花时间去教，因为它们在文本中只占2%。（Nation，2004）[19]

Nation也指出词频统计中存在的问题。首先，高频词统计会漏掉某些最重要的词，当前所用的词频表依据的是Thorndike和Lorge两人在1944年的统计，由于语料的不同，统计数据会有误差，如soap、a bath、（a）chalk、a stomach等就未收入两人所统计的2000高频词中，tidy、stupid、behavior等没有收入3000高频词中，damage没有收入2000高频词中。因此，我们若全依靠频率统计，可能会遗漏上述单词。其次，在高频词中，某些词不适合初学者学习，不应列入最初的1000高频词中，如Chicago、thee、thou等。由于这些词在当时的商业信函中很常用，故也被收入了1000高频词表中。

学习者认识了高频词以后，就可以开展有意义的阅读和听力活动。意义丰富的活动能够有效地提升学习者的认知加工语言的复杂度和深度，认知复杂度越高，认知深度就越深，学生就越容易记住词语，这一解释比频率因素更有说服力，这项研究由 Craik 和 Lockhart（1972）公布，是迄今为止公认的最重要的发现之一。Craik 和 Tulving 在 1975 年公布的研究进一步推进了人们对词汇习得的认识。（Hudson，2007）

学习词汇要基于"深度加工"，需要考虑：接触的频率、思考的努力程度、注意力的强度、任务的难度（如推理要求等）、任务所要求的语言和内容两方面的加工组织要求。

其他学者在他们的基础上进一步证实了词汇学习认知问题。Nagy 等人的研究证明了偶然性习得[1]词汇的概率。（Nagy，Herman，Anderson，1985）57 名八年级受试者阅读侦探故事或关于河流系统的学术文章，读完文章后接受词汇测验和面谈，以了解他们的偶然性词汇习得量与词汇知识深度。结果发现学生在阅读文章以后，词汇知识深度与词汇量均有进步，总体来说进步与阅读量成正比，比未接受研究测试的学生明显好很多。这项研究的唯一不足之处是受试者的阅读水平都很好，很平均，因而无法观察到不同阅读水平的学习者是否有差异。但本研究说明了两个问题：（1）偶然性词汇习得在阅读过程中确实发生，因此，教材的阅读量大，有利于词汇学习；（2）偶然性词汇习得的数量并不大，读者从阅读文章中获得词汇的概率是 10%。这项研究支持了关于词汇密度对学习负担影响的观点。词汇密度越低，词汇的重复率就越高，学习者就更有可能从阅读中习得词汇。但从整体上讲，学习者需要遇到同一个词 10 次左右才可能习得该词。

Nagy 等人在 1987 年重复了上述研究，把受试范围扩大到四至八年级等 5 个年级的学生，并且在设计上增加许多与词汇有关的因素。他们的研究进一步证实了偶然性习得确实是学习者在阅读文本的过程中自然发生的，且和读者对词汇意义的关切度有关。如果读者认识到某个词的意义重要，且已经有些感知的基础（Partial Knowledge），就容易习得这

[1] 偶然性习得指学习者在语言活动中随机注意到某些语言形式而获得这些语言，如在阅读中，读者一般需要反复碰到某个词语才有可能学到。偶然性习得曾被语言学家认为是获得词汇的主要方式，但是Hustin等人的研究推翻了这个观点。从中国外语教学实践经验来看，偶然性习得词汇的方式既低效又不可靠。

些词汇。因此，能从中习得词汇的篇章对他们来说就是学习起来比较容易的篇章。这表明，并非文章难了，学习者就能习得词汇，而是要适合读者的理解水平。目前的研究普遍认为，在掌握高频词的基础上，学习者需要依赖恰当水平的阅读材料来增加词汇量。这些材料需要具有以下特点：（1）恰当的词汇频率；（2）阅读材料的内容和语言难易程度适合学习者的语言水平；（3）词语处于语境与语义契合度高的位置，并且能被读者感知；（4）读者能够感知到语境中词语的结构性知识。

这说明文本太难和太易的教材都不能取得很好的效果。因此，教师必须有很高的自主性，能根据学生的水平选择恰当的材料开展教学，而不是按部就班地完成教材规定的教学任务。

五、英语学习目标和词汇学习

高频词汇和低词汇密度确实能降低学习者的学习难度，而且水平越低的学习者，对难度变化的敏感度越高。Hudson（2007）将此现象称为“第 22 条军规”（Catch-22）[1]，因为其中存在矛盾：即使提高高频词的密度，增加阅读量，低级学习者的阅读能力也还是弱。大量的阅读意味着增加他们的学习负担，从而在词汇的学习上增加了他们的偶然性习得的负担。

语言教育界在 20 世纪 80 年代以后逐步认识到，词汇学习是一个永无止境的任务，因此学生的词汇学习必须考虑语言学习的目标。学生所需要的词汇量和语体（书面语、口语）有关，和语言交流方式（听说、读写、听说读写）有关，与学习要求（基本要求或能够进入专业学习的要求）有关。

多项研究表明，口语能力发展对词汇量的要求最低（1000~2000 词），接受性词汇大约是输出性词汇的 2.2 倍。（Thornbury，2002b）[12] Schonell 等人（Schonell，Meddleton，Shaw，1956）分析了澳大利亚人的英语口语。他们发现，1000 词覆盖了 94% 的英语口语内容，2000 词

---

［1］“第22条军规”源自美国作家约瑟夫·赫勒（Joseph Heller）的黑色幽默同名小说 *Catch-22*（1961），用来形容自相矛盾、不合逻辑的规定或者难以逾越的障碍。

覆盖了 99% 的口语内容。也就是说，如果教学目标要求是发展学生的口语能力，有 1000 多词就可以满足学生进行口语表达的词汇要求，而要发展学生的阅读能力，教师至少需要教授大约 2000 个词。同样，理解口语所需要的单词量大约是理解书面语所需的单词量的一半。（Thornbury，2002b）[13] 如果要学习写作，学习者需要在此基础上扩充词汇量，需要掌握学术性词汇和专业词汇，并且必须是输出词汇。Raimes（1985）的研究表明，词汇量是学习写作的重要条件，写作也是词汇学习的重要手段。

West（1960）和其他研究都证实 1200 词便可构成口语文本的大部分内容，也就是说，只需掌握 1000 多词便可口头表达生活中的大部分内容。顺利进行口头交流并不需要大量词汇，通过操练来熟练运用一小部分具体词汇即可。General Service List（West，1953）中的 2000 词可以作为口语的目标词汇。（Nation，2004）[14]

本章小结

本章讨论了英语教材文本的理解难度和学习负荷方面的问题。定义文本难度的方法虽然有定量性质的可读性公式和定性性质的话语分析两种方法。对于英语教材来说，话语分析方法并不可靠，因为英语教材的体裁和修辞风格极为狭窄。可读性公式虽然遭受各种批评，但仍然是目前主流的测量手段，关键是在使用时，必须遵循其使用条件，排除掉教材中一些特殊的艺术体裁，如诗歌、广告短文等。

本章还讨论了词汇的学习难度问题。外语教学的主要难度来自词汇，这是由于词汇学习数量巨大，并且词汇之间缺乏内在的逻辑关系。文献研究表明，词汇学习首先是考虑重复的问题，学习者主要依赖有意义的重复来习得词汇，词汇重复率对学习难度具有重要的影响。重复率主要通过文本中词汇密度来衡量，词汇密度越低，词汇的重复率就越高。降低词汇密度有两种手段：一是控制词汇量，在文本词数固定的情况下，词汇量越小，词汇密度越低，反之则越高。二是在固定词汇量的情况下，增加文本的总词数，总词数越高，词汇密度就越小，反之则越大。通过词汇密度控制词汇学习负荷犹如“第 22 条军规”，教学会陷入自相矛盾的窘境。降低词汇密度，就要加大学习者的阅读量，但是语言水平低的学习者，其外语阅读能力也弱，这就会无形中加重他们的阅读负担。这种负担对低水平和低能力阶段的学习者影响尤其明显。

对于这个矛盾，词频是另一个解决方案。关于词频的研究结论反复说明了外语学习者应该尽快地越过词汇量门槛（2000~3000 词族[1]），以减轻词汇学习的压力。达到这个水平以后，学习者就可以开始通过大量的阅读和听说等方式来扩大词汇量，从而减轻其学习压力。因此，基础教育必须保证学生达到这个词汇水平。

[1] 词族（Word Family）是指一系列由于语言曲折变化或者拼写变化而衍生出来的相关词语，如know、knows、knowing、known、knowledge、knowledgeable、unknown都是同一个词族的词。

除词汇密度和词频外，教学目标也是影响词汇学习的一个重要因素。学校的外语教学在任何时候都是资源有限的一种教学活动，学校很难培养出达到英语本族语者那样外语水平的人才，他们之间没有可比性。学校的外语教学只能设置有限的教学目标。

研究表明，如果教学目标偏重于听说训练，学生的词汇学习压力就会小许多。如果要求学生听说、阅读、写作等全面发展，词汇学习的压力将非常大。因为写作对词汇的要求极高，学习者必须有3000词族以上的词汇量。词汇学习的压力与听说、阅读、写作等目标之间的关系见图5-1，词汇学习压力从左到右递增。

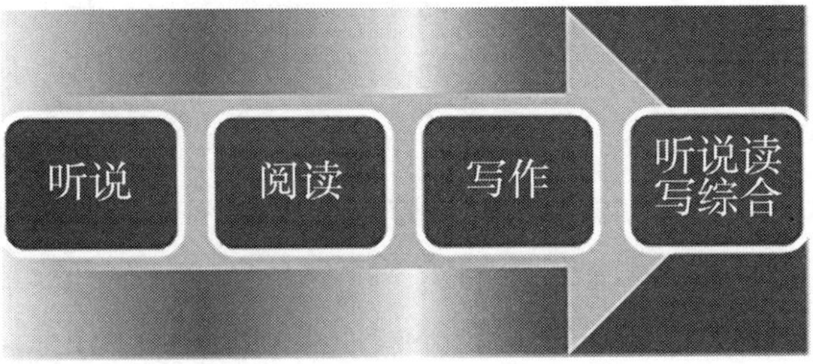

图5-1 词汇学习压力与学习目标之间的关系示意图

第六章 教学活动难度研究

外语教材不同于数学、物理等学科的教材。其他学科用语言来表达知识，知识是教学内容，语言是教学工具。外语教材的内容和知识合为一体，教材中的课文和教学活动既是教学内容，又是教学工具，因此，外语教材的难度具有特殊性。讨论教材的难度其实就是讨论外语学习的难度。本章将讨论外语学习的难度性质。这将涉及外语学习的基本理论，如语言是如何学会的；在学习语言的过程中，难度的含义是什么。与外语学习难度有关的理论起源于传统的课程理论，后来得到生成语言学（Generative Linguistics）的普遍语法（Universal Grammar）、互动理论和认知语言学的深化。因此，本章将重点从这四个角度讨论外语学习的难度问题。

第一节　传统课程理论中的外语学习难度问题

在传统的外语教学课程设计（Language Syllabus Design）理论中，教学的基本思想是将教学内容按难易程度排序，容易的内容先教，难的内容后教。学术界不同的理论流派在不同时代对内容难易有不同的理解。在 19 世纪末至 20 世纪 60 年代之间，语法知识被人为地分为容易的和难的"系统性知识"，譬如人们会认为现在时比过去时容易，因此，教师一定要先教现在时，后教过去时。20 世纪 70 年代交际法兴起以后这种思想渐渐式微，因为它和学习者的认知过程无关，不能客观地反映出难易度。当代的外语教材基本上以交际话题和主题为编写基础，因此，教学活动的难度成为外语课程理论中的一个新课题。

在外语课程大纲中，（无论什么时代和理论背景）难度被简单地定义为教学内容在课程大纲中的位置。外语教学界共定义了两种外语课程大纲，一种是分析式大纲（Analytic Syllabus），另一种是合成式大纲（Synthetic Syllabus）。分析式大纲是一种以话题和整体的语言使用为基础的教学大纲，教学单元以教学活动、任务为主，而不是以语言知识为排列依据。这种大纲强调体验性的学习，学习者的学习结果是在体验过程中分析出语言知识。合成式大纲中语言知识点按主观认定的难易顺序排列，学习者依次学习分离式的语言知识，如结构、词汇、语法等知识。学习者在学习过程中将这些分散的语言知识合为一体。

在传统的合成式大纲中，设计者默认把排在大纲前面的知识看成是比较容易的，即学习者易学的内容。这些内容出现频率高，学习者接触的机会多。因此，难度亦可以用"接触频率"来表示。这个概念在词汇的研究中具有重要的价值，我们已经对其进行了讨论。与此相关的另一概念是"突显度"（Salience）。某些语言单位突显度显然很低，如介词、冠词、连词、助动词等。由于突显度不高，即便接触频率很高，这些语言单位的学习难度也较大。

设计分析式大纲的基本原则也是将教学活动按先易后难的顺序安排，

以符合学生从易到难的学习要求。这种大纲中教学活动的难易度是由内容、语言材料和活动方式等多方面的要素决定的，设计者不认为语法知识本身的复杂度必然导致学习难易度变化。例如，一个看似简单的语法形式（一般疑问句的问答）可能比一个复杂的语法形式（特殊疑问句）要更加难学。难易度取决于要求学习者做什么，即完成什么教学活动。

语言教学专家们认为，分析式大纲更加符合二语习得的原则，能更好地适应人文主义的语言教育观。它以体验为基础，适应个体能力的多样性。（Skehan，1998）因此，分析式大纲的教学在总体上来说要优于合成式大纲，其学习难度也低于合成式大纲。目前国际上的主流教材一般采用分析式课程大纲编写。

传统课程理论对合成式和分析式课程大纲的分类没有很好地解决教学活动的难度问题。合成式大纲的难度界定方法过于简单，词汇频率和语法知识的凸显度虽然有很强的操作性，但是它忽略了文本的难度、教学活动的难度和语法知识的学习难度等要素。分析式大纲虽然被认为更加符合二语习得的研究结论，受到认知心理学、人类交际研究、语用学、社会语言学等理论的支持，但它并没有系统地说明活动难度的分析方法，可以操作的工具不如合成式大纲明确。

第二节 二语习得理论中外语学习的难度问题

一、与外语学习难度相关的理论——普遍语法（UG）理论

外语学习或第二语言学习难度问题在语言学理论上极具研究价值。它的理论目标是要回答语言学习的起始状态（Initial State）和终结状态（Final State）是什么以及学习的过渡（Transition）特性是什么的问题。现有的理论基础主要是普遍语法（Universal Grammar，简称UG）。理论语言学家认为UG的优势在于它是一项关于语言本质和心智的理论，提供了一个可以同时考察语言的起始或终结状态及语言状态变换或转变的基础。（Gregg，2001）以UG为基础的二语习得理论到目前为止，仅仅假设了语言的初始状态，认为语言在人类心智中具有特殊的机制，这个机制由一系列规则和参数构成，说明了人类为何能在极短的时间内（数年）掌握复杂的人类语言体系。

语言学习的难度问题在理论上亦可称作“可学性”（Learnability）问题。Gregg（2001）指出，可学性问题在本质上是一个非常直截了当的想法，所有的儿童都能在极短的时间内高效地学会一门语言，因此，语言习得理论必须解释这种学习机制是什么，为什么会如此容易。也可以反过来思考：为何第一语言学习如此容易，而第二语言学习却如此困难？为何大部分人在大部分情况下不能像习得第一语言那样习得第二语言？学习的难处在哪里？

普遍语法理论认为，在第一语言的学习中，学习语言的起始状态是心智中存在普遍语法，学习语言的最终结束状态是心智中构建出“语法体系”，即成年人的语法知识（指L1语法），这一过程通常要到青春期（Puberty）才完成。过了这个阶段后，个人的词汇变化、文学语言的获得将不再是语言学习研究的理论目标，因为之后个人的词汇变化主要是由社会生活、文化变迁引起的，与个人的认知关系不大。文学语言不是人类的基本语言要素，而是文化修养的要素，与人类的语言认知关系不大。

为了证明第一语言的普遍语法理论，理论语言学者把研究转向第二

语言的学习问题，把第一语言的解释用于第二语言时，他们发现了新的变量。Gregg（2001）详细列出了这些重要的变量：

（1）成人第二语言的起始状态与第一语言之间的关系。这个变量主要涉及三个要素：成人在获得第一语言时所依赖的UG是否还在？这个UG除了使其轻易地学会了第一语言，是否还能产生其他要素使其能学会第二语言？成年人在学完第一语言之后有没有丢失什么？这些要素在第一语言习得过程中存在并且发挥了作用，但待成年人学习第二语言时，它们却消失了，为什么？成年人除了第一语言，还获得了其他许多知识，如关于世界的知识、人际关系知识以及控制语言和思维的知识与能力，这些要素是如何影响第二语言的学习的？

（2）成年学习者的终结状态。儿童大都可以成功地获得第一语言的语法体系，但成年人很难成功，成功者几乎是例外。不成功的情况也有很大的不同，内部差异很大。

（3）L2学习机制。结合第二语言的起始状态与第一语言之间的关系来思考，UG在青春期以后是否仍然会发挥作用？成年学习者所用的方法与儿童学习语言的方法是否一样？这些问题也值得研究。或者反过来问：如果UG在青春期后便开始衰退，儿童学习语言的机制是否也在青春期之后开始衰退或停止发挥其功能？

（4）评价尺度。第二语言的学习者是如何知道自己已经学会了的？由于相对于第一语言习得的成功率来说，第二语言学习者鲜有成功的例子，因此，这一问题已经变得没有研究价值。

Gregg所提出的四个变量构成第二语言可学性问题的研究框架，也是第二语言学习难度在理论上的基本性质。这表明，在研究第二语言学习难度的问题上，我们要搞清楚第二语言学习者的语言状态（起始状态和终结状态）以及语言的变化过程。UG的局限性是它目前还只能用于解释语言知识的状态（起始状态、中间的若干点或者终结状态），而无法解释语言的转换过程。

研究语言的转换过程，实质就是解释什么好学，什么难学。能够利用UG特性的语言学习项目就好学，不能利用UG特性的语言学习项目就难学。在理论方面，语言学家主要关心下列两个问题：（1）L2学习者的L2

语法是否遵守 UG 规则。如果某些语言学习项目遵守 UG 规则，则这些项目可能会比较容易学到，反之则可能比较难学。（2）L2 学习者是否更改 UG 的参数。例如，L1 的规则在语言中被改变。比如英语规定“NP + Clause”，即所有从句修饰名词时要置于名词之后，那么英语母语者学习汉语时，他们会不会把从句放在名词之前（因为汉语要求修饰名词的从句放在名词之前，即“Clause+NP”）？如果会，说明 L2 学习者修改了 UG 的参数。如果在学习某个项目时，学习者仍然可以修改心智体系中的 UG 参数（已经在第一语言形成时合成在第一语言的语法之中），那么该项目的学习会比较容易，反之则会比较难。

理论语言学界认为，上述的两个问题可以产生以下三种假说：

（1）完全接入说（Full Access）。这种假说认为学习者在学习 L2 时，UG 仍然在发挥作用。学习者完全遵守它的规则，即掌控第一语言的规则仍然影响学习者处理第二语言的方式，学习者对 L2 参数的实现方式与 L1 的不同，是因为 L2 学习者依据 UG 的规则对参数进行了设置。如汉语的“把”字句结构为 [把 +NP+VP]（为宾语前置的句子，如“把碗洗了”），汉语学习者在学习英语时，遵循 VP+NP/PP+NP（指动词 / 介词宾语后置的规则，如 wash dishes 或 in the sink）的规则，能够顺利地把汉语的 [把 +NP+VP] 设置为英语（L2）的 VP+NP/PP+NP 结构。如果实证研究证明，大量的汉语母语者在英语（L2）中不说 NP+VP（“把”字句的句式），而只说 VP+NP（替代“把”字句的句式），我们就可以推测出，汉语母语者在学习英语（L2）时，UG 的 VP+NP/PP+NP 的规则得到了遵守，说话者仅仅是变换了参数，把汉语中的 NP+VP 结构调整为 VP+NP 结构。

如果大量的实证研究发现讲汉语的英语学习者把汉语的 NP+VP 结构转换成英语时，既有 NP+VP，又有 VP+NP，这时情况就难以判断了。实际情况确是如此。因此，催生了下列两种假说，解释二语习得的难度。

（2）部分接入说（Limited Access）。这一假说认为 UG 的大部分规则对 L2 学习者已经不起作用，只有少数规则还起作用。L2 学习者已经不能重新设定参数，尽管 L2 学习者的语法可以学到像目标语母语者那样的水平，但这不是重新设定参数产生的结果，而是学习努力和其他因素所致。

（3）无关联说（No Access）。这种假说认为当 L1 学习完成后，学习者就无法再根据习得 L1 时所遵循的规则与参数来设置学习第二语言了。最著名的学说是 Bley-Vroman 的 FDH（Fundamental Difference Hypothesis，即基本差异假说）理论（Bley-Vroman，1989；Bley-Vroman，1990）。这种理论认为，L2 学习者只有通过 L1 语法才能利用 UG 的规则与参数，因此，L2 的正确率很低，语法碎片化严重，学习第二语言困难重重。

目前，较多的研究倾向于认为第二、第三种假说是合理的。当一个人学会第一语言以后，其语言学习的机制基本上就被改变了。当学习第二语言时，原先发挥作用的 UG 只留下很小的机会窗口给 L2 使用。随着年龄的增大，UG 发挥作用的难度越来越大，最终机会窗口完全关闭。

在理论上，这一解释是站得住脚的，它符合当初乔姆斯基对 L1 语法的界定。L1 语法在乔姆斯基看来并不是独立于 UG 而存在的语法体系，而是 UG 在成长变迁中的附带现象（Epiphenomena）。（Chomsky，1995）它并没有心理现实（Psychological Reality），人们称这些语法现象为 L1 仅仅是为了描写上的方便。

由于 UG 是大脑与心智的一部分，理所当然在学习者生理成熟过程中会产生剧烈的变化。随着学习者进入成熟期，其大脑皮质（Cortex）会发生巨大的变化。在形成 L1 语法时，会产生语言习得关键期。在关键期之前，UG 与外界的语言输入尚可互相作用，顺利形成 L1 语法。关键期之后，UG 与第一语言的合成工作基本完成，只留下极小的窗口。这个窗口可以使输入语言与 UG 在互动作用过程中，重新设置某些参数，为 L2 语法的建立留下了机会。

以 UG 为基础的二语习得理论虽然到目前为止仍然是二语习得研究的主流理论，但它不能直接用于教学实践，具体说明某些教学手段是否有效。语言学家批评外语教学界对二语习得研究提出不切实际的要求。在这种情况下，二语习得界的某些理论试图迎合实践者的需要，用二语习得理论来直接解释教学实践中遇到的问题，导致了二语习得基础研究的一些混乱情况。以 UG 为基础的二语习得理论在本质上不直接面对教学实践。它与实践的关系是间接的、复杂的，至多也只能说有一些关联。这是外语教学界要直面的现实问题。

二、互动理论

外语和二语教学研究者早就注意到以理解输入（Comprehensible Input）为主的学习中存在的问题，学习者由于对意义的关注，会失去对语言形式的关注或者关注不够。当学习者利用语境和上下文处理语义时，他们可以绕过对语言形式的加工，从而错过对语言形式的获取。这主要发生在语言习得敏感期之后的成年学习者身上，在第一语言习得中不会发生，第一语言的习得恰恰要求学习者将注意力聚焦在意义上。这种意义与语言形式之间的选择，交际者利用语言形式的部分线索和语境相结合的理解方式，是人类进化的结果。Skehan 等人指出，如果每句话都要处理语言细节，将会对人类的心理与生理造成巨大的伤害。（Skehan，Foster，2001）

人类这种凭进化发展出来的能力在第二语言学习时基本不存在了，人类在第二语言学习中很少能自动地获取句法知识。（Skehan，Foster，2001）人类到底是用什么“非自动”的方式学会第二语言的呢？互动研究给我们提供了另外一种答案。

互动研究是二十世纪八九十年代中最为活跃的一个二语习得理论。它始于 Krashen 提出的“输入假设”。该假设的主要思想是：第二语言不是教会的，学习者是利用“可理解性输入”（Comprehensible Input）及大脑中的语法机制逐步建立起第二语言的语言体系的。（Krashen，1985）该理论认为，外界教授的语言知识仅仅起到“语法监控”的作用，并不会成为学习者内在的语言能力（隐性语言知识），而且，外来的知识还会受到情感过滤器（Affective Filter）的影响，如焦虑等不良情绪可以将外来的知识阻挡在外，导致学习者难以学到知识。在语言输入过程中，习得发生的主要机理是大量的输入语料中包含有“i + 1”的语言知识。i 为符合学习者现有水平的语言知识，“i + 1”表示比学习者现有水平略高的语言知识。

那么语言学习者是如何从海量的外界语料中获得 i 和“i + 1”这两种输入的呢？大量的实验研究发现，交流者之间有意义的协商（Negotiation）

是解决输入语料的可理解性问题的主要方式。下列两段对话分别展示了有协商与无协商时输入语料的学习价值。

第一段语料显示，一名外国留学生与电视机修理店修理人员之间的对话充满了误解。由于没有发生针对交际困难的互动，这段对话就不能算是有意义的协商，因而没有产生有价值的 i 和 i + 1 的可理解性输入。

例 1　在下列对话中，一个在美国学习英语的西班牙语学生想购买一台电视机。她从电话簿上查询了商店的电话号码，但不幸的是她打错了号码，电话打到电视机修理店了。

（NS：Native speaker in the service shop；NNS：Non-native speaker）

NS：Hello.

NNS：Hello，could you tell me about the price and size of Sylvania color TV？

NS：Pardon？

NNS：Could you tell me about price and size of Sylvania TV color？

（PAUSE）

NS：What did you want？A service call？

NNS：Uh，17-inch，huh？

NS：What did you want a service call？ Or how much to repair a TV？

NNS：Yeah，TV color.

NS：17-inch？

NNS：OK.

（SILENCE）

NS：Is it a portable？

NNS：Uh，huh.

NS：What width is it？What is the brand name of the TV？

NNS：Ah，Sony，please.

NS：We don't work on Sony's.

NNS：Or Sylvania？

NS：Sylvania?

NNS：Uh, huh?

NS：Oh, Sylvania OK. That's American made.

NNS：OK.

NS：All right. Portables have to be brought in.

NNS：Hm.

NS：And it's a $12.50 deposit.

NNS：OK.

NS：And if he can fix it that applies to labor and if he can't he keeps the $12.50 for his time and effort.

NNS：Hm.

NS：How old of a TV is it? Do you know off hand?

NNS：19-inch.

NS：How old of a TV is it? Is it a very old one or only a couple of years old?

NNS：Oh, so...

NS：The only thing you can do is bring it in and let him look at it and go from there.

NNS：New television, please.

NS：Oh, you want to know...

(SILENCE)

NS：You want to know how much a new television is?

NNS：Yeah, I want to buy one television.

NS：Do we want to buy one?

NNS：Yeah.

NS：Is it a Sylvania?

NNS：Sylvania TV color.

NS：Well, you know even, even if we buy 'em, we don't give much more than $25 for 'em. By the time we fix 'em up and sell 'em, we can't get more than...

NNS：Hm hm.

NS：$100 out of 'em time we put our time and parts in it.

NNS：Is it 17-inch？

NS：Well, I don't... The only thing I can tell you to do is you'd have to come to the shop. I'm on the extension at home. The shop's closed.

（SILENCE）

NNS：19-inch? You don't have?

NS：Do we have a 19-inch?

NNS：Yeah.

NS：No, I've got a 17-inch new RCA.

NNS：OK. Thank you. Bye.

NS：Bye.

（Varonis，Gass，1985）

例 2

（NS：Native Speaker；NNS：Non-native Speaker）

NNS：And they have the chwach there...

NS：The what?

NNS：The chwach—I know someone that—

NS：What does it mean?

NNS：Like um...like American people they always go there every Sunday.

NS：Yes?

NNS：You know—every morning that there pre-that—the American people get dressed up to go to um chwach.

NS：Oh...to church—I see.

（Pica，1987）

例 1 是外语学习者和本族语者交流的一个缩影。这种错误是大概率事件，交际低效，甚至中断，最终交际失败。上述例子显示，如果没有特殊的机制作用于二语交流过程，这些错误将会阻挡学习者有效地习得二语的语言形态及发展二语的能力。

在例 2 中，交际的一方 Native Speaker 能够把交流暂停下来，向对方提出澄清的要求（“What does it mean?”“Yes?”）。这使 Non-native Speaker 意识到问题出在 chwach 上。当 Non-native Speaker 采用迂回策略时，Native Speaker 明白了 Non-native Speaker 想说的意思和他所缺乏的语言形式，从而以反馈的方式说出正确形式（Oh...to church...I see）。在这个协商的过程中，Non-native Speaker 从交际中的困难（i + 1）出发，澄清交际意义，获得对方的积极反馈，从反馈中感受到了其语言水平“chwach”和目标水平（i + 1）“church”之间的对比，从而获得了语言进步的机会。

在互动理论发展的过程中，二语习得的另一个领域对“输入假设”提出了修正的观点，这一观点由加拿大学者 Swain 提出。Swain（1985）认为，语言输出也可以导致“习得发生”。她把这一观点称为“输出假设”（Output Hypothesis）。

Swain 认为，学习者在有意义的合作学习中，交际输出的压力可以使学习者产生以下心理语言机制：（1）形成语言假设，并对假设进行实际验证。说话人可以通过交际效果检验自己的语言形式是否正确。（2）注意到自己语言体系中的空缺部分，从而开启语言学习模式，促使学习动机产生并提高学习效率。（3）注意到自己语言体系中知识结构的不合理之处，通过中介语结构的调整，使之更符合目标语的规则。

例 3 说明输出是如何促使学习者调整语言结构的。

例 3　在中国的外语课堂上，学生表演招聘面试的情境。S1：应聘者；S2：法律事务所的招聘官。

S1：More（questions to ask）... how long... how long can we... It should be... when after we... get... to be a manager?

S2：Pardon?

S1：How should time to be if we want to be a manager... to be a manager?

S2：Our company didn't... ha... don't need a manager now.

S1：Oh... when shall we be a formal lawyer?

S2：Eh...

S1：就是正式的……

S2：Oh... maybe one year later.

例 3 的 S1 在互动中通过“说”，获得了三次句法结构加工的机会和两次句法调整的机会（见表 6-1）。

表6-1 语言输出的作用

序号	可理解性语言输出	句法加工/句法调整
1	More (questions to ask)... how long... how long can we... It should be... when after we... get... to be a manager?	第一次句法加工：句子结构混乱，严重影响可理解性
2	How should time to be if we want to be a manager... to be a manager?	学习者注意到了自己语言中的“空缺”，看到自己的语言输出没有被对方接受；对自己的语句重新加工，句子结构稍有改进，具有一定的可理解性
3	Oh... when shall we be a formal lawyer?	学习者还是不满意自己的语句，再进行一次加工，终于调整成功，句子结构接近了目标语语法的要求，交际功能也基本得体

但是，有的语言学家对互动理论提出了批评。（Skehan，Foster，2001）他们认为在语言交际中，学习者如果要同时处理内容和形式，学习者一般会偏重于内容，而忽视语言形式。在以意义为中心的互动活动中，学习者一般会倾向于牺牲语言形式的准确度，利用语言的冗余（Redundancy）特性，少说，回避，用近似的中介语，或用“错误”的语言形式，在语境的帮助下，闯过一个个交际的难关，其语言输出的特征是充满混乱的、不合语法的、错误的、近似的、似是而非的语言形式。学习者在交际中的这种语言行为，被称作 Getting things done，即“凑合着把事情说出来”。

语言教学研究在过去的十多年中重点研究了“如何帮助学习者在交际过程中提高语言的准确度和复杂度”这个问题。

研究方向之一是研究交际活动与语法教学的关系。这方面的研究结论表明：明显的、直截了当的语法教学（Explicit Grammar Instruction）只有非常有限的效果，明确的语法知识只有很小的一部分可以通过大量的操练转换成隐性的语言知识。明显的语法教学不会直接提升学习者在交流中语言的准确度，学习者所学的明确的语法知识与其运用英语的交际能力之间的关系非常不确定。

与明确的语法教学相关的另一方面的研究是将语言知识运用到教学活动中，形成"结构—情境—意义"的三角关系。这种方式的基本思路是先找到一个语言结构，然后想象这样的结构会在什么情境中使用，再确定具体的教学内容，譬如编写一个对话类的素材。这一方法曾作为一种专门的教学设计方法得到广泛应用，很多教材都是按照这个思路来编写的。

但是，Willis（1996）批评了这种做法，认为这种"挖陷阱"（Trapping）的方法并不能有效地将意义与形式很好地结合在一起。许多学习者并不能按照任务设计者的要求，或忠实地按照设计者所安排的语言结构来交际。此外，这种设计教学的方法也不现实，因为能够"挖陷阱"的语言知识非常少。在一个交际情境中，交际者所面临的语言形式的选择很多，他们不会轻易地"落入圈套"。总之，试图以语法形式教学为主的语言教学几乎得不到语言习得实证研究的支持。

对语言输出的研究，交际教学法和语法教学的研究都表明，学习者在学习过程中对语言形式的关注是非常重要的。如果没有对形式的关注，二语习得就很难成功。为此，互动研究非常重视学习者何时关注语言形式。

互动研究发现，学习者在交际中如果能就某个交际困难进行协商，语言习得发生的可能性就会比较高。（Pica，1994）在协商中，交际双方会参与一系列促进理解和输出的语言活动，产生澄清、重复、核对等行动。这些语言活动不仅化解了语言理解和输出方面的问题，还生成了大量的"反馈"，即"负面证据"（Negative Evidence）。学习者在这一过程中，获得了修正语言的机会。

"协商"对于二语习得的作用在20世纪90年代就得到了广泛的认可。

但是，学习者在自然状态中，即使有协商发生，也会有许多错误难以消除。Schmidt 等人报告：在外语学习的互动协商中，如果互动仅仅是帮助学习者更好地理解输入和输出，还不足以说明学习者是如何消除错误的。(Schmidt and Frota，1986；Schmidt，1990）他们的研究表明，注意力（Attention）是一个非常重要的因素，与此相关的心理活动是注意（Noticing)。Schmidt 等人在一系列的研究中都发现“注意”是学习发生的基础，是学习能否发生的决定性因素之一，尽管他的观点被认为有些极端，但注意的作用被二语习得研究界普遍接受。在学习中，选择性的注意或选择性的留意在习得中起主要的作用。学习者在互动中，如协商和重铸（Recast)，受到反馈的引导就能注意到目标语形式与中介语形式之间的差异。

Schmidt（1990）关于 Wes 的案例尤其有说服力。Wes 是一个日本裔美国人，英语是其第二语言。Wes 具有英语学习者所需要的一切条件。他有理想的语言输入、足够的输出及协商交流的机会，但是 Wes 始终讲一口“洋泾浜”英语。他的英语能满足他在生活和工作中的交流需要，但是其语言中充满了中介语。原因是在日常交流环境中，Wes 没有注意交际协商中的“负面证据”。在长期没有被指明错误的情况下，Wes 没有留意到自己的语言与目标语之间的差异。

Wes 的案例表明，在自然的语言交际中，学习者不一定会注意到中介语的“空缺”。学习者必须注意到这些差异，才有可能消除它们。母语习得不依赖“负面证据”，但二语习得却需要。如果教师的教学没有输出环节，长期只注重语言输入的学习，学生就没有暴露语言问题的机会，长期下去学生的语言体系很可能是固化了的“洋泾浜”语言。

“注意”机制的发现间接地支持了心理语言学研究中对 UG 作用的讨论。UG 在第一语言学习时与外来刺激一起共同构建了第一语言的语法，因此学习者在完成第一语言学习以后，其 UG 的原始状态已经改变。在学习第二语言时，学习者已经没有多少 UG 的资源可用了。所以，学习者已经不能像第一语言学习那样，只需要极少的“正面证据”便可构建整个语言体系。第二语言学习者主要依赖第一语言语法来构建第二语言的体系。这时，中介语中存在大量错误，如果学习者没有注意，这些错误就很难消除。这一观点有大量的实证支持。对于教师来说，这也是他们在实践中通过观察得出的结论。教师认为，如果任由学生通过中介语“错误地练习”，这种练习不仅不会提高学习者的语言能力，反而会使大量的错误因习惯成自然而固化。因而，从20世纪90年代后期起，教师渐渐停止了是否要给学生纠错的争论，转而研究给学生纠错的方式与时机。

Long（1996）提出在协商中，学习者需要关注语言形式。这是学习者关注语言形式的一种方式，是在不脱离语境、意义和交际的情况下发生的。Long认为，在交际中关注语言形式（FOF）和脱离交际的情况下关注语言形式，语言习得效果相差很大。前者有助于习得发生，后者却很难。Long的FOF与Schmidt和Pica等人关于互动的研究是互相支持的。在FOF的情况下，学习者能在中介语与目标语对比的情况下注意到自己语言系统中存在的“空缺”，这使得学习者能获得主动纠正错误的机会。语言错误的心智特性决定了只有学习者本人的努力，纠错才能真正起作用。

FOFs是学习者在脱离交际的环境中关注语言知识，FOFs为学习者提供了显性的语言知识。Long认为，显性的语言知识很难转化为语言能力。这也解释了为何传统的以结构、语法知识为中心的语言教学效率很低。最近半个世纪以来，外语教学越来越提倡在互动、协商中开展语言教学，反对以显性的语法教学为主的语言教学。

综上所述，在近二十年的研究中，互动研究在下列问题上达成了共识：（1）语言输入是二语习得的基础，没有可理解性输入，语言习得就不可能发生，而符合i和“i + 1”水平的语言最有利于习得发生。（2）在学习环境中的交际性输出能促进二语习得。二语学习者在交际活动中产生“语言假设”，在交际互动中“验证假设”。在交际性的输出过程中，学习者对中介语进行调节和反思，提升了对语言的控制能力。（3）协商有助于习得发生。有意义的协商使得语言输入更易于理解，输出的调整机会更多，可以帮助学习者发现自己的中介语与目标语之间的差距，有助于学习者进行语言反思，利于其自行纠正错误。（4）负面证据的重要性。二语习得不同于母语习得，负面证据对于二语习得具有重要的意义。二语学习者依赖对“负面证据”的“注意”机制来提升对语言的控制能力，逐步消除语言错误。

图 6–1 互动理论四要素

图 6–1 表示，互动理论强调输入与输出要和协商及反馈共同组合在一起。在一个有意义的交际活动中，这些要素共同作用于学习者，促进学习者的语言进步。除了上述四个要素，二语习得研究还有以下重要发现：

1. 互动目标与习得的关系

研究发现，不同的互动目标对习得的作用是不同的。（Duff，1986）（Long，1990）研究者将互动目标分为两类：（1）发散型目标（Divergent Goal）。在这一类目标活动中，活动者之间没有共同的目标，各人各自发表看法，最后没有明确的结果。（2）聚合型目标（Convergent Goal）。在这一类活动中，学习者要达成一个共同的目的，如说服对方、达成一致的决定、设计出一项任务等。Duff 等人发现，学习者在发散型目标的活动中习得效率不高，而在聚合型目标的活动中有大量的习得产生。因此，在教学活动中，让活动者有一个共同的目标是非常重要的教学控制手段。这一结论对教学意义重大。教师如果要学生讨论问题，就要给他们设置明确的、一致的目标，否则，小组讨论活动就没有意义，就达不到预期的效果。

Duff 同时还提出，互动的活动要自然真实（Authentic）。互动讨论的活动要符合自然语言的使用习惯，不能违背人类使用语言时正常的心理状态。自然真实并不是指任务要与现实情况完全一模一样，而是指对语言学习者而言是自然的。（Pica，2008）Pica 以信息差活动为例，说明互动活动的目的对习得的影响。在信息差活动中，A 持有一些信息，B

拥有另一些信息，A 和 B 通过互动获得对方的信息。在现实生活中，这种任务很难见到，但互动的性质却是现实生活中常见的。C 掌握了 D 感兴趣的信息，C 自然就成了 D 最佳的信息提供者，D 也有了“听力训练”的自然动机与兴趣，这样的互动就十分有利于语言习得。

例如，在一次活动中，教师将一篇阅读文章分割成 4 段，第一段描写了一场奇怪的、与众不同的音乐会，其余三段则以倒叙的方式介绍了这场音乐会。教师先让学生阅读第一段，然后三人一组，分别读一段倒叙的故事，最后全组合成完整的故事。当学生合成故事后，教师再引导学生理解故事中的重要思想，并解释与故事情节相关的语言点。（Harmer，2007）

Pica 还经常以找出不同点（Spot the Difference）的活动作为例子。在这些活动中，A 和 B 各拥有一张图片，图片上大部分内容相同，但是若干处有差异，要求 A 和 B 通过互动找出不同之处。例如，两张口语练习图片展示了大致相同的街景，A 和 B 手中图片上的商店、物品和车辆却不同，要求 A 和 B 两人通过互动来找到并说出其中的差异。在活动结束以后，教师再给予总结与纠错。（Thornbury，2002a）[100]

2. 互动内容与习得的关系

在互动过程中，活动的内容要与学习者的语言需求密切相关。在语言学习过程中，有些内容学习者很容易注意到，有些内容却很难注意到。对于学习者容易注意到的内容，学习者会按中介语的发展规律习得，他们的习得具有阶段性。例如，疑问句的习得就有六个明确的阶段。（Mackey，1985）

语言中还有大量学习者极不容易感知到的内容，如冠词、动词时态标记、介词、连接词、情态动词等。对这些语言形式，学习者不能通过中介语来习得。（Pica，2008）因此，教师需要在互动中提醒学习者注意这些知识。Pica 认为，互动设计必须有针对性，要能提醒学习者在互动中注意这些语言细节。Pica 列举了一些学习者难以注意到的语言内容。

语义透明度高的词通常比语义透明度低的词好学，因为学习者在互动中比较容易注意到它们，并倾向于用它们来替代其他语义不那么透明的词语。例如，用动词原形替代动词的其他形式，用时间状语来补充信息的缺失。出现频率越低的形式，学习者感知的难度就越大。代词指代对象多的形式会比指代对象单一的形式更让人难以感知。因此，需要有针对性地设计互动活动，以利于学习者在恰当的语境中获得这些语言知识。

尽管互动研究在二十多年里成为二语习得理论的主流之一，其作用与机理都得到广泛的认可，但二语习得界仍指出其存在的一些问题。

（1）互动研究，尤其是“意义协商”，在本质上并没有证明互动与习得之间的关系。互动研究主要是话语描述，关注的要点是在什么样的环境与条件下互动更容易发生，而并未提供因果关系的证明环节。互动纠错等实证研究并没有提供因果关系的证据。（Skehan，Foster，2001）在理论上，互动研究不能描述语言的“状态”。（Gregg，2001）

（2）互动研究的第二个问题是：学习者在互动活动中，仍然采用大量的破碎句子和语言形式。学习者关心的是完成互动活动，而非学会正确的语言形式。“凑合完事”仍然是互动中的主要特征。

（3）即使学习者开展了注重语言形式的针对性互动，仍然不能保证学习者能有效地交际，有效地关注到语言形式的差异并从中获得正确的语言形式。例如，Pica（2008）关于“Language Policy”的拼图阅读（Jigsaw Reading）关注了学习者缺失冠词的问题，但由于语言功能被排除在外，两段语料之间的差异不足以使学习者产生有意义的交际。因此，FOF就无法实现，这样的互动活动就是FOFs的翻版。正如Rod Ellis所称，这种互动其实就是一种变相的语法知识练习，学习者在活动中练习的是语言知识，而非交际性质的语言行为。（Ellis，2003a）[147]

（4）Aston（1986）指出，人们的语言交际还有一个特点，即不愿意承认自己没有听懂，因此不愿意频繁地使用追问、澄清、解释等手段。课堂中如果都是以协商、互动的方式上课，学生可学的东西会非常少，这也得到实证研究的支持。（Foster，1998）即使课堂中产生互动，学习的主要对象仍是词汇，而不是词法和句法。这些研究表明，互动虽然能促进语言发展，但是在课堂中很难应用，所以在活动的设计上必须有一定的原则和控制手段。

二十多年的互动研究产生了丰硕的成果，二语习得界对互动的作用基本给予肯定，认为这是二语习得的重要机制，因此，互动成为目前最主要的语言教学方式。归纳这些研究结果，我们可以认为，能产生良好结果的教学活动必须符合下列原则：

（1）输入的语言内容和语言形式要有一定的认知要求。这些输入的材料能够在互动中转化为可理解性内容，其意义对学习者有吸引力，能在意义上催生学生的高级思维。

（2）活动对学习者有一定的认知要求，有意义与形式两方面的语言输出。这些语言输出是基于交际目的而产生的。学习者有交际对象，所输出的内容与活动有明确的交际功能，与输入材料的交际意义和功能高度相关。

（3）教学活动能够促使学习者自然地反复加工输入语料，有反复修改和调整语言输出的机会。在符合思想、意义和交际功能的要求下，学习者能自主决定语言形式。

（4）教学活动能够促使针对交际效果和语言形式的反馈机会出现。学习者能从反馈中获得负面证据，并且有机会获得明确的“纠错信息”，从而使学习者对自己的语言产生反思，提升其语言控制能力。

符合上述要求的教学活动复杂度高，有利于提高学习者语言的准确度和复杂度，因而也是难度比较大的教学活动。

第三节 认知与外语教学活动的难度研究

互动研究虽然成绩斐然，却受到秉承“以认知为基础”的研究者的批评。互动研究在实际教学中，不能说明什么样的学习任务在互动中具有什么难度。而且，并非所有的学习者都适合互动式的学习，年幼的学习者和年长的学习者（三十岁以上）都很难用互动的方式进行学习。互动研究对学习过程的解释不充分，因此，很难直接用互动理论来分析学习任务的难度。

认知语言学的研究聚焦于学习者的学习过程，因此，它的理论对于解释学习过程的难度具有特殊的魅力。对语言学习过程难易问题做出重要贡献的是Skehan和Robinson，他们两人提出了看起来针锋相对的理论假设：Skehan的理论假设是“认知资源有限论假设”（The Limited Cognitive Capacity Hypothesis），Robinson的理论假设是“认知假设”（The Cognition Hypothesis）。

一、认知资源有限论假设

Peter Skehan认为，学习者的认知资源是有限的，当学习任务复杂度提高时，学习者有限的资源分配便是一个问题。如果学习任务复杂度提高，学习任务的难度就增加，学习者就会以牺牲输出句法复杂度为代价。（Skehan，Foster，2001）因此，学习任务的复杂度越高，学习任务越难，语言输出的质量（复杂度、准确度、流利度）就会下降。

Skehan的观点得到VanPatten（1990）的支持。VanPatten的研究表明，当语言学习者面临同时处理内容与语言形式的双重压力时，学习者通常优先把资源留给内容，而不是留给语言形式。且为了表达安全起见，会倾向于使用简单的结构和语言形式。这就是所谓的“安全第一策略”（Safety First Approach）。反过来，如果学习者遇到一个非常复杂的任务，需要相当复杂的语言来处理，学习者便倾向于用不太准确的语言形式来“对付”，“凑合”着把任务完成。这被称为“准确性最后策略”（Accuracy

Last Approach）。

Skehan 对传统的“准确度”与“流利度”的二分概念进行了重新分析。Skehan 认为学习者的注意力资源有限，因此，学习者在执行语言任务时，在流利度、准确度、复杂度三者之间存在难以兼得的情况。学习者如果关注流利度，他在准确度与复杂度上就必须有所牺牲。要么保持准确度、降低语言的复杂度，要么维持复杂度、牺牲语言的准确度。

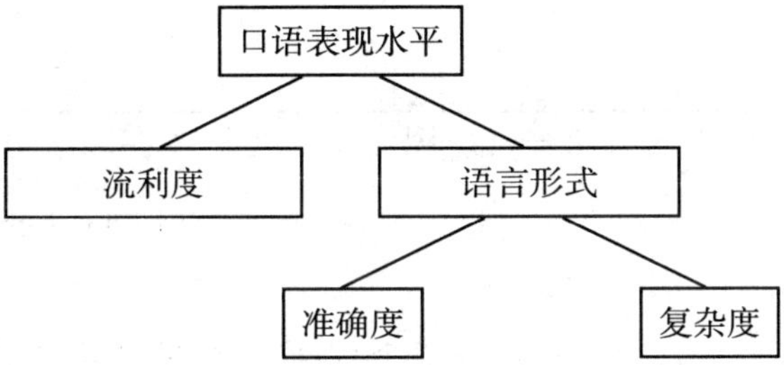

（Skehan，Foster，2001）[190]

图 6–2 认知资源有限理论示意图

Skehan 等人通过一系列实验证明了他的这种构想。实验任务如下：（1）个人生活任务（Personal Task）。①要求另一个人回家关掉忘记关的烤箱；②比较英国生活中令人愉快和不愉快的事情。（2）叙述性任务（Narrative Task）。①根据一系列没有明显故事情节的图片编一个故事；②根据一组连环画讲述一个有关人性弱点的故事。（3）决策性任务（Decision Making Task）。①根据一系列案件的描述决定是否同意法官的判决；②根据报纸专栏作者对读者来信的回复表明自己的观点。

这三组任务的复杂度逐渐增加。该实验共有 15 名受试者，每人的表现水平分别由准确度、流利度和语言形式的复杂度来衡量，最后用因子分析的方法得到如下结果：（见表 6–2）

表6–2 任务性质和流利度、准确度、复杂度之间的关系

		因子1	因子2	因子3
流利度	任务1 任务2 任务3	高	中	低

续表

		因子1	因子2	因子3
准确度	任务1 任务2 任务3	中	低	高
复杂度	任务1 任务2 任务3	低	高	中

高、中、低分别代表因子 1、因子 2、因子 3 在因子分析中的负荷。

（Skehan，Foster，2001）[191]

上述数据表示，三项任务在三个因子上都呈现出彼此冲突的现象。因子 1 表明当学习者维持较高的流利度时，其语言输出的准确度为中，语言的复杂度很低。这说明学习者顾及了流利度，就没有精力再去顾及语言的复杂度，所以采用比较简单的语言形式来完成任务。在对因子 2 的分析中，我们看到，学习者采用复杂的句子结构时牺牲了语言的准确度，但是仍然能维持一定的流利度。在对因子 3 的分析中，学习者注意了语言的准确度，同时也能维持中等程度的语言复杂度，但是牺牲了流利度，语言的意义表达得不好。

根据这些研究，Skehan 对任务特性与任务难度进行了分析。Skehan 认为任务难度由语言形式的复杂度和认知复杂度决定。语言形式的复杂度包括语言结构与变体范围、词汇负荷与词汇宽度。认知复杂度包括认知熟悉程度、认知加工、交际能力。认知熟悉程度包括话题熟悉程度、话语结构熟悉程度和任务熟悉程度。认知加工包括信息组织任务、计算 / 逻辑推理的量、给定信息的清晰度和给定信息的充分度。交际能力包括时间压力、任务幅度、参与者数量、要求输出的语篇长度、输出模态、任务的风险度、控制机会。

Skehan 等人对学习活动难度的研究表明，学习活动的难度框架可以从下列三个维度来构建：（1）输入语言（输入语言的内容、形式和输入方式）。（2）加工过程（推理负荷）。（3）输出要求（输出形式、时间压力、规模大小、风险程度）。

任务难度的研究主要是关于学习者对任务投入的注意力的研究。但是，具体的信息要比抽象的、遥远时代的信息更容易加工。解释信息的活动导致语言的复杂度提高，产生更多的假设性语言（Hypothetical Language）（Brown，1991）。Skehan 和 Foster（1997）发现决策性活动涉及难以解决的矛盾时，倾向于产生更复杂的语言输出；如果答案显而易见，输出的决策性活动语言就会简单得多。涉及此时此刻情境的任务比涉及彼时彼刻情境的任务的认知负担要轻，任务会更容易。

下列因素尚不清楚是如何影响任务的难易程度的。（Skehan，Foster，2001）

学习者特性对任务表现的影响与任务本身对任务表现的影响之间的关系是什么？例如，不同个体在注意力的分配上是否有差异？有时任务本身的性质也会导致学习者注意力的分配变化，如结构性强的任务容易使输出的流利度提高。目前这方面研究的困难在于确定人际信息加工差异是否存在，假如这一理论概念存在，就可以分析人际信息加工差异变量与语言表现变量之间的关系，而仅仅看语言表现是不能说明什么问题的。

要对任务的难度做出合理的评估，必须为任务表现的三要素（流利度、准确度和复杂度）建立联系：一种方法是将其中一个要素作为主要因素，另一种方法是三个要素分别决定权重。

任务条件对任务结果有影响。已有的观察表明，在不同的条件下实施任务，语言学习者在任务前后的状态和条件都会影响学习者在任务中的表现。这种影响是有规律的，不应该忽视。

任务的难度与任务的条件有关。通过调控下列要素，可以改变任务难度：（1）在准备活动中，预先教授任务活动中的材料。（2）在隐性的学习活动中，归纳大意，提供提示性的信息，突出关键词；进行词语索引式的学习提问。（3）在平行式、示范式或前任务（Pre-task）活动中，提供活动材料的简化版本；预先接触他人的真实任务，如观看母语者执行同样的任务。（4）在提升语言意识的活动中，让学习者检索词语索引，发现搭配规律；运用背景图式知识，如把话题信息用图表展示。

准备活动可提高学习者语言输出的准确度、流利度和复杂度。其中最明显的是复杂度与流利度，而准确度比较令人纠结。(Skehan，Foster，2001)[199] 目前研究的难点是：到底如何测量准确度效果？是什么因素影响了它？

准确度是在互动协商中观察、测量和确定的。它是中介语的主要特征指标，是学习过程和结果的反映。准确度一方面反映了学习者已有的语言知识，另一方面也反映出动态的学习过程。我们如果想研究影响准确度的因素，首先要弄清学习者正确的语言知识是怎么产生的。目前一般认为，正确的语言知识分别来自"正面证据"和"负面证据"，产生的过程是"输入—输出—注意—反馈—吸收"。这些因素处于协商状态时，它们有机地组合在一起，学习者在这个状态下习得正确的语言形式。

语言输出的准确度取决于准备活动中的材料与要求。如果材料以语言为导向，而非意义为导向，语言输出的准确度就会提高。

Skehan 和 Foster (1997) 报告了后任务 (Post-task) 活动对语言输出的影响。研究发现，如果学习者知道任务结束后会被要求展示，或有人分析他们的语言表现，他们在交际任务中就会更加注重语言的准确度。到目前为止，研究未发现对后任务活动流利度和复杂度有影响。在任务复杂度指标上，对准确度影响比较明显的是逻辑推理程度比较高、复杂程度较高的任务，如决策任务。

Skehan 的理论存在一个问题：他所说的复杂度仅仅指语言的复杂度，而不是任务的复杂度。任务的复杂度和语言的复杂度是两个不同的概念。任务复杂度是任务设计的特点，而语言的复杂度是语言的特点。这两个概念在 Skehan 和 Robinson 的文章中都没有很好地界定和讨论，使他们发生争论。

二、认知假设

Robinson(2001a)把任务的难度归结为个人因素(如学习能力、信心、动机等)。这些因素在任务中变化很大，因此，它们对任务难度的影响是无法预测的，只能在任务进行中判断。它们不可能事先影响任务的输出情况，但在任务中对输出会有影响。它们也是影响教学和任务安排的因素，如在安排小组、结对子活动时，这些因素会起作用。

Robinson 把任务的复杂度定义为区别于任务难度的一个变量，一个在任务实施之前可以操控的客观的变量，即学习者操作任务所要经历的过程与步骤、处理语言的类型和方式。它与学习者的主观变量没有关系。任务复杂度高，对认知的要求就高，任务也就被认为越难。这些变量是脱离学习者主观变量的，可以在设计任务时进行调控。

事实上，Long 和 Skehan 在任务复杂度方面与 Robinson 的观点是一致的。例如，Skehan 把任务按不同的推理要求分为三类：一是有关个人信息的任务，其复杂度低；二是叙述类任务，复杂度高于第一类；三是决策类任务，复杂度最高。因此，排除学习者个人的主观因素（如动机、能力、信息等），任务复杂度是任务难度的一个客观特征。

Skehan 赋予复杂度第二层含义，即句子结构的一种特性，如简单的陈述句，或是结构烦琐的从句、非谓语动词等结构特点。在“复杂度”的概念上，Skehan 没有做出明确的说明，只是将其默认为属于语言形式（见图 6-2）。Skehan 在讨论复杂度对语言输出表现三要素（流利度、准确度、复杂度）的影响时，由于没有对两个“复杂度”的概念进行区分，造成其论述晦涩难懂，而 Robinson 则很好地回避了这一问题。为此，本研究所采用的难度概念和复杂度概念是 Robinson 的概念，将复杂度分为任务复杂度和语言复杂度。

Robinson 认为在学习内容领域，内容复杂度越高，学习难度越大。但是任务内容的难度受到教学方法和评价方法的影响。教学方法与评价方法可以增加或者减少内容复杂度给教学任务带来的难度。在他的理论中，任务难度是由三个要素综合形成的。

任务难度 = 任务内容复杂度 + 任务的实施方式 + 任务表现的评估要求。（Robinson，2001a）[293]

他的基本思想是难度会随着任务的复杂度提高而增大。这一思想与 Skehan 思想的不同之处是：Skehan 认为，当任务的复杂度增加时，如果学习者要维持流利度和语言的准确度，就会牺牲语言的复杂度。这对于测试条件下的任务分析来说是正确的，因为在测试时，教学手段、教学材料、教学目标等变量都不存在。但是，当教学手段与教学目标变量出现时，Robinson 的理论便呈现出其优越性。

Robinson 认为，任务本身的复杂度与教学手段和评估要求有关系。在教学设计中，教学目标一般瞄准现实生活中的语言任务和任务表现，因而教师在设计教学内容时需要考虑采用真实语料来贴近现实，还是采用简写语料以便增加可理解性。二语习得研究证明，基于真实语料的扩展性文本要优于简写文本，前者能增加协商机会，而后者的认知任务过于简单，缺乏复杂度的任务不易导致协商产生（Ellis，2003b）。因此，Robinson 的分析是基于学习过程得出的结论，而 Skehan 则是基于测试获得结论的。

除任务材料的特性外，任务的条件也对难度产生影响。任务条件指学习者处理任务时在互动性方面的认知要求。该任务是单向语言活动（如单纯的听、说、读、写、译），还是互动性质的活动（如听、说、读、写综合），或是“双向”的活动？在达成任务目标中合作的程度多大？任务条件必须视设计目标来设定。如果目标是真实的语言使用，设计者就要考虑如何控制条件，是一步到位（如直接模仿真实的语言任务），还是分步骤实现？例如，要听懂银行的服务说明电话，任务的条件就应首先设计成听的任务，然后再考虑如何听的问题，以及听的训练中是否要提供支持以降低任务的难度。如果任务是学习如何在柜台上开展交易，则任务条件最好是双向的活动，然后才决定是否在双向互动中提供支持。

任务的复杂度指的是一系列教学支持、调节认知负荷的手段。它们使学习者能从易到难、从简到繁逐步进行练习。

在教学手段方面，语言输入、语言输出和评估调节的手段是不同的。这三种手段从“以意义为中心的活动”开始，对它们的评估也以意义为中心。在具体的教学过程中，对它们的评价是“意义 + 形式”并重的“负面证据”（反馈）。在真实的目标任务中，评价的重心是系统的语言知识。在整个任务的推进过程中，语言形式与意义评估交替进行，不断地检测学习者能在多大程度上运用目标语体系来完成目标任务。

但是，Robinson 关于任务复杂度的定义与学习者语言输出表现的关系论述颇令人费解。复杂度的概念在其论述中有如下含义：

（1）输入语料的复杂度。任务的内容包括输入语料、对任务的描写

和活动的说明，这种复杂度指输入的内容是简写本还是真实的原始素材，输入的形式是读还是听。（见表 6-3）

表6-3　输入内容和方式的复杂度

复杂度	低 ⟹ 高
输入内容	简写本 ⟹ 原始素材
输入方式	读 ⟹ 听

（2）操纵任务的复杂度的条件。在这里，任务的复杂度对应任务实施时的一系列手段与条件。这些手段的应用是为了降低目标任务的难度，把目标任务分解为复杂度较低的多项步骤，然后逐步地向目标任务逼近。这时，调控任务复杂度的手段有如下一些变量：①单一任务。“+”号表示任务单一，如学习者只需要听或填写内容，或只需要找出某个词语等，这是性质与操作都简单的任务。“-”号表示学习者要执行多任务（Multiple-tasking）操作，例如，在互动中一边听，一边思考如何应答，思考合适的说话内容；或者像打电话那样，一边听，一边说，还要一边做记录。②已有知识。任务的内容若只涉及学习者已有的知识，则任务的复杂度会降低，如要求学生叙述童年时代的经历，或者描述自己的工作或生活场所。任务若涉及较多的未知知识，或假设性内容较多，语言任务可能就变得复杂，任务的难度就会增加。例如，假设船舶失事，你是其中的一位乘客，你会如何脱离险境？这一任务就很难，因为学习者通常缺乏这种背景知识和经历，语言输出任务的复杂度就会提高。③准备时间。在执行任务前，若学习者有时间准备，有条件把注意力集中到最重要的内容与语言形式上，任务的复杂度就有降低的可能性；若学习者没有时间准备，在开展任务的过程中注意力资源会大量消耗，任务复杂度就会提高，任务的难度也就相应增加。④较少的活动步骤。若活动任务牵涉到多个步骤，难度就高。如根据小说演剧，学习者就要理解故事，将其转写成剧本，修改剧本台词语言，背诵台词，排练，登台演出。有的活动，如角色朗读，涉及的活动步骤较少，难度相对较低。学生只需

分配角色，按既定的对话用恰当的方式朗读即可。

任务条件的其他变量还有以下几个：①单向 / 双向活动参与方式。单向活动表示学习者单向开展的听、说、读、写等语言活动，并无交际互动发生；双向活动表示活动有两个或更多的参与者，信息交流是双向或多向互动的。双向或多向任务的难度和复杂度要大于单向任务。②聚焦式 / 发散式。当学习者多人共同参与一项活动时，看其语言活动是否有共同的目标。如有，则为聚焦式，如无，则为发散式。例如，目标是达成一致意见或做出一项集体决定，则该任务为聚焦式；若仅仅是个人发表意见，无须达成一致意见或做出决定，则为发散式。聚焦式活动的复杂度和难度要大于发散式。③开放式 / 封闭式。当任务的范围、规模、操作过程均有明确的指令时，如选择配对或按固定的格式写商业信函等，该任务为封闭式；如果任务没有明确的界限，则为开放式任务，如电影评论等，该任务的复杂度和难度就大。

上述讨论的任务性质和任务条件，其复杂度的提高均可导致任务难度的提高。这些因素因为是外界可控的，因而被界定为客观难度因素。客观难度因素可以用任务的复杂度来衡量。

Robinson 指出，学习者个人也有可能对任务的难度造成影响。在 Robinson 的理论中，“难度”既是一个客观的概念，又是一个主观的概念。Robinson 认为，导致这种人际层面差异的因素有：(1)学习者之间的关系。学习者之间的不同关系（性别、熟悉程度、权利关系）会导致学习者对任务的难易产生感知上的差异。例如，异性在一起开展的学习可能会比同性学习者一起学习的任务要容易，熟悉程度高的学习者在一起可能会比陌生的学习者在一起开展的任务容易，权利平等的学习者在一起开展任务可能会比权利差异较大的学习者在一起时容易。(2)学习者个人因素。学习者个人因素包括情感因素（如动机、焦虑程度、信心等）和能力因素（如语言学习能力、语言水平、智力等）。同一学习任务，动机强烈、焦虑度恰当、信心充足的学习者就会觉得容易，反之则会感觉难。不同能力的学习者在同一任务中，会对任务的难易有不同的感受，能力强的学习者会比能力弱的学习者感觉容易。

Robinson 认为，提高任务的复杂度有利于学习者习得二语。当任务复杂度提高时，学习者要努力表达意义，而表达意义正是习得二语的条件。这一基本思想来源于印度学者 Prabhu（1987）。他在任务教学法研究中提到，学习者是从他们所表达的有意义的话语中获得关于语言结构方面的潜意识的。这一认知机理解释了为什么复杂任务有助于提高学习者的语言学习效果。

Robinson 的这一观点与 Schmidt 关于“注意”（Noticing）的理论似乎有冲突，因为在 Robinson 的理论中，第二语言的隐性知识（Implicit Knowledge）不一定是通过有意识的注意才获得的。Robinson 的观点看似与 Long 的 FOF 也有冲突，但是，如果仔细分析 Robinson 的理论，我们就会发现两者的立场基本上是一致的。

当学习者在任务中实现语言功能时，他们的活动中包含了大量的“注意”事件，如 Probhu 所提出的三种类型：信息差异（Information Gap）、推理差异（Reasoning Gap）和观点差异（Opinion Gap）。这三种活动都包含信息差异，目标上倾向于聚合式目标（Convergent Goal）。这些活动中隐含了大量的注意机制，因此，学习者不可能不采用“注意”机制来关注形式和意义两方面的内容。所以，认知理论其实和互动理论是一致的。

Robinson（2001b）[301] 对任务的复杂度与二语发展的关系进行了全面的阐述。学习者的学习任务总是从简单开始，逐步向复杂发展，直至最后与现实世界的任务完全一致。

这种从简到繁的理论并不能说明语言习得是怎样发生的。这么做的理念是通过把任务从简到繁进行排列，帮助学习者在语言发展中找到恰当的路径和机会，从而使学习者的语言产生质的变化，而这种变化的背后就是语言的习得。这一理念是合理的，因为当学习任务逐渐趋于复杂时，学习者的心理认知操作过程会更加复杂，修正语言系统的机会更多，调整中介语的机会也更多，于是在语言输出方面更加努力。Robinson 将此推理用下表展示：

表6-4 任务要求、认知资源、学习机制、语言表现效果关系

任务要求		认知资源		学习机制	语言表现效果
任务认知复杂度、难度提高	→	更多注意力关注输入、输出、注意机制	→	注意到更多的语言规则、学习案例，阶层进阶提高，程序性知识熟悉度提高，提示信号强度增大	获得更多的语言输入，产生更多的语言输出调整

（Robinson，2001b）[302]

Robinson 的这一理论与 Skehan 的认知资源有限论假设完全不同。Robinson 关注的是任务复杂度在学习过程中的作用，而 Skehan 关注的是在一项特定的测试任务中，注意力的分配机制与语言表现之间的关系，并未涉及习得的实质问题，没有分析学习过程中任务复杂度、任务难度与语言输出三者之间的关系。

Robinson 认为，任务复杂度提高导致任务难度增大，从而使语言习得发生，使学习者获得更加复杂的语言体系。

Swain 和 Lapkin 研究了输出压力的作用。Swain 和 Lapkin 认为，当外界的交际者提高交际任务的难度时，学习者被迫关注更多的输入语料和“反馈”语料，从而有更多的机会来调整自己的语言输出；不断调整语言输出意味着语言复杂度提高，学习者向目标语靠拢。

任务复杂度的提高会引起学习任务中的功能复杂度（Functional Complexity）提高。这个过程在聚焦式任务和发散式任务的对比中表现明显。当交际者要达到一致的目标时，他们不仅要顾及表达内容上的各种语言功能，如解释、说明、分析、举例等，还必须顾及人际关系，调节各种观点的发展方向。因此，交际者会增加许多交际功能，如澄清、重复、询问、请求、强调等，这会使交际者在互动过程中大幅度增加功能复杂度。但是在发散型的任务中，交际者可以自由表达，不管他人是否同意或者是否理解，因而功能复杂度就低，交际者得到的锻炼就少。在功能复杂度提高的过程中，难度也提高了，给交际者提供了更多的练习机会，习得的语言形式更复杂。

任务复杂度的提升会引起输出复杂度和功能复杂度的增加，从而有利于学习者习得更加复杂的语言形式。与此同时，学习者在认知上提高了对输入的突显性语料的关注度，这是通过教师或交际者的反馈和互动来实现的。当任务复杂度提高时，学习者更加关注输入内容中的语言帮助，在FOF的协助下，更容易注意到要习得的语言形式。Robinson的这一理论基于Givon的研究，Givon认为语言结构的发展起源于语言功能的发展，语言功能复杂度的增加会引起语言结构的复杂度增加。因此，当学习者的语言交际能力发展时，学习者的语言交际功能逐渐丰富，学习者的语言句法结构亦逐渐进步，获得更为复杂的句法结构知识。这一结论得到很多研究的支持。（Hulstijn，1989）

但是，在实际的互动中，任务复杂度的提高会导致协商增加，更多的澄清、解释等功能出现，进而使交际双方的语言产生“短路”（Short Cut），即交际者在互动中反而采用简短的词语而不是长句或复杂句，导致在任务中大量出现单词、词组一类的语言结构。在统计上，它影响了输出语言复杂性的计算结果，因此，这有可能是Skehan等人批评互动理论的原因。Skehan认为，提高任务的复杂度只会导致学习者牺牲语言的复杂度。学习者为了保证意义的输出，流利度、准确度和复杂度三者难以兼得。因此，当任务的复杂度增加时，任务的难度增加，学习者输出语言时反而会降低语言结构的复杂度。

三、对两种假设的评价

Robinson与Skehan都没有足够的证据证明任务复杂度变化与输出语言复杂度之间的关系。在单人独立任务中，Skehan的研究似乎是正确的。在互动学习的环境中，Robinson的理论似乎也是正确的。单人独立任务的认知资源是固定不变的，如学生处于测试状态，独立完成一项任务时，他的认知资源（注意力）是有限的，因而在资源的分配上存在互相制约的状况，这在Skehan的研究中得到了证明。

但是，在互动学习的环境中，学习者的认知资源（注意力）处于开放状态。当认知资源不足时，互动的双方可以通过重复、澄清等手段为学习者提供资源支持，从而让学习者获得资源补充以维持语言任务进行，这时的输出语言即便是以单词或词组的形式出现，也具有多种交际功能。根据 Givon 的结论，功能复杂度提高会促进句法复杂度提高，因此，在任务复杂度提高时，语言输出的复杂度有可能提高。

Robinson 的研究与 Skehan 的研究一样，其结论中有一半属于推测性质，尚未得到充分的实证研究支持。从理论研究上看，两者并不完全矛盾，因此将他们视为针锋相对的理论是不妥的。

二十世纪九十年代的研究表明，内容的复杂度会导致学习过程中产生更多的逻辑连接性语句、复合句、复杂的名词结构、限定性形容词、定语从句等。这一方向的研究在二十一世纪之初得到了深化。新的研究表明，当任务挑战程度提高时，学习者语言输出的整体复杂度提高，而流利度没有明显的变化。但是，人际差异表现出显著的影响。受语言学习能力、工作记忆容量和智力三个要素的影响，任务难度所导致的输出情况有较大的分化。在逻辑推理复杂度提高时，语言的流利度与工作记忆容量和语言学习能力成反比。工作记忆容量越大、语言学习能力越强的学习者，在逻辑推理复杂度越低时，流利度反而越低，反之则越高。这说明，提高这些学习者任务的认知负荷会产生我们预期的结果，但这样做对语言学习能力较弱或工作记忆容量较小的学习者不起作用。（Niwa，2000）这项研究证实了 Robinson 早期的论述，学习者的个人因素是一个在理论上无法预设的变量，只有在学习过程中才可以确定。当教师在设计教学任务时，可控的变量仍然是那些客观变量（如输入的形式、文本的复杂程度、推理要求、输出的要求与方式等）。

学习者主观感觉的任务难易度不受任务排序影响。学习者判断任务难易程度主要是依据任务的认知复杂度（如整体难度、完成任务时对脑力的要求），而不是其他变量（如兴趣和动机等）。其他研究也支持这个结论。因此，教学任务难度可以依据学习任务的认知复杂度来决定。（Robinson，2001a）[316]

Robinson（2011）[12] 对他和 Skehan（1998）的理论做了归纳。他认为把学习者输出语言质量下降归咎为资源有限的理论是“事后解释”（Post Hoc Explanation），无法令人满意。根据现有的一些研究，学习者的语言输出失败主要是由于“行为控制”失败（Breakdown of “Action control”），而不是认知资源不足。学习者由于没有利用好学习环境中的各种资源，将注意力分配在不当的变量上，从而导致语言输出的失败。如果在任务的若干维度 / 变量上提高复杂度，如提高思维的深度、加深逻辑推理程度，会促使学习者更努力地控制语言输出，加强对输出过程的监控。任务复杂度提高，学习者输出语言的准确度和复杂度也会提高，超过在简单思维和低逻辑推理程度时的语言输出质量。这可以看作是这一争论的最新的结论。

Robinson 关于任务复杂度与语言习得可能性之间的关系被称为“认知假设”（Cognitive Hypothesis）。这一假设的最新验证来自美国佐治亚州立大学（Georgia State University）的 Kim（2012）的一项研究。该研究调查了 191 名韩国的大学生，他们在英语疑问句的句法发展上，符合 Robinson 的假设，证明任务活动的复杂度提高可引起输出语言的复杂度提高，从而促进二语习得的发展。

从认知的角度来看，较高的任务复杂度具有提升学习难度的作用，因此，被认为有利于学习者发展更加复杂的语言形式。Robinson 对这种类型的活动做了一个简单的归纳，这种类型的教学活动 / 任务具有下列功能 :（1）有利于学习者与其他互动者吸收和理解语言，并就其内容开展协商。（2）有利于学习者从互动者那里获得纠正性反馈与语言吸收。（3）有利于学习者在互动中吸收正面证据。（4）有利于学习者注意到自己语言体系的空缺，并提升元语言意识，从而使得学习策略和自我语言监控易于实现。（5）有利于学习者注意到某些概念的地道表达方式，并将其语法化，从而促进自身的语言体系发展。（6）有利于学习者将语言知识自动化，提升使用这些语言知识的流利程度，使得语言输出流利度提高。（7）有利于学习者重新思考某些事件和现象，比较正规视角与不正规视角之间的差异，提升逻辑思维和分析能力，使得语言在使用过程中更有思维深度。（8）有助于学习者牢记交际方法、过程和语言，提升语言记忆能力。（9）可促使学习者提高思维的复杂程度，努力适应更加复杂的语言，促进中介语的句法化，使中介语得以成长，从而使语言输出复杂度提高。

上述功能由于都作用在具体的语境中，有利于“形式—功能—意义”三者之间的匹配，因此，教师可实施形成性评价，学生可改善学习动机，从而使语言教学更加人性化。

本章小结

本章介绍了教材难度研究中最重要的领域：教学活动的难度研究。教学活动的难度和认知复杂度有密切的关系，教学活动的复杂度增加，会导致整体教学难度增加。反过来，难度高的内容也可以产生复杂度高的活动。教师采用互动或者协商的方法帮助学习者克服困难的过程，就是复杂度提高的最好例子。但是在传统的课程理论中，难度是人为设置的，语法结构被人为地界定为容易的语法结构和难的语法结构。这种人为的分类方法既不符合二语习得研究的理论界定，也得不到认知方面的实证支持。因此，传统课程理论难易程度的界定方法是不能用来分析教学活动复杂度和难度的。

语言学习难度问题在理论上可以用二语习得中的 UG 和可学性学说来讨论，这个问题其实就是 UG 在人类第二语言学习系统中的作用和地位的问题。当 UG 的参数仍然在二语学习中发挥作用时，二语学习就会容易，反之则困难。遗憾的是，UG 的理论目标并不是为了帮助二语教学实践，而是为了帮助理论语言学证明普遍语法的存在。因此，二语习得关于可学性和学习难度的理论，虽然对外语教学实践具有参考价值，但是还没有被外语教学界普遍接受，UG 的理论还不能直接用于分析教学活动的难度。

二语习得理论中的互动研究使教学活动难度的研究者获得了重要的启发。互动研究表明，学习者学习二语的困难在于理解互动中的输入和恰当的输出。学习者在这个过程中，要通过协商和反馈实现对中介语的修正，推动自身语言体系的发展。互动理论要求学习者尽可能地在一个综合性的交际环境中将输入、输出、协商和反馈组合在一起，这样的教学组合能提升教学活动的复杂度和学习难度，拓展学习者语言发展的机会。互动理论为教学活动难度研究提供了理论基础，但是它在难度分析方面缺乏具体的手段。

认知语言学对教学任务的难度分析提出了比较具体的方案。本章介绍了两个有着竞争关系的理论：Skehan 的“认知资源有限论假设”和 Robinson 的“认知假设”。“认知资源有限论假设”认为当任务的难度增加时，学习者为了维持流利度，就会牺牲掉语言的准确度和复杂度；或者为了维持语言的准确度，牺牲掉语言的流利度和复杂度；或者为了维护语言的复杂度而牺牲掉语言的流利度和准确度。但是 Robinson 的“认知假设”则认为，当学习任务复杂度提高时，在一定的任务条件和评价要求下，学习者反而会在准确度和复杂度方面得到更多的发展机会，从而导致学习者的语言向准确的方向发展，有利于二语习得。这两个理论看似矛盾，其实他们之间既有区别又有联系。“认知资源有限论假设”所设定的条件是学习者的认知资源处于封闭状态，如在考试中，学习者的语言表现一定会在三个要素的制约之中；但是当学习者处于资源开放状态，如在课堂学习和互动之中，有新资源源源不断地提供给学习者时，较高的任务复杂度提高了任务难度，使得学习者在语言准确度和复杂度方面获得更多的发展机会。这一假设目前已经得到许多研究的证实。

综上所述，教材教学活动研究主要关心学习者在资源开放状态下的活动难度。教材用于课堂，而课堂是一个资源开放式环境，因此，认知假设理论更加符合教材教学活动的难度分析的需要。

第七章 英语教材难度分析框架和测量方案

课程体系和比较研究理论表明，任何课程都是与特定的社会文化经济密切相关的。各个国家之间的课程难易度差异总是存在的。因此，为了使难易比较的结论有意义，我们要把难易度与当地的社会文化和经济发展相联系，这些背景信息可以解释课程难易度的合理性。只有理解了课程难易度的合理性，教育政策制定者才不会盲目地追求难或易，而是能根据国家社会文化来考虑，制定出合理的政策。

本章将在课程研究的基础上提出英语教材难度研究的分析框架。英语教材难度的分析框架应该由合理的因素构成，因素之间具有明确的关系，最后用一个指数清楚地说明各国教材之间的难度关系。这种比较同时需要参照各个国家的课程难易程度。我们要在课程难易度和课程体系研究的背景之下才可能得出合理的教材难度解读结果，才能正确地理解某一个国家的教育政策。这样的研究才能够给教育政策的决策者提供合理的参考。

本章将重点讨论英语教材难度研究的框架和工具，并解释研究工具的验证过程。

第一节　教材难度的因素

在理论上，教材难度是指教材所提供的素材、教学活动和练习等内容给学习者所造成的挑战。教材难度与课程挑战度有一定的关系，但并不完全相同。课程挑战度高并不意味着教材难，课程挑战度低亦不意味着教材一定容易。一本很难的教材可用于挑战程度很低的课程，同样一本很容易的教材也可用于挑战程度很高的课程。教师和学生在课程挑战度与教材难度之间起调节作用。

教师和学生对教材难易度的影响是显而易见的。影响教材难易度的主要是教学素材、教学活动和评价策略，以及教师的学识和课堂管理能力、教师所创造的学习环境等。学生身上也具有影响教材内容难易度的重要因素，比如学生个人的智力、动机、英语水平等。总之，影响教材难易度的既有客观因素，也有主观因素。客观因素是由教材本身的内容和特点决定的，而主观因素则来自学生和教师。（见表 7-1）

表7-1　教材难度因素分析框架

	因素类别	研究对象	影响难易的因素
英语教材难度	主观因素	学生	智力、动机、英语水平、策略
		教师	英语水平、教学技巧、评价手段
	客观因素	词汇	词汇量、词汇密度、高/低频词之比
		语法	语法活动的性质和复杂度
		文本	文本可读性
		学习活动	活动性质、类别和复杂度
		时间	在规定的时间内完成一定的教学任务

英语教材难度影响因素由主观因素和客观因素构成，但是否要对主观因素进行研究，要看研究的目的。如果研究目的是探讨某一特定的英语课程体系中教材对教师和学习者的作用，即某套教材是否适合于某一特定群体的师生，主观因素和客观因素都非常重要；如果研究仅仅是为

了比较若干套教材在知识含量、水平等级要求、学习活动复杂度方面的差异，则应排除主观因素，只研究客观因素即可。教材难度的客观因素见表 7–2。

表7–2 教材难度的客观因素

难度因素	操作概念	意义、功能和操作方法
词汇因素	词汇密度	1. 词汇密度是例符与型符之比。词汇密度越大，词汇循环的机会越小，学习越难，反之则越容易 2. 词汇密度中的“型符”绝对值也有参考意义。“型符”绝对值反映了教材的容量，“型符”绝对值越大，教材的内容越多，学习起来越难，反之则越容易
	高/低频词之比	2000词频以内的词被定义为高频词，其余被界定为低频词。低频词在教材总词数中所占的比例反映了教材词汇因素所造成的难度。低频词占比越高，教材越难，反之则越容易
语法因素	归纳性教学活动	归纳性教学活动是在动态的学习过程中产生的。教材无法表达出这种教学手段，所以教材上几乎没有专门设计的归纳性教学活动
	演绎性教学活动	演绎性教学活动是教材中普遍采用的手段，其练习方式有三类：（1）机械型练习（Mechanical Drill Activity，简称MDA活动）；（2）意义型练习（Meaning-oriented Drills，简称MOD活动）；（3）交际型练习（Communication-oriented Activity，简称COA活动）。这三种练习有不同的活动复杂度，具有统计意义上显著不同的难度
文本可读性因素	教材整体文本的可读性	英语文本中词汇和句子的复杂度会对文本的可读性造成影响，这一点已被教育界、新闻界等领域认可。可读性公式用0~100的系数来表示文本中的单词和句子复杂度，数值越大，可读性越强，反之则越弱。在本研究中，文本的可读性以整套教材为分析基础，不以100词的抽样方式计算可读性指数

续表

难度因素	操作概念	意义、功能和操作方法
教学和练习活动复杂度	教学和练习	教材内的练习和活动虽然可以有多种表现形式，但按其对语言学习的功能可分为：（1）知识性练习（指前文所称的"聚焦于形"，简称FOFs活动），这一类练习的主要目的是进行语言知识学习；（2）理解性教学活动（Comprehension-based Teaching Activity，简称COMP活动），其主要功能是为学习者提供理解性活动；（3）"形义并重"，或称为"以意义为中心的语言形式学习活动"（指前文所称的"聚焦形义"，简称FOF活动），这一类活动模拟真实的语言交际活动，为学习者创设语言学习的语境、交际目标、有意义或目的的信息交流，以及交际反馈的机会，这种活动类似于任务型语言教学活动
时间	课时	如果教材在课程方案规定的课时内全部教完，则课程标准的课时就是教材需要的课时[1]，但是教材的课时问题往往和教材所在地区的教师自主性程度有关

[1] 这一假设会受到挑战，因为在不同的教育体系，教师的自主权是不同的。在自主权较小的地区，"时间"就可认为是课标上所规定的课时。在自主性很高的国家，如日本、法国、俄罗斯和巴西，教师不一定要在规定的课时内完成教材内容。他们可以自主选择适合学生情况的内容，所以有可能教不完一本教材。这种由于自主性差异导致的教材课时上的差异属于来自教师的主观因素，在难度分析时需要排除，但是在最后解释各个地区教材难度的比较结果时必须纳入考虑。

第二节 教材、政策和教师自主性程度的关系

教材、政策和教师自主性之间存在着复杂的关系，这种关系会影响我们对教材难度的测量和解释。如果教材很难，但是教师的自主性很高，那么教育政策的目标就不一定很高。有时教材可能不是很难，但是教师的自主性很低，教师必须认真地把教材上所有的内容都教完。在这种情况下，即便教育政策的目标并不高，教材在实际的教学环境中也有可能变得很难，进而导致教学困难。因此，要恰当地解释教材难度，我们就必须先理清教材、政策目标和教师自主性程度之间的关系。

在理论上，不同的政策与教材之间形成三种体系：一是集中控制式体系（Centralized System）。政策制定者依据课程要求控制教材的编写、出版发行和使用。所有的中小学都使用由政策制定者指定编写和出版的教材，并要求以某种方式教学。二是去中心式体系（Decentralized System）。商业机构根据国家或地区的教育政策编写纯商业性教材。这些教材可能需要通过教育主管部门的审查，也可能不需要。商业机构完全通过市场行为向学校提供教材，学校或任课教师自主决定教材的选用。三是合作式体系（Coop System）。如果商业机构编写团队开发的教材已经在某些地区被证明教学效果不错，这个商业机构会努力向其他地区推广教材。为了能够推广教材，商业机构往往采用与当地教育主管部门合作的方式，吸纳该地区的教师参与教材的本地化工作，对教材中的内容做一些较小的修改，以此获得当地教育主管部门的许可，使得教材能够进入当地的中小学课堂。尽管这种做法可能对教材的质量有所影响（主要看修改幅度），并且在教育界有争议，但是在本地知识（Local Knowledge）（Kumaravadivelu，2006）[165]日益受到重视的今天，商业机构与教育主管部门的合作方式（如美国的若干州）（Chambliss and Calfee，1998）正在不断得到普及。

以上三种体系反映了教育政策对教材内容和难度的控制程度。如果某一地区的教材编写和发行以集中控制式体系为主导，教材的难度会比

较直接地反映出政策对课程难度的要求，教材难度与课程的挑战程度高度一致。也就是说，课程挑战度高，教材就会倾向于难；反之，则倾向于容易。在去中心式体系和合作式体系中，教材的编写、出版、发行虽然受国家或地区教育政策的影响，但商业机构会兼顾用户（学校、教师和学生）的利益，尊重本地知识和课堂教学文化，教材的难度就不再由政策的要求来单独决定，而是由政策要求、本地知识与本地文化共同决定。此时，教材的难度与政策所要求的课程挑战程度会出现不一致的情况。在一般情况下，教材会根据当地最高水平的学习者的需要来编写；教师会简化较难的教材内容，以适应低水平学习者的需求，而不会用低难度的教材去教高水平的学习者。教材的难度、政策和教师自主性关系见表7-3。

表7-3　教材、政策和教师自主性关系

体系类型	集中控制式体系	去中心式体系	合作式体系
政策制定者对教材编写的控制程度	高	低	妥协
政策要求的课程挑战程度与教材难易度之间的关系	一致性程度高	一致性程度低	适度的一致性
学校选用教材的方式	政策制定者审查严格。学校和教师的选择自由度小	专家审批或教育主管部门市场准入审批。学校选用，学校和教师选择的自由度较大	教育政策制定者审批和推荐。学校选用，学校和教师选择的自由度较低
适用地区	适用于教师/学校自主性非常弱的地区	适用于教师/学校自主性较高的地区	适用于教师/学校自主性弱的地区

第三节　难度的测量方法

一、词汇难度的测量方法

学术界虽然对词汇难度并没有一个明确、统一的定义，但是在前文关于词汇学习难度的讨论中，我们得出如下结论：词汇学习的难度首先源于数量的压力；其次是与词汇频率有关，高频词好学，低频词难学。词汇量构成了学习的直接负担，但是词汇密度对学习的压力影响更大。词汇密度低，教材就容易；词汇密度高，教材的词汇循环机会少，教材就难。

史宁中等（2005）提出了影响课程难度的三个基本要素：课程深度、课程广度和课程时间。其中，课程广度指课程内容所涉及的范围和领域的广泛程度，可以用知识点的多少进行量化；课程深度指课程内容所需要的思维的深度；课程时间指完成课程内容所需要的时间。

根据已有研究的结论，我们给出了教材词汇难度的一个工作定义：教材词汇难度是指一个学生在一定的学时内自学该教材的词汇的难度，包括词汇广度和词汇深度。在此我们强调“自学”是为了剔除教师的影响因素，不考虑学生的认知差异和学习动机。

词汇广度指教材的总词汇量或总词数。教材的总词汇量是一个绝对难度指标。对同一个学生而言，在规定的学时内，词汇量大的教材的词汇难度更高；要完成的教材总词数越多，词汇接触量就越大，难度就越高。词汇量和总词数之间形成词汇密度的关系。词汇密度越高，词汇的重复率越低，教材就越难；反之则越容易。

词汇深度一般指学习者对词汇关系的认识。由于词汇广度和词汇深度之间具有相关性（Milton，2009），因此，我们不必去深究学生把词汇关系学到什么程度，只需考虑高频词和低频词的比例即可（低频词主要用于表达学术和专业内容）。词汇难度因此可以综合成三个指标：教材总词数、词汇密度、低频词和高频词之比[1]。

---

[1] 难度指标必须在相同的课时条件下计算。有的地区高中是三年，有的地区高中只有两年，因此必须按课时平均值计算，排除体制方面的差异对难度值的影响。下文的难度值都基于相同的课时数计算得出。

词汇难度指标 1：教材总词数

词汇难度指标 2：词汇密度（Vocabulary Density，简称 VocDen）

词汇难度指标 3：低频词和高频词之比[1]

二、教材文本难度测量方法

对英语文本可读性的研究表明，尽管学术界指出了“可读性测量”这种方法的诸多缺点和局限性，但是可读性测量的研究在 100 多年的发展中从未中断过，而且该方法的性能变得越来越好。

本研究采用 Flesch 提出的可读性公式（Flesch，Ferry，1949）来计算可读性指数：

可读性指数(Reading Ease)=206.835－(1.015 × ASL)－(84.6 × ASW)

句子平均长度（Average Sentence Length，简称 ASL）是指整套教材句子的平均长度（总词数 / 总句子数）。平均单词音节数（Average Number of Syllables Per Word，简称 ASW）是指整套教材的单词平均音节数（整套教材的单词音节总数 / 整套教材的总词数）。

可读性指数越大，教材的文本难度越低。为了保持数据的方向性一致，教材的文本难度采用下列调整后的方式来表达：

文本难度 =1/ 可读性指数

这样处理以后的数据，数值越大，教材的文本难度便越高，反之则越低。

三、语法教学活动[2]难度测量方法

（一）语法活动的分类

语法活动练习方式分为三类：机械型练习（MDA）、意义型练习（MOD）和交际型练习（COA）。

[1] 词频的测量工具是日本早稻田大学Lawrence Anthony教授开发的一款语料库软件AntWordProfiler。该软件可以给出某一语料库的词汇统计数据和频率信息，将该语料库与给定的词频表进行比较，并将某一文本中不同级别的词用不同的颜色标出，也可以显示该文本中不同级别词汇的整体分布。

[2] 在论述教材内部因素时，“活动”指各种促成学生学习行为的、相对独立的内容，也包括练习。

机械型练习以操练语法知识为目的，其学习方法主要是“重复”。这种方式的教学理念认为语法学习需要不断地重复、强化，语言学习的过程就是一种熟能生巧的习惯培养。学习者在进行这类练习时，认知负荷很低，因而它的难度很低。

例 1 Complete these sentences with *because* or *because of*.

1. He couldn't see the view __________ the tree.
2. She was afraid __________ the dog was frightening.
3. I can't hear the music __________ he was talking.
4. He can't walk very well __________ the accident.
5. The waves are huge __________ the storm.
6. Jenny ate three bowls of noodles __________ she was hungry.

例 2 Change the following sentences into the present perfect passive voice.

EXAMPLE：We have made a plan. → A plan has been made.

1. My friend has bought a new personal computer.
2. The shop has repaired my computer very quickly.
3. An unknown virus has just attacked my computer.
4. We have not solved the problem yet.
5. The company has given its computers away to a local school.
6. The scientists have developed a kind of intelligent robot.

意义型练习向学习者提供语境，让学习者首先明白要表达的语法意义，然后在意义的引导下，运用给定的语法结构来完成练习，其形式有完形填空、看图说话等。这种练习要求学习者将句子意义与语境结合起来，因此，它的认知复杂度要高于机械型练习。在机械型练习中，学习者不必深入地理解语法意义与语境的关系，亦不必考虑输出的意义是否恰当。与机械型练习相比，意义型语法练习是较难的教学活动。

例 1 Complete the text with *be going to* or *will*.

Earth Report!

Dr Carl Wight is an expert on the environment. He speaks to our reporter, "It is clear that in the next few years the Earth's climate (1)________ change. I'm afraid that this probably means that many kinds of animals, such as the South China Tiger, (2)________ disappear soon. Changes in climate (3)________ certainly affect people's lives too. Because of global warming, the sea has already destroyed parts of Britain. It is obvious that this destruction (4)_______ become dangerous in the future. We have to take immediate action, or I fear that life on the Earth (5)________ get worse."

交际型练习需要把语法学习和有目的的语言交际结合起来。这种练习活动的典型特征是活动过程和结果的开放性，学习者必须将语法知识和自我表达、语言因素结合在一起。因此，这一类活动的认知复杂度最高，难度也最大。

例 1 Work in pairs. Discuss the statements. Use different modal verbs to say how certain you are about them. Then give your reasons.

1. People lived in the Arctic Territories in prehistoric times.
2. The pyramids in Egypt were built by aliens.
3. Humans evolved from apes.
4. In the past there was only one continent on the Earth.
5. ...your own idea.

例 2 Write about your ideal future. Think about your home, job, partner, family, etc. Write conditional sentences to explain why you would like this kind of life. In pairs, discuss your choices.

Example 1 : I'd like to live in Africa and work as a doctor. If I were a doctor in Africa, I would help a lot of people.

Example 2 : I'd like to be an astronaut. If I were an astronaut, I would ...

（二）语法练习活动分类的验证

语法练习的分类及其难度等级是理论推理的结果，这种推理未必符合实际教学情况。验证这些推理是重要的研究环节，是语法活动难度研究效度和信度的重要保证。

为了验证三类语法练习的难度等级，确保测量工具的信度和效度，本研究选取了中国某大学大一年级非英语专业的 29 名学生，请他们完成上述三种类型的六个练习，并随后在 5 分制评分表中对语法练习的难易程度打分，1 分为最容易，依次递增，5 分为最难。学生测评结果数据见表 7–4。

表7–4　语法活动分类测量工具验证结果

	人数	均值	标准差	标准误
机械型练习（MDA）	29	1.3534	0.32402	0.06017
意义型练习（MOD）	29	1.7285	0.35697	0.06628
交际型练习（COD）	29	3.000	0.33408	0.06204
总数	87			

数据分析表明组间差异显著，F（3，112）=127.44，$p < 0.05$，说明三种不同类别的语法练习题目间的难度存在显著差异。LSD 事后检验表明，机械型练习、意义型练习、交际型练习三组间差异显著，F（2，84）=221.61，$p < 0.05$，且事后两两比较检验发现各组间均呈现显著差异。

研究人员分析了六个国家高中英语教材中的语法练习，并对每一种练习赋值，赋值方法见表 7–5。

表7–5　语法练习活动赋值表

序号	类别	赋值
1	机械型练习	1
2	意义型练习	2
3	交际型练习	3

（三）语法教学点

语法教学方面的难易程度还体现在语法教学点（亦可简称为“语法点”）的数量上。语法教学点越多，学习负担就越重，反之则越轻。因此，教材中的语法教学点及其分布密度也可以反映语法学习的难易程度。

但是，语法教学点的定义是一件很主观的事情，不同的定义方法可使语法点数量产生很大差异。例如，“非谓语动词”可定义为一个语法点，也可以把 V-ing 形式、V-ed 形式和 to-V 分别定义为三个语法点。

在语法点的分析方面，我们参照了 Yule（2002）等语法著作，根据他们对语法点的讨论，同时结合所比较国家的教材，共列出下列 22 条语法点：

（1）Sentence types and elements；（2）Tenses & aspects；（3）Articles；（4）The passive voice；（5）Prepositions；（6）Adverbial clause；（7）Noun clause；（8）Relative clause；（9）Emphasis；（10）Infinitive and gerund；（11）Participles；（12）Mood（subjunctive and imperative）；（13）Degree；（14）Indirect speech；（15）“It”；（16）Word order（inversion）；（17）Conjunction；（18）Agreement；（19）Ellipsis；（20）Determiner（article 除外）；（21）Word formation；（22）Word class.

语法点的密度＝语法点总数 / 语法练习总数

语法学习的难度还受到语法点呈现方式（指用学习者母语还是用英语）的影响，用学习者母语讲解语法知识可明显降低学习难度。

（四）语法学习的难度总结

综上所述，语法学习的难度受练习方式、语法点密度、语法点呈现方式三个方面影响。为了系统地分析、比较教材中的语法教学难度，我们将上述分析归纳于表 7-6。

表7-6　语法学习难度测量方法一览表

语法练习方式	机械型练习	每项练习赋值1分	所有教材练习的分析由5位教龄为10年左右的大学英语专业的教师共同完成，他们的赋值一致性为100%
	意义型练习	每项练习赋值2分	
	交际型练习	每项练习赋值3分	

续表

语法点呈现方式	母语	用学习者母语呈现语法知识会大幅度降低学习难度，因此赋值为0
	英语	用英语呈现语法知识或讲解语法要点，或者没有任何讲解而仅以例句示范。这些方式对学习难度会有影响，通常会增加学习难度，赋值1分（英语讲解）或2分（无任何讲解）
语法点密度	语法点	语法点的判断依据为上述22个语法条目
	练习总数	语法练习的数量以教材中实际的练习项目为计算依据，有时，一项语法练习活动中有可能有好几个题目，如机械型练习中的填空题
	比例	语法点和语法练习项目个数之比构成了语法点密度的数值。语法点密度越高，语法学习难度越大，反之则越小

四、教学活动难度测量方法

（一）教学活动复杂度的理论基础

关于教学活动难度与复杂度的概念，本研究在认知难度问题上曾讨论过两种理论：认知资源有限论假设和认知假设。前者认为，学习者输出语言的准确度、流利度和复杂度三者难以兼得的原因是学习者在执行任务时认知资源有限，在资源分配时出现了冲突；而后者则认为，复杂的任务导致学习难度增加，在任务处于开放式资源环境中时，学习者输出语言的复杂度会提高，而语法复杂度的提高被视为语言发展的标志。前者比较符合测试条件，因为该测试条件属于资源封闭的状态。学习者在规定的时间和给定的外部资源条件下执行语言任务，此时输出语言的准确度、复杂度和流利度三者是难以兼得的。这种假设已经得到许多测试任务型教学中的任务难度测量研究的证实。（Ellis，2003a；罗少茜，2008）但是，这一假设不适用于课堂教学环境。课堂教学环境是资源开放式的，教学任务的复杂度提高会使任务难度和学习者输出语言的复杂度增加。在教学中，教师和学生如果处于互动状态，师生随时可以获得资源的支持。目前，在任务研究领域，后者正得到越来越多的实证研究支持。（Robinson，2011；Tavakoli and Foster，2008；Kim，2008，2012）这一理论的核心思想是任务的复杂度增加提高了任务的难度和要求，学习者需要寻求更多的资源。因此，语言任务难度的提高，可增加习得语言的可能性。这一假设在词汇和语篇水平上的句子复杂度发展研究方面都已为上述文献所证实。

认知假设理论对于指导教材教学活动来说是一个合适的理论。该理论认为任务的复杂度有两大资源类型：资源导向（Resource-directing）型（任务变得更难、更复杂）和资源耗散（Resource-dispersing）型（导致资源消耗）。这两组资源的互动构成任务的复杂度的变化。

根据认知假设理论，我们可对教材中的教学活动复杂度设计出如下分析框架。（见表 7–7）

表7–7　教学活动复杂度分析框架

资源类型	变量	认知过程	认知过程复杂度影响要素
资源导向型	+/– 即时即地 +/– 任务元素少 +/–（空间/因果/意图）逻辑推理程度低	语言输入	1. 语言输入以词/句/语篇为单位 2. 输入以文字为主（如阅读）还是以声音为主（如听力） 3. 输入时有意义配合的图片还是没有图片或者图片不起意义协助作用
资源耗散型	+/– 准备时间 +/– 单一任务 +/– 任务结构简单 +/– 活动步骤少 +/– 步骤独立程度高 +/– 已有知识丰富	语言加工	1. 加工时逻辑推理要求的高低 2. 任务是独立任务还是互动性任务
		语言输出	1. 输出单位以词汇、句子或者语篇为主 2. 任务以口头（如说的活动）还是书面（如写作）为主 3. 以独立方式完成（如个体任务）还是作为集体项目完成（如小组合作） 4. 单一任务活动（如陈述或者写作）还是多任务活动（如做探究项目）

注释：每个变量在 + 和 – 之间变化。朝 + 的方向变化时，教学活动趋于简单；反之，活动趋于复杂。罗少茜在她的研究中指出，任务的难度 = 输入难度 + 加工难度 + 输出难度。（罗少茜，2008，2009；罗少茜，Skehan，2008b）这个分析框架和本研究有相同之处。

上述理论分析为研制任务复杂度的测量工具提供了理论基础。研究者认为，通过分析活动的语言输入、语言加工和语言输出方面的要素，可以比较客观地得出各种教学活动的难度系数。这种比较结果具有足够的抽象度，有效地避免了教师教学调节和学生主观因素所造成的复杂局面，使得跨地区教材、教学活动的比较成为可能。

（二）活动复杂工具的验证

在实施活动分析之前，必须确认上述理论分析框架符合实际情况。为此，课题组设计了下列验证过程。（见图 7-1）

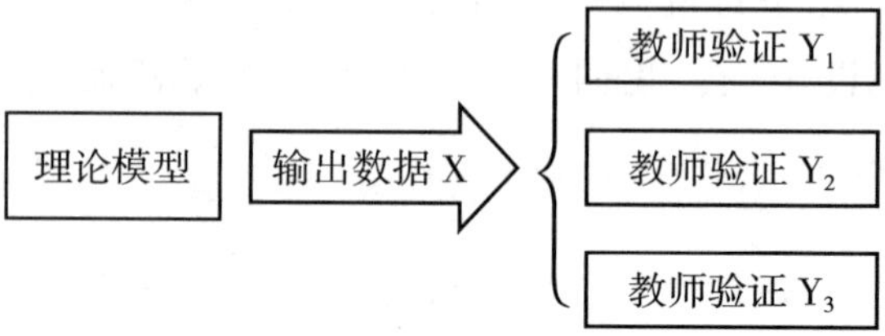

图 7-1 复杂度测量工具验证方法

注释：X 是研究者根据理论模型对教学活动复杂度给出的评分值。

Y 是三组英语教师对相同的教学活动复杂度的分析结果。

研究者希望根据理论模型输出的数据与教师凭经验做出的分析能达到 80% 以上的吻合度（$P < 0.05$）。（Hamilton，1996）[318]

如果 $X : Y_1 < 0.8$，研究者将从教师的分析中寻找原因，对理论模型进行修正，直到 $X : Y_1 > 0.8$。这一对比过程将连续进行三次，要求 $X : Y_1 > 0.8$，$X : Y_2 > 0.8$，$X : Y_3 > 0.8$。三次调整的结果为最终的理论模型。三组参与验证的教师情况见表 7-8。

表7-8 参与工具验证的教师情况

组别	验证人数	教师情况
1	26	高中英语教师，15年以上教龄
2	47	初高中英语教师，8年以上教龄
3	100	初高中英语教师，1年以上教龄

测量工具是一套由 30 个教学活动组成的调查问卷（见附录 1 Questionnaire），问卷上列出了从教材上挑选出来的各种典型活动，要求

每位教师依据其经验判断学生在完成这些活动时，在语言输入、语言加工和语言输出方面的认知复杂度，并在 5 分量表上打分，1 分为最简单，依次递增，5 分为最复杂，并对研究者讲述他们打分的理由。

在第一轮结束时，由 26 位教师组成的第一组所获得的结果没有达到 X : Y > 0.8。研究人员有两大发现：（1）活动的逻辑推理程度必须按 3 个等级划分。由于各种活动所要求的逻辑推理过程不同，教师在分析教学活动时倾向于使用“逻辑推理性一般 / 较弱”“逻辑推理方面有些要求”和“逻辑推理要求比较高”等语言来评价逻辑推理活动。因此，我们在理论框架中增加了逻辑推理程度的 3 个等级：弱、一般、高。（2）语言输出若要求为“Project”（指学习项目，类似于探究性质的活动），输出的要求会达到很高的程度。因此，在原来的理论模型中必须增加“Project”的权重，使其在认知复杂度上达到很高的等级。随着研究的推进，我们一步步改善理论模型的准确度，最后第三轮验证结束时，验证的结果如下。（见表 7-9）

表7-9　认知复杂度测量工具验证结果

理论模型输出	验证小组	一致性（R）
X	Y_1（26人）	0.865**（调整后）
	Y_2（47人）	0.895**
	Y_3（第一组）（50人）	0.867**
	Y_3（第二组）（50人）	0.877**

$p < 0.001$（双尾）

（三）教学活动类型及其复杂度

教学活动认知复杂度反映了学习过程中的难度与语言发展有关系，但又不完全一致。理论上讲，教学活动的复杂度提高，在一个资源开放的环境中可以导致学习者语言输出和语言处理过程变得更为复杂，是学习者语言发展的标志。但是在现实情况下，教学活动的复杂度仅仅反映了任务学习过程的难易，任务的类型也是一个非常重要的指标。

在理论界，教学 / 学习活动的类型大致可分为三类（Krashen，1985；Long，1996；Ellis，2003a），其特点及其对语言习得的作用见表 7-10。

表7–10 活动类型

活动类型	形式	特点及其对语言习得的作用
聚焦于形的活动	1. 配对（如同义/反义、句子解释） 2. 句子转换（如时态变换） 3. 选择题（包括判断正/误） 4. 改错题 5. 根据意义寻找词语/语法点等语言知识 6. 填空（包括完形填空） 7. 重组句子（包括用词构句） 8. 句型操练（时态/句型） 9. 翻译	特点： 1. 脱离语境的方式学习 2. 没有个人意义参与 3. 主要关注形式的准确性 二语习得研究的观点： 1. 对语言习得的作用极小，或几乎无效果（Ashwell，2010） 2. 主要起到提升和巩固显性的语言意识的作用
理解性语言练习的教学活动	1. 听/读理解活动 2. 略读/跳读 3. 无明确目标和要求的讨论题 4. 句子段落排序 5. 听/读任务（选择题和判断正误题） 6. 完形填空（无选项的） 7. 纠正错误信息 8. 归纳 9. 段落—标题/大意之间的配对	特点： 1. 语言输入、理解 2. 可能有个人意义的参与（如非常吸引读者的文章），亦可能无个人意义的参与（如对读者无吸引力的信息） 二语习得研究的观点： 1. 可理解性输入若包含适合学习者的语言，或略高于学习者水平的语言，则有利于语言发展 2. 输入是语言习得的必要条件，但不是充分条件
聚焦形义的活动	1. 解决问题 2. 克服信息差异 3. 真实生活中的任务 4. 探究项目 5. 有交际目标和互动的读/写活动	特点： 1. 对学习者来说互动的真实性很高 2. 有交际目的 3. 有“完成”的感觉 4. 有双向的协商和互动 5. 以意义为导向 6. 有一个非语言性的结果 7. 高度的个人意义 二语习得研究的观点： 1. 有极高的语言习得价值 2. 是人文主义浓郁的语言教学 3. 有助于形成性评价的确立

（四）教学活动认知复杂度数据验证

教材分析工作由 187 位教师承担，他们系统地学习了测量工具的使用和教材分析的方法，并进行了实践训练。每册教材有 900~1000 个活动，每人需分析 2000 个左右的活动。这是一项繁重的工作，因此，个人误差（如分析时的个人理解和疲倦程度等导致的误差）可能会影响到数据的质量。他们分析教学活动前的培训工具见附录 2 Sample Training，他们的分析打分工具见附录 3 Rating Model。为了保证数据的可靠性，测量工作按如下步骤开展：每一项教学活动由两人评分。当两人的数据一致性小于 0.5（Hamilton，1996）[318] 时，第三人对此活动进行分析，并对两人的数据进行分析矫正。

此外，研究小组中有 5 位教师专门组成了数据核对团队。这 5 位教师对活动分析数据按 50% 的比例进行复查和矫正，努力使评分员的分析结果保持高度一致。对活动类型分析的复查率则是 100%。数据复查比例见表 7–11。

表7–11 测量数据复查

<table>
<tr><th>分析类别</th><th>复查率</th><th>说明</th><th>一致性</th></tr>
<tr><td>教学活动认知复杂度</td><td>50%</td><td>每一项活动至少有两人分析</td><td rowspan="2">R = 0.567–0.889
Rm = 0.727
$p<0.01$</td></tr>
<tr><td>教学活动类型分类</td><td>100%</td><td>每一项活动至少有两人分析</td></tr>
</table>

教学活动的难度测量在本研究中具有重要的地位，也是最有挑战性的工作。通过对测量工具和测量数据的验证，研究小组保证了所有数据的质量。

本章小结

本章详细地展示了教材难度分析的若干重要问题。教材难度是由两方面的因素组成的，即主观因素和客观因素。主观因素是教师和学生的情况，如教师的教学手段、处理材料的方法，学生的动机、能力、英语水平等。主观因素无法纳入教材难度研究的框架之中，因此，我们在进行脱离具体教学环境的教材研究时，必须把主观因素排除在外。

在考虑教材难度时，主观因素并非可以完全排除。在最后分析教材难度时，我们必须结合某些主观因素。最重要的因素是教师的教学自主性。教学自主性既不是完全主观的因素，也不是完全客观的因素。它与文化传统、教学传统和社会传统有关。有些地区的教学自主性比较弱，教师更倾向于有一个统一的课程指导和教学内容，因此教材的编写和设计者就需要考虑这个因素。但是在某些地区，教师有很高的自主性。他们不喜欢教育政策对具体的教学进行过多的指导，而更加习惯于自主教学和决策。教材的编写和设计者应提供更多的可选内容，由教师根据教学情境来做出决定。因此，我们在讨论教材难度时，必须同时讨论教材与教学文化之间的关系。

客观因素有词汇密度、高频词和低频词之比、语法教学类别和教学活动方式、教学文本的可读性，以及教学活动的类型和复杂度。这些因素共同作用于教材，构成教材的综合难度。

教材难度的测量是一项非常复杂且数据庞大的研究任务。数据的测量首先必须保证测量工具具有可靠性。在词汇、文本可读性、语法点的测量方面，外语教学研究已经具备了充足的工具和手段，因此，测量数据比较容易得到保障。测量难度最大的是教学活动，它的难度测量是建立在复杂度测量之上的。根据认知语言学理论（认知假设），认知复杂度越高，教学活动越难。因此，测量教学活动复杂度是测量教材难度的重点所在。

教学活动复杂度和难度的关系告诉我们，学习者是在复杂的语言活动中习得语言的。传统的“以句型训练养成语言习惯”一类的行为主义教学模式之所以失败，就是因为这一类训练活动缺乏认知复杂度，学习者很难保持认知活跃度;而缺乏认知活跃度,学习者就很难发展语言能力。

为了保证研究的可靠度，研究者对难度测量工具和最后的测量数据进行了验证，确保研究数据的有效和可靠。

第八章 教材教学活动的难度测量与比较

英语教材的难度是多种因素共同作用的结果。前面的有关章节分别讨论了文本性质（可读性）、词汇因素、语法教学因素、课程负荷（课程挑战性），以及教学活动的复杂度。复杂度越高，教学活动的学习难度就越大。

教学活动的难度由两个因素构成：主观因素和客观因素。主观因素是学习者的情感要素、认知能力和教师对教学活动的改造和教学调控。客观因素指教学活动对学习者在理解、加工和输出语言时构成的负荷。本研究的目标是讨论教材对学习难度的影响，因而只讨论教材的客观因素，即活动类型和教学活动的认知复杂度。

本研究对教学活动客观因素的分析采用了定量的手段，统计活动的个数和每个活动设计要素对任务复杂度的作用，并对这种作用采用人工打分分析的方法进行衡量。活动因素和记分方法见附录3和附录4。

第一节 教材教学活动难度统计结果

本研究所设计的测量工具，经过工具验证、实践测量和数据校正以后，得出下列六套教材的教学活动复杂度数据。（见表 8–1）

表8–1 教学活动数量和复杂度平均值

国家	FOF		COMP		FOFs		年均活动数
	数量	平均值	数量	平均值	数量	平均值	
法国	50	14.14	252	10.36	1131	10.02	≈477.7（三年高中）
韩国	0	0	428	9.72	864	8.91	≈430.7（三年高中）
日本	0	0	145	9.51	557	8.53	=234（三年高中）
巴西	6	14.14	144	8.92	331	8.79	≈160.3（三年高中）
俄罗斯	73	15.68	229	10.17	603	9.69	=452.5（两年高中）
中国	11	13.55	231	10.99	599	9.59	≈280.3（三年高中）

三类活动的学习负荷是不一样的。FOFs 的学习负荷最小，其次是 COMP，负荷最大的是 FOF 活动。因此，在统计上，这些数据必须进行加权处理。加权的方法：FOF 为 3，COMP 为 2，FOFs 为 1。各种类型的活动难度分数计算公式如下：

FOF 难度分数 = 活动个数 × 难度平均值 ×3

COMP 难度分数 = 活动个数 × 难度平均值 ×2

FOFs 难度分数 = 活动个数 × 难度平均值 ×1

综合难度分数 =FOF 难度分数 +COMP 难度分数 +FOFs 难度分数

各套教材所设计的教学时间是不一样的。有的是为三年制的高中设计的，有的是为两年制的高中教学设计的。因此，经加权后的数据还必须按年数进行平均处理，处理后的年均分值见表 8-2。

表8-2 处理后的六套教材难度指数

国家	FOF	COMP	FOFs	综合指数
俄罗斯	1717	2921.5	2328.9	6967.4
法国	707	3777.5	1740.5	6225
中国	149	1914.8	1692.5	3756.3
韩国	0	1708.7	1849	3557.7
日本	0	1583.7	944.7	2528.4
巴西	84.8	969.8	856.3	1910.9

注释：数值越大，教学活动越难。

表 8-2 说明了各国教材教学活动的难度情况。从整体上讲，俄罗斯的教学活动难度最大，原因是俄罗斯教材的教学活动数量多，年均达到 452.5 个。而其他国家分别是：法国 477.7 个 / 学年，韩国 430.7 个 / 学年，日本 234 个 / 学年，中国 280.3 个 / 学年，巴西 160.3 个 / 学年。俄罗斯教材虽然在教学活动总量上少于法国教材，排第二位，但是，俄罗斯的教学活动设计中 FOF 和 COMP 两类活动所占比例远远高于法国。俄罗斯和法国 FOF 活动年均比例分别为 8% 和 3.5%，COMP 活动年均比例分别为 25.3% 和 17.5%。法国只有在 FOFs 活动比例上超过俄罗斯，法国为 79%，俄罗斯为 66.7%。由于 FOF 和 COMP 的学习复杂度远远大于 FOFs，因此，俄罗斯的教学活动难度在整体上要高于法国，俄罗斯教材的教学活动难度指数为 6967.4，而法国仅为 6225。

在所比较的六套教材中，教学活动的难度大体上可分为两类：巴西、日本和中国为一类，这类教材的特点是容量小，年均教学活动低于 300 个（巴西 160.3 个，日本 234 个，中国 280.3 个）；韩国、俄罗斯和法国为类，这类教材容量大，年均教学活动都超过 400 个（韩国 430.7 个，俄罗斯 452.5 个，法国 477.7 个）。其中，韩国和日本的教材的 FOF 活动为零。但韩国的 COMP 活动数量却在六套教材中遥遥领先，FOFs 活动数量也排第二，仅次于法国教材。

造成教材活动难度差异如此大的原因值得讨论。在韩国和俄罗斯都有对学生学习负担的担心，学生都有统一高考的压力（只有法国是例外）。为什么他们的教学活动还会如此难呢？

在分析教材和课程体系时，我们发现日本和韩国近年来强调学校和教师自主教学决策的政策导向。日本的课程理念中最重要的一条是“以学生为本”，高中阶段的英语课程强调课程的自主选择性。韩国课程体系也是如此，英语课程的灵活性与选择性是其重要特点。由于课程的选择性增大，教材的教学活动设计就必须考虑学生学习需求的多元化问题。教材既要满足大部分学生的基本要求，又要满足高水平学习者的需求。因此，教材中教学活动的容量势必要大。只有教材有了足够大的容量，教师才能在教学中根据学习者的需要选择教学内容。例如，韩国的高中英语教材中就明确把教学活动分为三类：第一类是面向所有学生的，第二类是基础的，第三类是高水平的。同样，日本的教学活动虽然多，但其分为基础和高水平两种，高中学生在选修英语课时会选择适合自己的内容学习。

巴西也有很强的自主教学传统。巴西的学校是半日学制的，教学容量很小，所以教学活动比较少，活动简单也是在情理之中。但是巴西的教材有其独特的特点，如文本素材基本上是原文，并且有具体的出处，语言质量比较高。

教材活动的量和质的差异会使教材的难易度产生很大的差异，这种差异是文本性质上的。在实际的教学中，教学的选择性会对课程的难易造成影响。但是，从课程的性质和特点来看，自主选择性越高的课程，其教材容量越大，这种教材看上去更难；反之容量越小，则看上去更容易。总之，教学活动在文本性质上的难易不能最终决定教材的客观难度。要最终判断英语教材的客观难易度，我们必须全面考察教材的各个客观因素，如词汇、语法、文本难度和课程目标之间的关系。这一问题将在后面专门讨论。

前面的数据从整体上表明了在教学活动的设计上，六套教材的难度排序依次为：俄罗斯＞法国＞中国＞韩国＞日本＞巴西（＞表示“难度

超过 / 大于”)。

在这一排序后面，我们可以看到各国英语教材教学设计的特点。难度不同是由于活动的认知复杂度不同，而认知复杂度反映了教学设计者对教师、学生、活动、方法、语言素材特点等一系列要素的看法。

第二节 教材教学活动难度讨论

为了更好地理解不同教材的教学活动设计上的特点，我们将每一项教学活动中的认知因素和该活动所获得的难度分值进行比对，从中挑选出最多不超过五个打分最高的认知因素，计算该认知因素在该活动的难度分值中所占的百分比。这可以让我们看到设计者把学习者的认知资源引导到何处（语言输入、语言加工或者语言输出），这种倾向可以反映教学活动的主要特点。

例如，在下面针对俄罗斯教材的教学活动分析中，通过综合分析，我们得知在俄罗斯教材的 FOFs 活动的难度分值中，贡献率最大的五项认知因素分别是语篇输入、低逻辑推理要求、书面语输入、语篇输出和独立学习。它们对 FOFs 活动的难度贡献率分别为 14%、10%、9%、9% 和 7%。通过这些数据我们可以看出，俄罗斯的 FOFs 活动几乎都是在语篇的层面上开展的练习活动，很少有类似于我国教材那样的单句练习。这是俄罗斯教材的一个重要特色。

一、俄罗斯英语教材教学活动难度分析

根据上一节的表 8-2 可知，俄罗斯教材难度综合难度指数为 6967.4，排名第一。表 8-3 可以用来分析俄罗斯教材的教学活动设计特点。表中列出了对三类活动难度影响最大的五个因素。（见表 8-3）

表8-3 俄罗斯教材教学活动难度主要因素

活动类型	因素	难度百分比
FOFs活动	语篇输入	14
	低逻辑推理要求	10
	书面语输入	9
	语篇输出	9
	独立学习	7

续表

活动类型	因素	难度百分比
COMP活动	语篇输入	28
	低逻辑推理要求	9
	独立学习	7
	书面语输入	7
	语篇输出	7
FOF活动	语篇输入	18
	小组活动	10
	语篇输出	10
	探究学习	8
	中等逻辑推理要求	8

俄罗斯的高中虽然学制只有两年，只有两本英语教材，但教材的内容非常丰富。两本书共有905项活动，年均达到452项之多。在这905项活动中，FOF为73项，FOFs为603项，COMP为229项，其中FOFs活动数量是所有教材中最多的。

（一）俄罗斯教材中FOFs活动难度分析

在三类教学活动中，FOFs的难度因素中有三项引人注目，即语篇输入（14%）、语篇输出（9%）和书面语输入（9%）。这表明俄罗斯教材的语篇阅读任务比较多。它们是由许多小语篇构成的练习，很多练习并不是我们想象中的故事、散文之类的文章，而是一种既有单句，又有语篇的练习。例如，下列活动的目的是练习口语，虽然看似单句练习，但是各问题之间存在联系，构成了一个小语篇。

例1 Work in pairs. Discuss these questions.

（1）Why do schoolchildren in our country change schools?

（2）Have you ever changed schools? If yes, when and why?

（3）How did you feel when you moved from primary to secondary school?

(4) What is your feeling now that you have changed schools?

(Enjoy English, 4, P.9)

上面这种练习围绕学生转学的话题展开，四个问题之间有连贯性，形成了一个小语篇，可用于口语练习和书面阅读。这样的练习比传统的单句练习好，因为它有明确的语境和交流目的。

例2　Read the text. Find where the following words appear in it. Use the words in your own sentences.

walk　prayer　tables　talking　sand　lunches　hand　ink　coal

Example: The children walked to school because it was not far from their homes.

例 2 是阅读之后的一项活动，让学习者用所给的 9 个单词练习描写与学校生活有关的事情，内容和语言都不具有挑战性。这些单词在课文中使用得十分贴切，描述了主人公在儿童时代的学校生活，符合语境。这种给单词造句的练习虽然比较简单，但由于语境非常具体清晰，因此有助于学习者关注这些单词，巩固学习效果。

俄罗斯教材里 FOFs 活动的低逻辑推理要求的难度百分比达到 10%，仅次于语篇因素（14%）。这说明俄罗斯教材 FOFs 活动中绝大多数没有意义上的思考难度。如果大量的 FOFs 练习都要求运用中、高程度的逻辑推理，教师和学生就会放弃对语言形式的关注。FOFs 类型的活动本质上是以“语言知识”为中心的教学活动，因而不可能对交际功能和交际意义给予很多的关注。(Kumaravadivelu，2006)

俄罗斯 FOFs 活动的独立学习的难度百分比为 7%，说明教材的编写者在设计这类练习时，出发点是学习者的独立活动。因为低逻辑推理要求和独立学习两个因素占比较高，FOFs 在难度 / 复杂度上的得分要低于其他两类活动（FOFs 平均得分为 9.69，而 FOF 平均得分为 15.68，COMP 活动的平均得分为 10.17）。

（二）俄罗斯教材中COMP活动难度分析

俄罗斯教材中的 COMP 活动体现了教材编写者以语篇阅读为中心的设计理念。COMP 类型的活动主要是为了使学习者能获得可理解性输入，因此听力和阅读是两种主要活动形式。俄罗斯教材的 COMP 活动以阅读为主（语篇输入 28%，书面语输入 7%，独立学习 7%），但大量的语篇阅读并不意味着学习负荷很重。两个因素降低了学习负荷：一是低逻辑推理要求（9%），阅读任务很容易，只需要理解便可直接获得答案；二是俄罗斯的 COMP 活动都是小语篇。例如，下面的练习活动虽然是 COMP 类型，但其阅读语篇很短小。

例 1　Read through the list of reasons why students go to school. Now rate the reasons according to those most and least important to you (1)~(11).

(1) to acquire general knowledge

(2) to get prepared for a future job

(3) to meet other young people

(4) to train your memory

(5) to learn something you will never use

(6) to find out what you are really interested in

(7) to please your parents

(8) to test your intelligence

(9) to learn how to study

(10) to have fun

(11) to learn discipline

上面这项阅读任务十分容易，因此被放在第一册的前半部分。在第一册的后半部分，阅读任务略具挑战性，但基本上也是用一个短小的阅读任务（如例 2）来引出另一个短小的阅读任务（如例 3），对同一个语篇进行反复加工。

例 2　Read the text and say whether the behaviour described in the text differs a lot from the behaviour in your culture.

Socialising in Britain

British people don't like to be embarrassed. They worry that they may not be able to make conversation with you, or understand what you say to them. They probably don't know much about your country (If they can guess where you are from) or your culture, and fear they might say something that offends you. They think you won't understand their jokes (And you won't!). It's actually easy to avoid this awkward encounter since they probably won't come up and start speaking to you anyway.

British people like to have a lot of their own personal space. They want their own privacy. Some British people may worry that if they make friends with you, you may not understand their social customs. They may also worry about interfering with your own personal space. If you are a woman, a British man may be concerned that you will feel threatened if he starts speaking to you.

If there are several spare seats in a public place, most British people will sit away from other people. They also don't touch each other very much, and will usually apologise if they touch someone accidentally. It is rare for people to go to someone's house without having arranged it beforehand.

(Enjoy English 10, P.148)

例3　Read the text again and make a list of "do's" and "don'ts" of behaviour in Britain. Work in pairs. Discuss your list. Does anything surprise you?

例3要求学习者带着不同的目的再回到例2的阅读材料中去，这有利于学习者深度加工语言文本，并要求学习者在深度加工文本的基础上拓展，开始语言输出活动。由于学习者有大量重复阅读的机会，这种设计无形中降低了认知上的难度。这是俄罗斯教材的一个特点。

例4　Look through the list of topics for small talk and decide which of them are safe to use and which are not. Use your work. Write your answers in the table. Then work in pairs. Compare your ideas.

travel age children weather holidays pets music hobbies gossip about somebody criticism or complaints general matters about the person complicated subjects（e.g. philosophy）	studies work money marriage food politics religion jokes that might offend（e. g. sexist or racist jokes）

（Enjoy English 10，P.149）

俄罗斯教材在阅读练习设计上很有特点。每个问题都要求学习者回到文本中仔细阅读，归纳大意，但要求不是很高，逻辑推理的负担不重。在例 4 中，设计者提供了一个新的语境和一串主题词。它们本身与例 2 构成一个连环的语境，促使学习者在理解例 2 短文的基础上再扩展一步。活动看起来形式多样，但是教学的重心始终放在理解语言的任务上，采用各种手段增加可理解性，体现了 COMP 活动的宗旨。

（三）俄罗斯教材中FOF活动难度分析

俄罗斯教材中 FOF 类型的活动达到 73 个，不仅在绝对值上远远超过其他五个国家，在年均值上（36.5 个 / 学年）也领先于其他教材。FOF 能比较好地综合输入、输出、协商互动和反馈活动，是教学价值极高的教学活动。

俄罗斯教材中的 FOF 活动集中体现了语篇输入和语篇输出的影响（分别占 18% 和 10%），学习者要根据所理解的内容，运用一定的逻辑推理，通过讨论和合作学习等方式产出复杂的语篇。例如，紧跟着例 4 的例 5 就是一项 FOF 活动。

例5　Work in groups.Discuss what kind of public behaviour in Russia may seem strange to a British person.Give examples.

这项练习较好地利用了例2阅读理解题的文本来要求学生讨论，让他们反观俄罗斯人的日常行为，写出俄罗斯人哪些行为对英国人来说较突兀，并互相交流。这一任务既有输入，又有输出，而且与一般的阅读理解任务性质不一样。它要求学习者分解出阅读材料中的重要观点和描写，观察、反思身边的社会现象，得出结论，再用英语把自己的思考结果说给同学听，从而获得协商反馈的机会。

在俄罗斯的教材中，这种FOF活动经常利用某个因素形成一连串的任务。例5和例6将例2的任务向前推进了一步，形成一个学习项目(Project)。

例6　Work in groups. Decide what public behaviour is the most irritating to you in the place where you live. Explain why you think people behave like this and what could be done to change it.

这个FOF活动把学生的道德教育和文化对比都融合到了一起。因此，可以引发师生之间的许多讨论，产生大量的思想碰撞和语言锻炼的机会。这一设计比较巧妙地利用了教学资源，是一项比较高明的教学活动设计，较好地解决了探究式学习与时间资源之间的矛盾。

在例6的练习之后，教材编写者还设计了6个活动，构成了跨文化性质的任务串，使得语言学习一直在一个意义丰富的语境中进行。

综合来看，俄罗斯教材的教学活动数量大，且都是围绕若干个重要话题组成的任务串。三类任务互相交错，既有明确语境，又灵活多变，其难度指数因而也非常高，居于六种教材之首。这就是俄罗斯教材的教学活动难度最大的原因。

二、法国英语教材教学活动难度分析

根据表8-2可知，法国教材的难度指数为6225，排名第二。法国教材三类教学活动的主要难度因素如表8-4所示。

表8-4 法国教材教学活动难度主要因素

活动类型	因素	难度百分比
FOFs活动	以句子为基础的输入	13
	以句子为基础的输出	8
	低逻辑推理要求	9
	独立学习	9
	书面语输入	9
COMP活动	以语篇为基础的输入	25
	以句子为基础的输出	12
	独立学习	10
	书面语输入	9
	低逻辑推理要求	8
FOF活动	语篇输出	19
	书面语输出	12
	互动性活动	9
	中等逻辑推理要求	9
	语篇输入	7

法国教材虽然在难度指数上位于俄罗斯教材之后，但其教学活动在数量上位居第一，法国和俄罗斯年均教学活动数分别为477.7和452.5。法国教材教学活动的难度较高与其活动数量多不无关系。

（一）法国教材中FOFs活动难度分析

法国教材中FOFs活动具有下列明显特点：（1）大量的练习都是以句子为基础的输入（13%）和以句子为基础的输出（8%）。（2）多为以书面语为基础的独立学习（书面语输入为9%，独立学习为9%）。（3）逻辑推理要求低（9%）。

从表面上看，法国教材中大量的活动都是逻辑推理要求低、语篇少、单句练习多的分离式项目（Discrete Items）。但这些看似分离的项目其实位于若干个总的语篇框架之内，各个分离式项目之间具有共建支架的关系。例如，第二册（B1）第七单元 B（Vocabulary Practice）共有 12 个教学活动，它们构成了从单词到语篇的学习支架。（Upstream，B1，P.80–81）（见表 8–5）

表8–5　法国教材中FOFs活动支架结构

序号	活动目的和特点	认知活动性质
1	活动a要求学生练习用两个名词组合成一个与职业有关的合成词，如：bus + driver → bus driver，bank + manager → bank manager 活动b要求学生描述活动a的结果（合成词）的工作特点，选择合适的词语构成句子，如：A bank clerk works from nine to five every day.	以单词和句子为基础的FOFs活动
2	要求学生用一句话说出自己喜欢和不喜欢的工作，并给出一个简单的理由，如：I'd prefer to be... because...	以句子为基础的FOFs活动
3	根据给定的词组，用一两句话说出某一职业的特点，如：A teacher needs to have a university degree，and must be good at explaining things.They should be dedicated and patient，and interested in helping others.	以句子和语篇为基础的FOFs活动
4	要求学生阅读有关6种职业人群的性格和行为特征的短文，根据给定的职业词语说出其属于哪一种性格的人，如：Risk-taker：You like to be in charge. You focus on goals and like to reach your target. You see...	以语篇输入和句子输出为基础的COMP活动
5	用给定的8个与职业相关的词语填空，如：pay、slip、applied、dismissed、unemployed、vacancy、resign、promotion、retired A：Have you found a job yet? B：I（　　　）to join the army，but I haven't heard anything yet.（答案：applied）	以单词和句子为基础的FOFs活动
6	用for、in或as填空，如：I'd like to apply（　　　）the post.（答案：for）	以单词和句子为基础的FOFs活动

续表

序号	活动目的和特点	认知活动性质
7	要求学生选词填空，可使用词典，如：I haven't had a ________（salary/wages/pay）rise for four years.（答案：pay）	以单词和句子为基础的FOFs 活动
8	根据给定的构词法，改变词形并填空，如：We can form adjectives from verbs with the suffixes：-able. Sam can't find a ________（suit）job.（答案：suitable）	以单词和句子为基础的FOFs 活动
9	练习英语中有关工作和职业的常用习语，如：Laura believed they would ask her to leave. → She thought she would get the bag/sack.（get the bag/sack 解雇）	以词组和句子为基础的FOFs活动
10	练习动词短语，如：look/ put/ carry/ go/ fall + through Can you（　　）me（　　）to Mr. Smith，please?（答案：put，through）	以句子为基础的FOFs 活动
11	游戏：要求学生用动词短语编一个故事，并选出最有趣的故事	以语篇为基础的FOFs 活动
12	写作：根据提示给朋友写一封电子邮件，说说自己心目中的理想职业 提示：（1）What is it?（2）Why is it your dream job?（3）How does it match your personality type?	以语篇为基础的FOFs 活动

活动 12 是本组练习的最后落脚点。设计者想通过一系列单句和词汇相组合的分离式活动，引导学生实现在“语篇”基础上的语言练习。这种教学活动从单个来看，逻辑要求比较低，难度不大，但是巨大的数量所产生的累计效应会提高教材的总体难度。

低逻辑推理要求必定会造成对交际意义的忽视。例如，学生在用给定的词语描述职业特征时，并没有交际的意图，而只是用给定的词语编造出合乎语法的句子。因此，学生在完成这种练习时到底能否真正学到语言知识？这是一个问题。

为了解决这一问题，法国的教材采用了按主题分类的办法，根据话题控制的原理把分离式活动按从易到难、从简单（单词）到复杂（语篇）排列，保证每个分离式项目的活动都能使学习者学到语言知识。这样设计的 FOFs 活动是以一群支架结构组成的教学活动，最大限度地弥补了无“交际需要”的缺陷，其背后的教学理念是把语言学习看成是一个逐步学会控制显性语言知识、获得交流能力的过程。这种理念强调显性知识学习的重要性，强调锻炼控制语言知识的策略和技能，并把知识和技能按照循序渐进的方式排列。它是一种吸收了现代交际思想，但又不是交际法的“以语言知识为基础”的教学策略（Kumaravadivelu，2006）。这种教学思路受到非英语母语教师的普遍欢迎，因为它便于教师在课堂上进行控制。但是，这类活动对教材编写者的英语语言水平、分析和写作能力有很高的要求。若非母语或接近母语水平者，将无法胜任此类教材的编写工作。因此，这类教学活动的教材多出自以英语为母语的专业作者之手。

（二）法国教材中COMP活动难度分析

在以输入为主的 COMP 活动中，法国教材与俄罗斯教材十分相似。两国教材的 COMP 活动最主要的难度因素都是语篇输入因素，均位于五项因素之首，这也是所有以输入为目的的活动的共性。现代外语教材已基本摒弃了脱离语境或语篇的单句输入，强调输入必须以语篇为基础。在语篇理解的要求上，法国教材的活动要求很低，多是以句子为基础的输出、低逻辑推理要求。但值得一提的是，法国 COMP 活动中还有一些中等逻辑推理要求的活动，是所有教材 COMP 活动中最难的。例如，在第二册（B1）第七单元的 Cultural Slip 教学活动中，其阅读理解题具有相当高的挑战性，逻辑推理要求达到中等程度。

Cultural Slip：Unusual Job

Listening and Reading

学习者听课文录音，再阅读，然后从下列 5 句话中挑选 4 句放到文章的空格处，最后再听录音核对答案。

A. The birds' wings are clipped so they can't fly away.
B. This is no easy task.
C. At around 5:30 in the afternoon，he feeds the birds again.
D. The responsibility falls to the Ravenmaster.
E. The ravens eat a diet of raw meat，boiled eggs and bird biscuits soaked in blood.

The Ravenmaster

Legend has it that if the ravens ever leave the Tower of London, it will crumble and disaster will fall upon England. It is for this reason that there are always at least six ravens in permanent residence at the Tower.

Of course, someone has to look after the ravens and make sure that they are fed and kept in good health. [1] __________

He is one of the Yeomen Warders, also known as Beefeaters, that work at the Tower of London, but his sole responsibility is to care for the birds.

[2] __________ In the morning, he has to get up at as early as 5 am to let the birds out of their cages, give them water and prepare their breakfast. [3] __________

After he has cleaned out the cages, the rest of his day is spent guarding various parts of the Tower, guiding visitors and answering their questions. However, he also keeps a careful eye on the birds throughout the day.

[4] __________ At the end of the day he puts the birds to bed. He puts them back in their cages and looks them up for the night around 9 pm.

The Ravenmaster needs to be dependable, responsible and dedicated. After all, it is not just the welfare of the birds he has to think about—according to the legend, the fate of the nation rests on his shoulders, too!

在这项活动中，学习者必须运用语篇阅读技能，经过一定的逻辑推理才能将 4 句话准确地插入文章之中。法国教材的 COMP 活动在语篇逻辑推理方面要求最高，很多单元的最后一篇阅读材料都要求学习者运用中等程度的逻辑推理来完成阅读活动。

（三）法国教材中FOF活动难度分析

法国教材的 FOF 活动主要集中在写作方面，要求学习者将读、写相结合（语篇输出、书面语输出和语篇输入占比分别为 19%、12% 和 7%），其互动性活动与中等逻辑推理要求占比均为 9%，在内容和交际性方面与实际写作任务非常接近。

如第三册（B2）的写作活动 Writing a Formal Transactional Letter（B2，P. 160–161），它的设计方法与 FOFs 的支架方式相同，即最后的交际任务是在前面若干个小活动的逐一铺垫下完成的。（见表 8–6）

表8–6 法国教材中FOF写作任务结构

序号	活动特点	认知活动性质
1	向学习者展示应用文的写作要领说明（Tips），即如何写信的开头、正文和结尾	以阅读为基础的COMP活动
2	分析任务：要求学习者明确写作任务，在任务描述里画出关键词，读懂一封来信	以阅读为基础的COMP活动
3	学习范文：要求学习者在范文中找出关键内容的表达方式，注意其语境，评论语言交际的恰当性（Appropriacy）	以阅读和分析文本为基础的COMP活动
4	对活动3中的关键语句进行训练，理解书面语中正确的表达方式，并熟练掌握所要求运用的句型结构。如“Could you please let me know where the award ceremony will be held? ”就比“Where will the award ceremony be held? ”更正式、礼貌	以语篇为基础的FOFs活动
5	分析文体风格与写作目的的关系：要求学习者把活动3和活动4中练习过的句子结构放入不同的写作任务中，判断意义、结构与写作目的之间的关系，学习关于语体的知识，如：Letter of Apology、Letter of Complaint、Letter of Requesting Information和Letter of Invitation	以语篇为基础的FOFs活动
6	改错：要求学习者辨别在写作中常见的错误，并纠正错误	以语篇为基础的COMP活动
7	写作：听一项新任务的录音，录音中交代了事件发生的背景，要求学习者根据录音分析出写作要点，规划写作任务	以听、写语篇为基础的COMP活动
8	学习者根据任务7的规划，综合运用上述7项活动的语言要点掌控写作过程，完成写作任务。教师反馈，检查	综合任务1至任务7的FOF任务

上述分析表明，法国教学活动的特点是内部支架丰富，在FOFs、COMP和FOF三类活动中均如此。活动之间都有很强的关联性，形成一条串联起来的比较复杂的教学活动链条。与俄罗斯教学活动不同的是，法国的教学活动内部支架多，单个活动的综合性不如俄罗斯的高，但其丰富的内部支架是其他教材难以相比的。法国的这种设计比较好地把语言知识、学习过程和英语交际三种要素综合在教学活动中。

三、中国英语教材教学活动难度分析

根据表8-2可知，中国教材的难度指数为3756.3，排名第三，仅次于俄罗斯和法国。中国教材教学活动难度的主要因素见表8-7。

表8-7 中国教材教学活动难度主要因素

活动类型	因素	难度百分比
FOFs活动	语篇输入	10
	低逻辑推理要求	10
	书面语输入/输出	8
	语篇输出	8
	独立学习	8
COMP活动	语篇输入	25
	以句子为基础的输出	10
	低逻辑推理要求	8
	书面语输出	8
	独立学习	7
FOF活动	语篇输出	20
	中等逻辑推理要求	11
	书面语输出	9
	小组互动	8
	对子互动	7

中国教材共有八册，每册由五个单元组成，FOF 活动有 11 个，FOFs 活动有 599 个，COMP 活动有 231 个。

（一）中国教材中FOFs活动难度分析

中国教材 FOFs 设计特点是以语篇输入、独立学习为主（前者占比为 10%，后者为 8%），注重在语篇层面上的输出（8%）。这就导致教材中的 FOFs 活动复杂度略高于以单句输出为主的活动（如韩国教材）。

中国教材中的 FOFs 活动经常要求学习者复述课文内容。“复述”已经超越了理解文章的范畴，重在让学习者回忆具体的情节内容，并依据内容来记忆原文中的语句。这是一种聚焦于语言形式的训练，旨在帮助学习者记住语言，尤其是把注意力集中到意义与形式联系薄弱的地方。这种练习是典型的语篇输出式的训练，但又不脱离语境。这种活动由于教学操作方便，很受中国教师和学生欢迎。

中国教材还喜欢把阅读课文中的词语拿出来单独练习。这种练习往往都是单句的填空，如人教社英语学生用书第 5 册第 20 页的练习 2。

2 Combine a verb from the left box with a word from the right box. Write down the verb phrases in the blanks. Then use them to complete the sentences.

search take slide sweep press	for up down into
(1) ______ (2) ______ (3) ______ (4) ______	(5) ______ (6) ______

(1) Where on earth did I put my belt? I am constantly losing it and having to ________ it!

(2) When we flew in the space capsule we were ________ into the sky so quickly that I did not even have time to fasten my safety belt.

(3) When we wanted the hovering carriage to speed up, we ________ hard on the driving pedal and bent over in the direction we wanted to go.

(4) After having your dinner, you must ________ all the rubbish on the floor. Let the next group of people have pleasant surroundings to eat in.

(5) After he won the competition, Li Qiang ________ his prize and

went on a time tour with his friend and guide Wang Ping.

(6) The steward opened the door of the spaceship and Li Qiang ________ sideways ________ his seat.

练习 2 这种练习曾经是中国教材和教师课堂教学的主流形式。这种练习设计起来比较容易，学习者也比较容易完成。因此，比较适合放在课后补充作业中供学习者自习，起到提升语言意识（Language Awareness）的作用。中国教材上的这种练习数量较多，一般每一道大题中有 6~10 个小题。这种练习的设计主观性很强，但学习效果比较差。（Ashwell，2010）

以下是人教社英语学生用书第 5 册第 20 页的练习 3。

3 Complete this advertisement choosing words or phrases in their proper forms.

take up	constant	tolerate	previous	lose sight of
link	adjustment	stewardess	opportunity	bend

Many people need to be reminded of the job ________ in space stations, which ________ need space cooks, cleaners, teachers, stewards and ________. You can be swiftly trained for your new job from using ________ skills. At first people may find the ________ to space life difficult to ________. However, they will be able to overcome the difficulties if their families encourage them to ________ the job. That is why we persuade families not to ________ the advantages that come from a period of time in space. For health reasons only one stay of three years is allowed. People often want to stay longer, but the ________ between illness and length of stay is strong. It is sad, but the rules cannot be ________ for anyone.

练习 3 这样的形式是很多教材设计者都喜欢采用的，即在主课文之后设计一项扩展性的活动，利用课文所创造的语境，强化语言知识的学习效果。设计者还常常利用与课文相关的素材，设计一个简短的阅读性活动（COMP 类型）。它兼具有语言输入的作用。如在下面的例子中，教材设计者围绕课文的主题，用一篇短文设计了一项基于 COMP 的 FOFs 活动。短文内容与主课文内容相关，是关于科学幻想的叙述。在短文后有两个练习，引导学习者关注短文中的词汇。

以下是人教社英语学生用书第 5 册第 22 页 Using Language。

I HAVE SEEN AMAZING THINGS

My first visit was to a space station considered the most modern in space. Described as an enormous round plate, it spins slowly in space to imitate the pull of the earth's gravity. Inside was an exhibition of the most up-to-date inventions of the 31st century. A guide (G) showed us around along a moveable path.

G: Good morning to all our visitors from 2008. First we're going to examine one of the latest forms of communication among our space **citizens**. No more **typists** working on a **typewriter** or computer! No more **postage** or **postcodes**! Messages can now be sent using a "thoughtpad". You place the metal band over your head, clear your mind, press the sending **button**, think your message and the next **instant** it's sent. It's stored on the "thoughtpad" of the **receiver**. It's quick, efficient and environmentally friendly. The only limitation is if the user does not think his or her message clearly, an unclear message may be sent. But we cannot blame the tools for the faults of the user, can we?

During the explanation I looked at the pair of small objects called "thoughtpads" on a table. They just looked like metal ribbons. So ordinary but so powerful! While I was observing them, the path moved us on.

G: And now ladies and gentlemen, we are in the "environment area". People used to collect waste in **dustbins**. Then the rubbish was sent to be buried or burned, am I right? (*We nodded.*) Well, now there's a system where the waste is disposed of using the principles of **ecology**. A giant machine, always **greedy** for more, **swallows** all the waste available. The rubbish is turned into several grades of useful **material**, such as "fertilizer" for the fields and "soil" for deserts. Nothing is wasted, and everything, even plastic bags, is **recycled**. A great idea, isn't it?

I stared at the moving model of the waste machine, absorbed by its efficiency. But again we moved on.

G: Our third stop shows the changes that have happened to work practices. Manufacturing no longer takes place on the earth but on space stations like this one. A group of engineers programme robots to perform tasks in space. The robots produce **goods** such as drugs, clothes, furniture, hovering carriages, etc. There is no waste, no pollution and no environmental damage! However, the companies have to train their **representatives** to live and work in space **settlements**. They have to monitor the robots and the production. When the goods are ready they're transported by industrial spaceship back to earth.

My mind began to wander. What job would I do? My **motivation** increased as I thought of the wonderful world of the future.

1 In pairs use the information from the reading passage to fill in this poster for the Space Station.

Modern Inventions of the 31st Century Only to be seen on the Space Station			
	Communication	Waste Disposal	Manufacturing
invention	thoughtpad		manufacturing robots
advantages	(1) (2)		(1) (2) (3)
disadvantages		None	
Come and see how they work today!			

2 Now in pairs discuss the advantages and disadvantages of living on a space station. For example: Would you like to live and work in

one? What would you do with your spare time? Prepare to report to the class.

这类活动的素材一般取自主课文裁剪下来的“边角料”。虽然属于“废物利用”，但其学习价值还是很明显的。教师能够在可控的范围内为学生提供更多的语言知识学习机会。

（二）中国教材中COMP活动难度分析

中国教材的 COMP 活动基本上也是以语篇输入、独立学习、以句子为基础的输出和低逻辑推理要求为主。但是，中国英语教材改写文本的力度很大，因此，课文文本意义的完整性、写作质量和修辞水平与其他国家的教材相比欠佳，尤其是与日本和韩国的教材相比时，差距更加明显。由于中国教师不擅于使用长语篇，因此教材编者不得不对选文进行大幅度的改写和缩写。例如，下面这篇课文 First Impressions（人教社英语学生用书第 5 册第 17~18 页）的改写痕迹就非常明显，语篇的连贯性、说话人的角度、时间的参照点、段落内容的完整性都不是很理想，部分内容令人费解。

Spacemail: liqiang299@GreatAdventureSpaceStation.com
15/11/3008 (Earthtime)
Dear Mum and Dad,

I still cannot believe that I am taking up this prize that I won last year. I have to remind myself constantly that I am really in AD 3008. Worried about the journey, I was unsettled for the first few days. As a result, I suffered from “time lag”. This is similar to the “jet lag” you get from flying, but it seems you keep getting flashbacks from your previous time period. So I was very nervous and uncertain at first. However, my friend and guide, Wang Ping, was very understanding and gave me some green tablets which helped a lot. Well-known for their expertise, his parents' company, called “Future Tours”, transported me safely into the future in a time capsule.

I can still remember the moment when the space stewardess called us all to the capsule and we climbed in through a small opening. The seats were comfortable and after a calming drink, we felt sleepy and closed our eyes. The capsule began swinging gently **sideways** as we lay relaxed and dreaming. A few minutes later, the journey was completed and we had arrived. I was still on the earth but one thousand years in the future. What would I find?

At first my new **surroundings** were difficult to **tolerate**. The air seemed thin, as though its combination of gases had little oxygen left. Hit by a **lack** of fresh air, my head ached. Just as I tried to make the necessary **adjustment** to this new situation, Wang Ping appeared. "Put on this **mask**," he advised. "It'll make you feel much better." He handed it to me and immediately hurried me through to a small room nearby for a rest. I felt better in no time. Soon I **was back on my feet** again and following him to collect a hovering **carriage** driven by computer. These carriages float above the ground and by bending or **pressing** down in your seat, you can move swiftly. Wang Ping **fastened** my **safety belt** and showed me how to use it. Soon I could fly as fast as him. However, I **lost sight of** Wang Ping when we reached what looked like a large market because of too many carriages flying by in all directions. He was **swept up** into the centre of them. Just at that moment I had a "time lag" flashback and saw the area again as it had been in the year AD 2008. I realized that I had been transported into the future of what was still my hometown! Then I caught sight of Wang Ping again and flew after him.

Arriving at a strange-looking house, he showed me into a large, bright clean room. It had a green wall, a brown floor and soft lighting. Suddenly the wall moved—it was made of trees! I found later that their leaves provided the room with much-needed oxygen. Then Wang Ping **flashed** a **switch** on a computer screen, and a table and some chairs rose from under the floor as if by magic. "Why not sit down and eat a little?" he said. "You may find this difficult as it is your first time travel trip. Just relax, since there is nothing planned on the timetable today. Tomorrow you'll be ready for some visits." Having said this, he spread some food on the table, and produced a bed from the floor. After he left, I had a brief meal and a hot bath. Exhausted, I slid into bed and fell fast asleep.

More news later from your loving son,

Li Qiang

这篇文章以一个年轻人的口吻写成，内容是向父母讲述他在太空旅行的经历。文章的叙述类似于“意识流”，很多细节一闪而过。例如，文章开篇就说：“I still cannot believe that I am taking up this prize that I won last year.”可是一直到文章结束，读者都无从判断主人公所说的this prize是什么及其为何得到这个奖励。文中的若干逻辑连词并不符合文章脉络起承转合的需要，如“So I was very nervous and uncertain at first.However, my friend...”

最突出的改写表现在对语言知识的高度重视上，例如，编者为了迎合本课语法教学的需要，将课文中大量的句子都改写成“V-ed/V-ing分词短语 + 主句”的结构，在一页约40句话中就有8个这样的句子：

1. Worried about the journey, I was unsettled...

2. Well-known for their expertise, his parents' company, called "Future Tours"...

3. ... after a calming drink, we felt sleepy...

4. Hit by a lack of fresh air, my head ached.

5. ... by bending or pressing down in your seat, you can...

6. Arriving at a strange-looking house, he showed me...

7. Having said this, he spread some food...

8. Exhausted, I slid into bed...

将近1/5的句子采用了这种句式，毫无疑问，文章的整体性和修辞效果必定受到了影响。

（三）中国教材中的FOF活动难度分析

中国教材中FOF活动的主要特点是在语篇基础上的互动与输出，并且具有中等程度的逻辑推理要求。例如，下面的活动要求学生先阅读一封来信，了解对方来信的目的，然后找到帮助对方的办法，并用英语表达出来。在这个任务中，教材给予了语篇上的支持，其他小组同学给予了交流上的支持，活动结果清晰可见，为教师提供反馈和支持创造了很好的条件。中国教材对 FOF 任务的重视程度超过巴西、韩国和日本。

1 Reading and writing（人教社英语学生用书第 1 册第 7 页）

Reading and writing	（信件）
Miss Wang has received a letter from Xiao Dong. He is also asking for some advice. Read the letter on the right carefully and help Miss Wang answer it. **1 Before you write, brainstorm with a partner about ways to change the situation. Make a list of your ideas and give your reasons. For example:**	Dear Miss Wang, I'm a student from Huzhou Senior High School. I have a problem. I'm not very good at communicating with people. Although I try to talk to my classmates, I still find it hard to make good friends with them. So I feel quite lonely sometimes. I do want to change this situation, but I don't know how. I would be grateful if you could give me some advice. Yours, Xiao Dong
Ideas	Why
1 to ask people their likes and dislikes 2 to join in discussions and show interest in other people's ideas 3 ...	1. to find classmates with the same interests 2. to get to know different people and let them see you are friendly 3. ...

2 Decide which are the best ideas and put them into an order. Then write down your advice and explain how it will help. Each idea can make one paragraph. The following sample and the expressions may help you.

Dear Xiao Dong,

I'm sorry you are having trouble in making friends. However, the situation is easy to change if you take my advice. Here are some tips to help you:

First, why not...?

If you do this, ...

Secondly, you should/can...

Then/That way, ...

Thirdly, it would be a good idea if...

By doing this, ...

I hope you will find these ideas useful.

Yours,

Miss Wang

3 Swap your letter with your partner. Look at his/her work and help to improve it. Pick out any mistakes you see in spelling, verb forms, or punctuation. Swap back. Correct any mistakes and write out your letter.

这个学习任务比较难，要求学生能够读懂信件中的内容，理解来信学生的问题，然后能够以老师的身份帮助他或她想办法，最后兼顾语言表达要求，用恰当的话写出“有用的”建议。尽管这个FOF活动的设计与Jacobs和Ball（1996）所讨论的设计要求还有一定的差距，但是如果教师有能力操控班级活动，在实践中恰当组织，这个活动是能够收到比较好的教学效果的。

四、韩国英语教材教学活动难度分析

根据表8-2可知，韩国教材的难度指数为3557.7，排第四位。韩国教材教学活动难度在排名上位于中国之后，比中国的教学活动要稍微容易一些。对其教学活动难度影响比较大的因素见表8-8。

表8-8 韩国教材教学活动难度主要因素

活动类型	因素	难度百分比
FOFs活动	以句子为基础的输入	12
	低逻辑推理要求	11
	书面语输入	10

续表

活动类型	因 素	难度百分比
FOFs活动	独立活动	10
	语篇输入/输出	9
COMP活动	语篇输入	30
	低逻辑推理要求	11
	独立学习	10
	听力/阅读形式的输入	7
	以句子为基础的输出	30

韩国教材的教学活动分为三个等级：一是面向所有学生的活动，二是面向语言水平较高的学生的活动，三是面向语言水平较低的学生的活动。如果三类学生的教学活动全部计算在内，韩国的教学活动难度系数会因为活动数量激增而大幅度提高，超过中国教材。为了满足可比性要求，韩国的数据被加权处理，处理的方式是在活动数量上乘以 2/3。

另外，韩国教材缺乏 FOF 活动，这导致韩国的教材缺乏交际性，教材中的活动都是语法练习和语言输入性质的练习。

（一）韩国教材中FOFs活动难度分析

韩国的 FOFs 活动与俄罗斯、中国的 FOFs 活动十分相似，都是利用主课文的语言资源来设计词汇练习和句子练习，主要是书面语和独立学习的形式。韩国的 FOFs 活动一般用于练习从主课文中挑选出来的若干句型。但是挑选这些句型的随意性似乎很大，这是东亚地区的英语教材存在的普遍现象。例如，在练习 Language in Context 中，编者挑选若干句型让学生练习。

（English 2，P. 21–22）

Language in Context

Expressions

What I really want to do is...

—What I'd rather do is...　　—What I'd like to do is...

The best thing to do is...

—If I were you, I would...　　—I recommend...

Everything will work out.

—Everything will be fine.　　—Things will turn out okay.

Complete the conversations with expressions from the box above.

1. A: How can I get to Orange County?

   B: It's quite far from here. ____________ take a taxi.

2. A: I think I did poorly on my essay exam. What if I failed?

   B: Don't worry. ____________.

3. A: What are you going to do this weekend?

   B: I have to spend the whole weekend with my nephew, but ____________ go to a movie with my friend.

Phrases

end up　finally be in a particular place or situation

I took the wrong bus and *ended up* on the opposite side of the town.

come across　find something or meet somebody by chance

Sarah told me about an enormous gallery she *came across*.

get by　manage to live or do a thing using the money, ability, etc. that you have

Many people said a trip to western Europe would be very expensive, but we *got by* on less than a thousand dollars.

Fill in the blanks with expressions from the box above. Change the verb form if necessary.

1. I ____________ a friend whom I had not seen since I left for Chicago.

2. I could barely ____________ working two part-time jobs.

3. After years of devoting her life to education, she __________ as the principal of the school she graduated from.

Structures

A. My father had no **idea that someday there would be an Internet.**

That 이 idea, news, fact 같은명사다음에위치하여동격으로앞에나온명사를설명하는역할을한다.

She was unwilling to hide *the fact that she hadn't gone to college.*

Complete the sentences with expressions from the box.

1. The news that ________________________________made me happy.

2. I agree with your opinion that ________________________________.

3. The idea that ________________________________ was brilliant.

my father had won a seat in Congress   we need to talk more
every member in the club can be a leader

B. I used to blame my father **for having splashed** cold water on my dream.

전치사의 목적어로 쓰인 완료 시제 절은 주절 동사보다 한 시제 앞선다.

He was criticized for *having deserted* his friend in a time of need.

Complete the sentences using the given words.

1. I was criticized for ___________ the meeting. (not attend)

2. I was ashamed of ___________ an F in science. (got)

3. She was proud of ____________ a chief executive officer in her thirties. (become)

C. You owe it to yourself **to follow a career in which you find fulfillment and joy.**

to 부정사, 동명사, 명사절이 목적어로 길게 쓰일 경우, 가목적어 it 을 쓰고 이것들을 문장 뒤에 쓴다.

If your current schedule makes *it* difficult to *find the time for exercise*, change it.

Put the given words in the proper order.

1. Personally I find (to, it, better, in the evening, study).
2. I (best, to, consider, it) say nothing about the incident.
3. The rising standards make (a good university, it, to, difficult, qualify for).

上述练习的设计方法是从课文中挑出一个句型（如 What I'd like to do is...），然后设计 3~4 个句子让学生练习。这类练习的注意力主要放在语言结构上，学习价值并不高。从量的方面来看，3~4 个句子的练习量很难得到有效的语言学习。这种设计方法在日本、韩国的教材中很常见。

（二）韩国教材中COMP活动难度分析

韩国教材中的 COMP 活动也是基于语篇的输入，而且语篇的篇幅比较长，和日本的 COMP 语篇长度相似（日本、韩国的课文均为 1000 字左右），比中国的 COMP 篇幅长（中国的课文为 600~700 字）。这说明韩国对语篇长度的认识和中国不一样，他们的教学不回避长课文。语篇篇幅长有利于语言的可理解性输入，因而被普遍认为有利于学生的语言发展。但是长语篇对教学压力比较大，尤其对以语言知识为中心的教师来说，长课文难以在规定的课时内讲完，从而影响教师对教学进度的掌控。

韩国的 COMP 活动所附带的阅读活动数量少，而且非常简单，只要求学习者在整体上理解故事或文章主旨即可。例如，在一篇长达一千多字的议论文“Listen to Your Inner Voice”后，教材编写者设计了如下两个任务。

任务 1：Reading Comprehension Questions.

（1）Why did the writer decide to do something other than writing？

（2）What did the writer realize recently？

（3）What did the writer's father assume when he heard about his daughter's decision to be a writer？

（4）Why did the writer feel ashamed of herself？

（5）What does the writer insist people should do to be happy？

任务 2（English 2，P. 21）：Complete the table using the sentences from the box.

After You Read

A. Complete the table using the sentences from the box.

Why You Need to Listen to Your Inner Voice

Reason 1 ______________________________

—It's a mistake to say，"There's no money in writing." J. K. Rowling and Dan Brown show that a writer can become rich.

Reason 2 ______________________________

—Besides novels，there are many forms of writing，such as movie scenarios，articles for newspapers or magazines，copy for advertisements，etc.

Reason 3 ______________________________

—Do what you really love to do and you will earn enough money to get by.

There's always more than one option.

Don't let someone place a limiting belief on you.

Money is not the right focus.

B. Write T if the statement is true, F if it is false.

______1. The writer gave up her dream because she lost interest in it.

______2. The writer finally realized that her father's decision was right.

______3. The artist who made silver jewelry had been a lawyer.

C. Choose the main idea of the reading passage.

① Success does not spring from luck but from effort.

② Happiness lies in finding what you want to do in life.

③ The secret to success is to know something that nobody else knows.

上述活动主要集中在对语篇的理解上。为了降低阅读难度，设计者先用细节提问的方式（见任务 1）帮助读者理解课文，然后用填空的方式（After You Read 中的练习 A）帮助读者归纳课文大意，最后用做选择题的方式（After You Read 中的练习活动 B 和 C）让学生注意文章的主题思想。阅读理解的设计思路很清晰，但是这些练习的要求都非常低，基本上都不是开放式的任务，学生只需要根据问题在课文中找出答案即可。课文所提供的思想和语言资源未得到充分的利用，在阅读训练中学生也没有机会来表达自己的感受。这种教学设计强调了阅读理解的作用，但是对于理解文章的表面意义和解读文章的深层意义之间的区别关注不够，错失了很多深入学习的机会。总之，韩国的 COMP 教学活动难度主要来自文章的篇幅，而不是来自学习活动的认知复杂度。

除一般的阅读课文外，韩国教材的 COMP 活动还包括许多与课文主题有一定关系的短小语篇，有时还会把课文中的某一段抽出来另外设计一个活动。例如，在针对课文的理解活动结束后，编者设计了一个批判性思维（Critical Thinking）活动，如 Lesson 1　Listen to Your Inner Voice 课文后的活动。

Read the passage and complete the chart below.（English 2，P. 26）

Critical Thinking

Read the passage and complete the chart below.

Steps to Take to Pursue Your Dream

One of the differences between successful people and the ordinary is their willingness to follow their inner voice. Successful people know what they want and pursue their dreams. The results are usually positive. Most ordinary people, however, are not tuned in to their inner voice. It is difficult for them to know what they want. They need to learn how to listen to their inner voice. It takes a while but once they listen, they need to develop the courage to do as it says.

You don't need to stop everything and head off towards your dreams. What I'm saying is to stop and listen to your inner voice, and honor it. Ask yourself what you need to do to be happy. What are your strengths? What are your passions? Then take small steps to begin to explore your interests. Life is too short to turn your back on your dreams. Start listening to your inner voice today and watch the adventures begin!

(Steps to Take to Pursue Your Dream)

Step 1 Learn ____________ your inner voice.

↓

Step 2 ____________ to do as your inner voice says.

↓

Step 3 Take small steps to begin to ____________.

Think! 1. Do you know how to listen to your inner voice?

2. What is your vision for the future?

3. What are you doing now to realize your dream?

这篇短文练习虽然被冠以“批判性思维”之名，但其主要作用仍然是阅读理解，所设计的讨论题目内容空洞，难以激发学习者产生深刻的语言学习认知活动。

另一类 COMP 活动是对主课文进行延伸，为下一步活动创造机会（引出写作提纲），如下面的 Think & Write（English 2，P. 30-31）活动。

Think & Write

Step 1　Read the interview article with an opera singer, Paul Potts.

Interviewer : What did you do before becoming a singer ?

Paul : I used to sell cellphones, but since winning a talent show, I've become an opera singer.

Interviewer : How's your life now ?

Paul : Now I'm on a world tour, doing 65 shows in 13 countries. And my album is a big hit. It's unbelievable considering I was selling phones this time last year.

Interviewer : When did you first become interested in singing ?

Paul : I've always loved singing. I couldn't get along with people my age, so I found an escape in singing. Music was my best friend.

Interviewer : When was the hardest time of your life ?

Paul : Three years ago, I was sick. I couldn't work, so I couldn't afford voice lessons at that time. It was depressing.

Interviewer : What are your plans for the future ?

Paul : What I'd like to do is to keep singing as long as possible. I feel great when I sing.

Step 2　Fill in the blanks based on the article above.

A year ago, Paul Potts was selling cellphones but since __________, he has become a world-famous opera singer. He is now on a world tour, doing 65 shows in 13 countries, and his album is a __________.

He has always ____________. As a boy, he couldn't get along with people his age, but he found an ____________. Music was his best friend.

Three years ago, he was terribly sick. As he couldn't work and didn't have enough money, he had to stop his voice lessons. It was ____________ for him.

Now as an opera singer, he hopes to keep singing ____________. He is doing what he loves to do and fulfilling his dream.

上述练习活动其实并没有独立写作的成分，其基本教学思想是让学习者按提供的框架（词语和句型）填空。因此，这些练习的本质并非语言交流，而主要是反复进行语言输入。这种设计方式导致韩国的COMP活动中语篇输入的难度百分比高达30%，仅次于日本教材（32%）。

韩国教材并没有设计FOF活动，说明教材编写者不注重交际型教学（Communicative Language Teaching）在课堂教学中的作用。

五、日本英语教材教学活动难度分析

日本教材的教学活动难度相对较低，排名第五。日本教材和韩国教材一样，只有FOFs活动和COMP活动，没有FOF活动。这使得日本教材缺乏交际性。影响日本教材教学活动难度的因素见表8-9。

表8-9　日本教材教学活动难度主要因素

活动类型	因　素	难度百分比
FOFs活动	书面语输出	13
	独立学习	11
	低逻辑推理要求	11
	以句子为基础的输入	9
	书面语输入	9

续表

活动类型	因 素	难度百分比
COMP活动	语篇输入	32
	低逻辑推理要求	11
	独立学习	11
	书面语输出	9
	以句子为基础的输出	9

日本教材的教学活动具有显著的日本特色，整体难度很低，难度指数只有2528.4，排名第五，远远低于中国（3756.3）、韩国（3557.7）的教材。日本教材在很多地方与韩国的教材类似，例如，在文章旁边注释大量的俗语和句法要点，FOFs练习基本上以语法结构练习为主，词语练习很少。

（一）日本教材的FOFs活动难度分析

日本的FOFs活动以单句语法练习为主（书面语输出占13%，以句子为基础的输入占9%，独立学习占11%），所练习的语句取自阅读课文。练习活动以语言结构为中心，语篇很少，句子都是在缺乏语境的情况下呈现。例如，在第二册第三课The Wonderful World of Smells中，课文之后的语言训练项目如下：（Tokyo Shoseki，Prominence English II. Grammar，P. 43–45）

37. 助動詞 +have+ 過去分詞：過去のことについて推量したり、判断を下したりする表現

a. People *must have used* their sense of smell to judge food.（P.36, 1.2）

b. Cleopatra *may have been loved* because she was fragrant with the smell of roses.（P.39, 1.7）

c. Taro *can't have finished* his homework all by himself.

d. I *should have studied* harder yesterday.

e. You *need not have gotten* up so early.

38. 関係代名詞の非制限用法（挿入）：先行詞を追加的に説明する表現

a. Cleopatra, *who is famous for her beauty*, was fragrant with the smell of roses.（P.39, 1.7）

b. Shakespeare, *who wrote a lot of plays*, was born in 1564.

c. The party, *which started at six*, lasted until eleven.

d. Dogs, *which have a strong sense of smell*, are often used to help the police.

39. 倒置：「主部 + 述部」の語順が逆転する表現

副詞（句）を強調するために「主語 + 助動詞」の語順が逆転したり、主語を強調するために「主語 + 動詞」の語順が逆転することがあります。

a. *Only one day before a day off can they* even think of eating spicy food.（P.40, 1.11）

b. *Only by leading a life like this can they* stay in good condition to test many different kinds of fragrances.（P.40, 1.13）

c. *Never have I* seen such a tall woman.

d. *After the earthquake came the big tsunami.*

e. *Up goes the plane.*

f. *Here comes Kazuya*!

练习 37、练习 38 和练习 39 运用了课文中的三种语法知识。学习以后，学生可以做下列练习（练习 A 至练习 E）：

Exercises

A　下線部①～⑤のうち、文脈から考えてどれがいちばん強く発音されるかを記号で答えましょう。

① Humans became　② interested in　③ scents after they ④ discovered how to use　⑤ fire (P. 36, l.6)

B　(　　)内に適切な関係代名詞を入れ、文の意味を考えましょう。

1. The couple, (　　　) had been abroad for a month, came back this morning.

2. The bus, (　　　) is usually late, came on time this morning.

3. Mr. Sato, (　　　) had been sick in bed, left the hospital yesterday.

4. The movie, (　　　) Miki said she enjoyed, was not interesting to me at all.

C　日本語の意味に合うように、(　　)内に適切な語を入れましょう。

1. 兄は毎晩代々木公園内でジョギングをしています。

My brother (　　　) (　　　) in Yoyogi Park every evening.

2. そのイヌは我々が捜していた男をにおいで探し出しました。

The dog was able to (　　　) (　　　) the man we had been (　　　) (　　　).

3. すみませんが森先生は今日はお休みです。伝言を承りましょうか。

Sorry, Mr. Mori (　　　) (　　　) (　　　) (　　　) today.

Can I take a message ?

4. もっと早く家に帰るべきでした。

I (　　　) (　　　) (　　　) home earlier.

5. ユキはパーティーにいたはずです。そこで彼女を見かけました。

Yuki must (　　　) (　　　) at the party. I saw her there.

6. この標識は暗くなると光を発します。

The sign (　　　) (　　　) light when it gets dark.

D 意味が通るように(　　　)内の語(句)を並べかえましょう。ただし、文頭にくるべき語も小文字で始めています。

1. (a big city / comfortable / in / is / living / necessarily / not).

2. (a / a / about / for / for / going / how / walk / while)?

3. (a / cream puff / from / is / made / what)?

4. (do / happen / he / know / lives / to / you / where)?

5. Out (a / came / cat / little).

6. Never (did / dream / I / it / of).

E 下線部を入れかえて、あなた自身が最近偶然経験したことについて表現し、発表しましょう。

I happened to <u>see an old friend of mine on the train</u>.

练习 37、38 和 39 主要是练习语言结构，这是每课编排的基本格式。在这一课中，教学目标之一是练习“助动词 + have + 过去分词”。由于编者没有提供语境，因此，“助动词 +have+ 过去分词”所具有的多种功能和意义都不能清楚地得到表达。

练习 A 至练习 E 五项词语练习也是着力培养学生孤立的语法知识，与课文没有关系，没有其他语境支持，所以学生没有机会运用这些语言知识。

这些练习都是用单句的方式练习语法知识，逻辑推理要求很低，学生以独立学习的方式完成这些任务，因此，其语言训练的效果较差。

(二)日本教材的COMP活动难度分析

日本教材的 COMP 活动独具特色，十分注重课文题材与思想性，关注日本文化及世界多元文化的素材。这种选材策略与日本的英语教学理念十分吻合，因为日本教育界认为日本学生学习英语的首要目的是了解世界文化。日本教材中的阅读素材明显是经过精通英语和日本文化的专家改写的，文字优美，写作质量上乘。教材还大量采用 20 世纪 70 年代之前的流行歌曲和电影片段。这种做法不仅避免了版权问题(降低教材的出版成本），还可以展现英语国家的传统文化。

日本 COMP 活动的基本形式是以长语篇（1000 多字）阅读为主（语篇输入占难度百分比为 32%），鼓励学生独立完成学习任务（独立学习占比 11%），逻辑推理要求很低（低逻辑推理要求占比 11%）。一般来说，阅读课文后的练习形式为：（1）计算阅读速度（每分钟词数）。（2）True/False 选择题。（3）内容 / 信息归纳题（书面语输出和以句子为基础的输出占比均为 9%）。

在日本教材的教学活动中，日语使用频率很高，几乎所有的活动指令和注释都用日语表达。

为了降低阅读难度，日本教材采取了三种手段：一是在文章的边缘处对生词与相关语法现象用日语注释，使学生在阅读文本时不受生词与难句的困扰；二是把一篇文章分割成很多小块，冠以 Part 1、Part 2 等标题，以缩短语篇长度，有利于英语水平较低者保持继续阅读的动力；三是在每一部分开始之处，设置日语阅读引导，相当于提前给读者提供语篇大意，以帮助英语能力较差者增强对故事的理解，使他们不至于因为觉得阅读太难而放弃学习。

日本教材的这些处理方法能有效地降低语言理解与语言知识学习的复杂度，但是明显放弃了对学生的语言要求，学生会因此失去发展学习策略的机会。由于日本英语课程的教学理念是“生本化”，要视学生能力来施教，因此，教材不得不关注学习困难者和人际差异，造成了迁就低水平学生的现象。这种迁就低水平学生的编写策略在韩国的教材上也有所表现，而这种策略是否能够真正提升低水平学生的学习积极性，还有待进一步观察和研究。

六、巴西英语教材教学活动难度分析

六套教材中教学活动难度排名第六的是巴西的教材。虽然巴西的教材教学活动最容易，但是具有明显的特点，其交际功能要大于日本和韩国的教材。表 8-10 展示了影响巴西教材教学活动难度的主要因素。

表8-10 巴西教材教学活动难度主要因素

活动类型	要 素	难度百分比
FOFs活动	以句子为基础的输入	12
	书面语输出/输入	11
	独立学习	11
	低逻辑推理要求	11
	语篇输入	7
COMP活动	语篇输入	30
	低逻辑推理要求	11
	独立学习	11
	书面语输入	10
	书面语输出	6
FOF活动	语篇输出	18
	图文配合输出	12
	书面语输出	12
	高逻辑推理要求	10
	中等逻辑推理要求	6

巴西教材的难度指数为1910.9，排名第六，是六套教材中复杂度指数最低的教材。其主要原因是巴西实行半日制教学，教材容量小，年均教学活动数量最少，只有160.3，而日本为234，中国为280.3，韩国为430.7，俄罗斯为452.5，法国为477.7。

（一）巴西教材FOFs活动难度分析

巴西教材的FOFs活动和其他教材的FOFs活动类似，都是以句子为基础的输入（12%）和书面语输入/输出（11%）为主。巴西的FOFs活动设计中比较注重语篇和语境（语篇输入占7%），采用大量原始素材，活动中使用的词汇量比较大，语用信息比较丰富。例如，下面这个例子是练习英语比较级，教材采用来自食品包装的真实素材，编写了一系列的语法练习，比较好地将语言形式与语言意义、语言功能组合到了一起。（Richmond, Upgrade 2, We Are What We Eat, P. 9-10）

Nutrition facts labels are usually found on the outside of food packaging, usually on the side of back. Food nutrition labels include information on the serving size, calories (or kilojoules), nutrients, and in some cases the percentage of the recommended daily value of nutrients that the product provides.

How to Read Food Nutrition Labels

A food label sample, taken from a carton of sour cream, has been used and color coded to explain what the different sections mean in food nutrition labels.

8 Daily Values

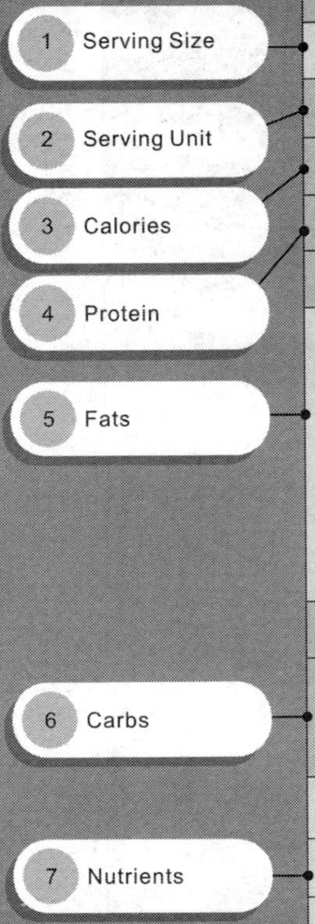

NUTRITION INFORMATION			
Servings Per Package: 10 Serving Size: 30 ml			
Avg Quantity	Per Serving	Per 100ml	%DV
ENERGY	246kJ	819kJ	
PROTEIN	0.8g	2.6g	
FAT, Total	5.7g	19.0g	9%
-Saturated Fat	4.0g	13.4g	18%
-Trans Fat	0.03g	0.1g	
-Polyunsaturated	0.03g	0.1g	
-Monounsaturated	0.03g	0.1g	
-Cholesterol	20mg	66.6g	7%
CARBOHYDRATE	1.2g	4.1g	0%
Sugars	1.0g	3.3g	
Dietary Fiber	0g	0g	
SODIUM	10mg	32mg	1%
CALCIUM	35.1mg	117mg	
POTASSIUM	45.6mg	151mg	

这项设计非常巧妙地利用了真实的食品包装材料上的文字，语言活动真实感很强，语言比较地道，专业词比较多。此类设计在巴西的教材和考题中比较多。

在以下例子中，编者利用真实的媒体漫画，编写了一则语法练习（动词和时态），较好地把词汇、句法、时态与语用意义结合在一起。（Richmond，Upgrade 2，P. 14）

Look at the cartoons. Circle the verbs and write the corresponding verb tenses.

"I'm retaining air."

"Do these plants make me look fat?"

"Then he had the nerve to say he likes plump women!"

"Honestly, Clara, that bikini leaves little to the imagination! And how long are you going to stand there, holding your stomachs in?"

"Try to get more exercise."

这五幅漫画较好地表达了时态的概念，给后面的语法练习做了很好的铺垫。虽然这个练习仍然是聚焦在语言知识上，但是有幽默风趣的漫画衬托，使得本来很乏味的语法知识教学有了一丝活跃的气氛。

巴西的FOFs活动和其他国家的一样，也有许多脱离语境的单句练习。例如，下列副词练习就是完全脱离语境的活动。没有语境，副词会很难理解。因此，这个活动完全是为了练习而练习。（Richmond，Upgrade 2，P. 12）

Read the tip and fill in the blanks with adverbs.

a. Her face was <u>attractively</u> (attractive) made up.

b. The cable is <u>strongly</u> (strong) connected to the machine.

c. The candies are <u>artificially</u> (artificial) flavored.

d. There are some <u>socially</u> (social) unacceptable behaviors in society.

e. I'm a <u>relatively</u> (relative) lucky person.

f. He talked <u>sadly</u> (sad) with her.

g. Mary looks <u>physically</u> (physical) stressed.

下面这个练习也完全是为了练习时态的时间表达而已，是典型的语言知识练习，没有语境和交际。（Richmond，Upgrade 2，P. 13-14）

2. Use the words in the box to complete the sentences.

now	today	tomorrow	yesterday	often	when

a. Are Matt and Jane going to play for the school team <u>tomorrow</u> morning?

b. Sue <u>often</u> takes dance lessons on Saturdays.

c. I wasn't surfing <u>when</u> I broke my finger. I was cooking!

d. We met Janet's mom <u>yesterday</u>.

e. Is Linda talking on the phone <u>now</u>?

f. Don't forget to bring my dictionary <u>today</u>.

3. Choose the right alternative.

3.1 Jenny ________ a newspaper when her brother Tom ________ in.

a. ( ) reads ; comes

b. ( ) was reading ; comes

c. (√) was reading ; came

3.2 ________ your cellphones before the class begins.

a. (√) Turn off b. ( ) Turns off c. ( ) Turned off

3.3 ________ the Thomsons ________ for dinner tonight?

a. ( ) Are ; coming b. ( ) Are ; going c. (√) Are ; going to

3.4 I ________ everything I could to help Anna, but she failed the test anyway.

a. ( ) do b. (√) did c. ( ) am doing

3.5 The teacher ________ the students to use the dictionary in tests.

a. (√) doesn't allow b. ( ) allow c. ( ) going to allow

3.6 ________ Dennis and Silver ________ a lesson at this moment?

a. ( ) Do ; attend b. ( ) Did ; attend c. (√) Are ; attending

(二)巴西教材COMP活动难度分析

巴西教材也十分注重语言输入的作用，每个单元都有很多阅读材料。

有的材料以“阅读+语言知识”的方式出现，如前文所举的食品包装的例子（We Are What We Eat）；有的则以专门的阅读活动形式出现。无论采用何种形式，阅读材料一般是未经改动的原文，语言很地道，并且有详细的出处，给读者很强的真实感。下面这篇材料摘自美国大学的一篇社会学论文，在语言质量、内容选择和读后的问题设计上，都有相当高的水平。（Richmond，Upgrade 2，Body Image Advertising，P. 16-17）

Body Image Advertising

Linda Rellergert, Nutrition Specialist, St. Charles County, University of Missouri Extension

Our culture seems to be obsessed with physical appearance. Men and women, teens, boys and girls—all segments of society tie identity to the way people look, to body size and shape, to clothes and hairstyle. Is it any wonder that the way we view our bodies (body image) can have a tremendous impact on the way we feel about ourselves? For most people, especially young people, body image is strongly influenced by mass media and advertising. Advertisers try to persuade us that something is wrong with us, that something needs to be "fixed", that by buying and using their products we will be more attractive, have better social skills, have more friends, be happier! While we might think of this as a relatively recent development, examples of advertisements that use this same approach have been around for more than 100 years. The quotes below are from an 1891 advertisement for a weight gain product:

"Don't look like the poor unfortunate on the left who tries to cover her poor thin body." (Notice how thin was associated with poor.)

"Don't suffer from the tortures of inferior devices that artificially fatten with inflationary devices and pads."(Imagine—the goal was to have the female body look larger. The female body never seems to be socially acceptable without changes.)

"In just 4 weeks I gained 39 pounds, a new womanly figure, and much needed fleshiness." (Forget the saying "I'm not fat. I'm fluffy." Make it "I'm not fat. I'm fleshy!")

After Reading

Read the article again and rewrite the following statements correctly.

a. Mainly teenagers consider appearance, body size and shape, clothes and hairstyle to be important.

All segments of society consider appearance, body size and shape, clothes and hairstyle to be important.

b. Mass media and advertising do not influence young people very much.

Mass media and advertising strongly influence young people.

c. Advertisers tell us that we will be happier by having more friends and better social skills.

Advertisers tell us that we will be happier by buying and using their products.

d. Advertisements that try to persuade clients are relatively recent.

Advertisements that try to persuade clients have been around for more than 100 years.

巴西的COMP活动重视给学生接触原文的机会，甚至在单元测验题中也有摘自原文的阅读题。这类题目只有很小的一段，并以选择题的形式出现，和巴西高考（ENEM）的题型一模一样。例如，下面两道题目是选自教材的练习题。它们模拟巴西高考的考题形式，选用了一段原文，并且有详细的出处说明。（Richmond, Upgrade 2, Additional Practice, P. 23）

1. Variations in the physical ________ of humans, known as human looks, are believed by anthropologists to be an important factor in the development of personality and social relations, in particular, physical attractiveness...

   a. ( ) assistance b. (√) appearance c. ( ) guidance

   d. ( ) excitement e. ( ) agreement

2. Being ________ active for 30 to 60 minutes at least four times a week can help you to build strength and fitness, to relax and reduce stress, to gain more energy, and to improve your sleep.

巴西十分重视职业教育，学术型高中和职业型高中常常混合办学。在巴西的英语教材中，职业教育的元素到处可见。例如，在我们所分析的教材 *Upgrade* 中，每个单元都会有一个职业板块，提供与职业有关的知识。这些教学内容一般是以语言输入为基础的活动。例如，下面这篇材料专门介绍营养学方面的就业情况，为有意向从事营养师等专业的学生提供专业的入门知识。（Richmond, Upgrade 2, Nutrition and Diet Technician, P. 21-22）

Nutrition and Diet Technician

Nowadays, it's very common to say that "You are what you eat." Well, in this case, a nutrition and diet technician would come in handy! After all, this person's job consists mainly of assisting with quality control and coordinating the execution of meals—from the size of the portions to transport and distribution.

This professional takes people's measurements to determine their ideal diet, as well as to elaborate balanced menus according to specific rules that promote a healthy lifestyle—when it comes to food, at least. This work is based on biological studies, since a nutrition and diet technician has to understand how a human body works and how it's supposed to work, in order to bring the former as close as possible to the latter.

Basically, a nutrition and diet technician can work anywhere food is sold or served. This includes all kinds of restaurants, schools, health clinics, military institutions, among many other places. A nutrition and diet technician can also work in any food production site, but no matter where this professional works, he or she will always be supervised by a nutritionist.

In order to become such a professional, a person has to take a course for twelve hundred hours, which includes an eighty-hour apprenticeship.

（三）巴西教材的FOF活动难度分析

巴西教材中的 FOF 活动形式多样，逻辑推理要求比较高，如下面这个例子，要求学生根据一首离合诗（Acrostic Poem）创作类似的诗并在班级里交流。（Richmond，Upgrade 1，Writing，P. 22）

Writing

An acrostic is a poem in which certain letters, such as the first one in each line, form a word or message. Read the acrostic below and do the activity.

My Internet friends
You're so dear to my heart
Family I've found
Real friendship I've received
I love you all so
Every moment shared
Never will be forgot
Deep within my heart
Special friends I cherish
You all are very special to me and I'm proud
To be a part of this wonderful group
Love you all...

In small groups, write an acrostic with one of the following words.

teens	family	emotions

____

____

____

____

____

Organize a special presentation and read the poems to the class.

巴西很多的 FOF 活动采用制作海报并进行班级间交流的形式。例如，下面这个活动要求学生制作一本英文海报集，把全班同学的海报集中装订成册，然后与别的班级进行交流。这类活动由于要求图文并茂，并且有内容主题的限制，因此对逻辑推理的要求比较高。坚持定期开展这样的活动，能使学生得到很好的锻炼。（Richmond，Upgrade 2，Writing，P. 36）

Writing

Think of some interesting things a visitor can do in your city. Create a flyer. Paste photos or do drawings to illustrate the flyer. Write captions under the photos/pictures. Exchange books with other classmates and compare your flyers.

巴西教材中很多 FOFs 活动和 COMP 活动具有很强的交际功能，因此与 FOF 活动相似。如果这些 FOFs/COMP 活动设计得好，就能够在学生和文本之间构成互动关系，使学生较容易进入真实的语境，表达自己的思想，为师生互动创造机会。除上面关于食品包装的例子外，下面这个 COMP 活动也是如此，它已兼具 FOF 活动的许多特点。（Richmond，Upgrade 1，Reading，P. 34-36）

Reading

Each of us can make a big difference. Industries, governments, and citizens can contribute to reducing the production of gases that increase the greenhouse effect. By working together and rethinking our habits, we can change the current scenario and reduce the threat of global warming.

We can all help reduce global warming by changing some of our habits.

WE CAN START AT HOME :

1. Turn off the lights when you're not in a room.

2. Replace incandescent light bulbs.

3. Don't leave the tap running while brushing your teeth or shaving.

4. Avoid long showers.

5. Buy in-season organic foods.

6. Cover the pan while cooking. You waste less energy and the cooking time is shorter.

7. Substitute your traditional electric oven for a microwave oven.

8. Turn off all electric equipment. Avoid leaving it on standby since you're using energy whenever the red or green light is on.

9. Install solar panels to heat water.

10. Don't press the button of two elevators simultaneously. If you are going up or down only one or two floors, use the stairway.

11. When buying a car, consider flex-fuel models. Do regular check-ups on your car.

12. Check car tires to make sure they are fully inflated.

13. Try carpooling.

14. Plant trees and buy certified wood furniture only.

15. Adopt the 3Rs: Reduce, Reuse, and Recycle.

16. Don't burn trash and RECYCLE all trash that can be recycled.

学生首先阅读一张关于环境保护的海报，然后完成一项半开放式的活动——根据海报的内容帮助他人提高环保意识。

After Reading

Help these people protect the environment. Choose the most appropriate pieces of advice listed on Page 33. Write their numbers in parentheses. You can use more than one number for each item.

a. Jane: I love cooking. I can spend hours preparing tasty dishes. (6, 7)

b. Steve: I have a brand-new car now. I want to drive for miles. (11, 12)

c. Albert: You find electric equipment all over my house. (8)

d. Tim and Leslie: We take out a lot of garbage every day. (15, 16)

e. Rachel: My kids have fun while they are brushing their teeth. It's just like taking a bath. (3)

学生通过一定数量的词语学习，完成一个半开放式的写作活动。

Go back to the list on Page 33. What can you start doing at home today? Choose five items and list them below. Then add two new items at the end of the list.

My Tips

____

____

____

____

____

这一连串的活动从输入开始，要求学生反复回到最初的文本中去研读环保建议，最后在课文的基础上拓展，提出自己的环保建议。这个活动虽然有一些 FOFs 的特质，而且没有合作和信息差的存在，但是这些教学步骤也可以产生比较真实的互动协商，教师可以获得很多反馈的机会。因此，它比较接近 FOF 活动，其内部的支架很像法国的教学设计。

巴西的教育体制限制了课时和教学活动的数量。为了在有限的时间内帮助学生提高语言能力，巴西的教材大量使用未经简写的原文素材，然后通过高质量的教学活动设计，让学生过渡到能接触真实语言的程度。

巴西教学活动大量使用学生的母语，即葡萄牙语，来进行教材中的注释和讲解。在所比较的六种教材中，巴西教材在许多活动中用学生的母语编写活动指令，但使用量远远不及日本。母语的使用在一定程度上减小了教材教学活动的操作难度。

本章小结

本章讨论了六套教材教学活动的难度。统计数据表明，俄罗斯的教材在教学活动的难度上得分最高，因此，其活动难度也是最大的。法国、中国、韩国、日本和巴西的难度逐一减小。

研究表明，教学活动难度是由多种因素造成的，包括采用的材料和活动的设计方式。俄罗斯教材最难是因为其语篇的学术性很强，活动的复杂度很高，且数量大。这符合俄罗斯的教学文化——追求高难度和高要求。俄罗斯的英语教学界已经呼吁改革落后的教学传统，重视培养学生的交际能力。虽然其教材的交际性已经相当强，但是追求高难度仍然是俄罗斯教材有别于其他国家教材的一个重要特征。

法国教材的教学活动难度仅低于俄罗斯，在六种教材中属于比较难的。但是法国教材教学活动的难度有别于俄罗斯和其他国家的教材。它的单项活动并不难，但它把学习目标分解成量大、貌似简单的小练习，构成“支架”，因数量较大，最终提高了教学活动的难度。

中国的教材和俄罗斯、法国的教材相比，活动的数量明显低很多。中国教材的特点是活动比较平衡，而且注重交际性，其活动难度在六套教材中居于中间位置。但是中国教材的文本质量不平衡，个别素材因为过度重视语言知识而影响了文本的质量。中国教材特殊之处是采用改写过的短语篇，但是其教学活动方式与韩国、日本的教材相似，喜欢从课文中挑句式或者单词来进行扩展，活动的方式缺乏认知深度。

韩国和日本教材在编写方法上非常相似。它们大量采用长语篇，重视阅读材料的语言质量，所选择的文章语言优美，普遍喜欢教句法，常把课文中的某个句子拿出来让学生训练，但是练习的方式都缺乏认知深度，不重视交际任务，大量采用学生的母语（韩语和日语）对语言点进行注释。

巴西教材教学活动的难度在六套教材中最低，半日制的教学体制导致教材的教学容量偏小，很多教学活动也和韩国、日本的教材一样，缺乏认知深度。相比之下，在练习活动的认知深度上，俄罗斯和法国教材的教学活动设计是比较成功的。不过，巴西教材大量采用生活中的原始素材，很适合外语课堂使用，在思想内容和文体风格上体现出这是编写者精挑细选的结果。

第九章 教材综合客观难度和比较

在理论上和实践中，教材的客观难度并不是由某个因素单独造成的，而是多种因素综合作用的结果。我们已经对各种可能导致教材难度变化的因素做了讨论，教材的客观难度由下面几个因素构成。（见图 9-1）

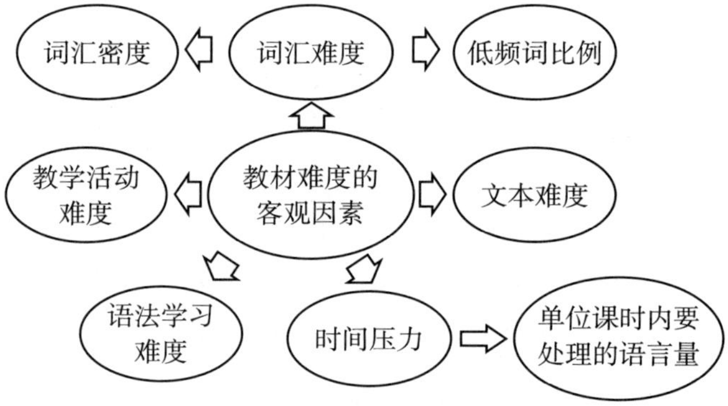

图 9-1　教材难度要素

图 9-1 表明，词汇、文本、教学活动、语法学习、时间压力等因素共同作用于教材的难度，因此，教材难度更确切的概念应为教材的“综合难度”。

第一节 教材综合难度统计数据

根据前面几章所讨论的原则和测量结果，六套教材的综合难度数据统计如表 9-1 所示（每个难度因素的数值都是未经标准化处理的原始数据）。

表9-1 六套教材综合难度统计数据

教材难度综合数据表

国家		TA				VD		TP	TR	GM	Notes	
		FOF	FOFs	COMP	Total/Y	VDN（%）	LFV（%）	Voc /L	RE	GMC	EXD	EM
巴西	SSM	84.84	969.83	856.32	1910.9	22.97	48.25	68	50.68	1.54	A2	笔试，社会化考试（ENEM考试中一部分）
	AS	14.14	8.79	8.92	8.91							
日本	SSM	0	1583.7	944.66	2528.4	11.36	43.11	31	68.22	1.65	B1	笔试+听力，社会化等级考试（STEP）等
	AS	0	8.53	9.51	9.02							
韩国	SSM	0	1708.7	1849	3557.7	15.66	37.46	66	70.1	1.67	A2	笔试+听力，社会化等级考试（NEAT）
	AS	0	8.91	9.72	9.32							
中国	SSM	149.05	1914.8	1692.5	3756.3	13.73	37.11	55	70.3	1.74	B1	笔试+听力，教育部全国统一考试，各地会考
	AS	13.55	9.59	10.99	10.03							
法国	SSM	707	3777.5	1740.5	6225	14.83	44.25	101	69.55	1.78	B2	口语等级制，形成性评价为主
	AS	14.14	10.02	10.36	10.22							
俄罗斯	SSM	1717	2921.5	2328.9	6967.4	17.77	47.52	76	56.81	1.87	B2	笔试+听力，全国统考（USE）
	AS	15.68	9.69	10.17	10.3							

符号注释：

（1）TA：Teaching Activities 教学活动

（2）VD：Vocabulary Difficulty 词汇学习难度

（3）TP：Time Pressure 时间压力

（4）TR：Text Readability 文本可读性

（5）GM：Grammar 语法学习

（6）SSM：Scores of Summary 活动难度总分值

（7）AS：Average Score 教学活动的平均难度分值

（8）Total/Y：Total Scores Per Year 每学年平均难度分值

（9）VDN：Vocabulary Density 词汇密度

（10）LFV（%）：Low Frequency Vocabulary 低频词比例

（11）Voc/L：Vocabulary Per Lesson Hour 单位课时需处理的语言量

（12）RE：Read Ease 整套教材文本可读性指数[1]

（13）GMC：Grammatical Complexity 语法学习活动的复杂度

（14）EXD：Exit Demand 课程出口评价要求

（15）EM：Evaluation Method 课程评价方法

表 9-1 表明，六套教材的难度因素侧重点不一样。在教学活动总难度方面，从难到易的排序是俄罗斯（难度指数 6967.4）、法国（6225）、中国（3756.3）、韩国（3557.7）、日本（2528.4）、巴西（1910.9）。在单项活动的平均难度分值方面，俄罗斯、法国和中国的难度指数相当，在 10 左右；韩国、日本和巴西难度指数在 9 左右。这说明在单项练习活动的平均复杂度方面，俄罗斯、法国和中国的复杂度相近，其他三套教材的复杂度相近。

在词汇难度方面，词汇密度从高到低的排序是巴西（22.97%）、俄罗斯（17.77%）、韩国（15.66%）、法国（14.83%）、中国（13.73%）、日本（11.36%）。巴西的词汇密度最高是因为其大量使用原始素材。中国的词汇密度较低是因为中国有严格的词汇控制传统，教材中超出课程标准规定的单词较少，编写者在编写教材时，对原始素材的改编力度比较大，尽量不让“超纲词”出现。日本教材的词汇密度低的原因是日本教材尽量减少单词数量，采用长文本，以此来提高词汇重复率。这样做的目的是降低学生的学习负担，减轻词汇对学生阅读理解造成的压力。在低频词

[1] 可读性指数是原始数据，因此与其他类别的数据不同，呈逆向，数值越小，难度越高。

比例方面，六套教材从高到低的排序是巴西（48.25%）、俄罗斯（47.52%）、法国（44.25%）、日本（43.11%）、韩国（37.46%）、中国（37.11%）。巴西教材的低频词比例最高，这是大量使用原始素材造成的结果，譬如在食品包装的阅读材料中，我们会看到许多化学元素名词，这些词语在讨论食品成分时很有用，属于专业词汇（Special Vocabulary），但是它们明显属于低频词。法国、日本的教材低频词比例也比较高，可见这两国的教材对词汇的控制没有韩国、中国严格。低频词最少的是中国的教材。低频词的比例反映了教材编写者和教师对词汇频率的重视，他们均认为，外语学习者需要大量的重复机会，控制词汇密度和大量使用高频词是两个比较有效的方法。日本教材虽然也比较重视重复，但是日本教材似乎也兼顾文本的质量，不愿意为了词频去牺牲词汇，以免造成文本质量下降。词汇难度和学习时间有关系，在单位课时内需处理的语言量构成了时间压力。时间压力从大到小的排序是法国（101/L）、俄罗斯（76/L）、巴西（68/L）、韩国（66/L）、中国（55/L）、日本（31/L）。时间压力反映了教材的容量和课时的关系，法国和俄罗斯的教材容量大，课时不多；巴西、韩国、中国的时间压力比较接近；日本教材的时间压力最小，说明日本英语课时较多。

在文本难度方面，可读性指数从小到大排列的顺序是巴西（50.68）、俄罗斯（56.81）、日本（68.22）、法国（69.55）、韩国（70.1）、中国（70.3）。巴西的文本最难是因为使用的原始素材比较多；俄罗斯的文本难是因为使用的学术性文本比较多；法国和日本的文本比较难是因为重视语言的地道性，使用长句子和低频词比较多；中国和韩国教材的文本可读性很相近，反映出中韩两国的教材编写者和教师对文本阅读难度的重视，对长句、复杂句和“大字眼”的控制程度比较高。

在语法学习活动复杂度指数方面，六套教材从难到易的排序是俄罗斯（1.87）、法国（1.78）、中国（1.74）、韩国（1.67）、日本（1.65）、巴西（1.54）。俄罗斯、法国和中国在语法教学方面都重视交际的作用，因此语法教学活动复杂度都比较高。韩国和日本教材虽然语法练习量大，但是练习方式缺乏交际性，尽管语法练习数量很多，这些机械式练习的分值却很低。巴西教材活动复杂度低是因为它的语法活动交际性不强，数量也少。

为了计算六套教材的综合难度，我们对数据按排序和方向进行了标准化处理，确定难度指数的最高值是1，最低值是0，综合难度是六个指标的平均值。处理结果见表9-2。

表9-2　教材综合难度标准化数据

数据综合	词汇密度	低频词比例	单位课时语言量	文本难度	语法学习难度	教学活动难度	综合难度指数
日本	0.036	0.143	0.036	0.179	0.107	0.071	0.095
中国	0.071	0.071	0.107	0.071	0.179	0.179	0.113
韩国	0.179	0.107	0.143	0.107	0.143	0.143	0.137
巴西	0.25	0.25	0.179	0.25	0.036	0.036	0.167
法国	0.107	0.179	0.25	0.143	0.214	0.214	0.185
俄罗斯	0.214	0.214	0.214	0.214	0.25	0.25	0.223

表9-2表明，六套教材的综合难度从高到低的排序是俄罗斯（0.223）、法国（0.185）、巴西（0.167）、韩国（0.137）、中国（0.113）、日本（0.095）。

俄罗斯教材难度值最高，其综合难度指数达0.223，它在六个指标上都得了高分。词汇密度、低频词比例、单位课时语言量、文本难度都排在第二位，得0.214分；语法学习难度和教学活动难度都排第一位，得0.25分。

难度第二的是法国教材，其综合难度指数是0.185。法国教材在词汇密度上排第四位，得0.107分；低频词比例排第三位，得0.179分；单位课时语言量排第一位，得0.25分；教材的文本难度排第四位，得0.143分；语法学习难度和教学活动难度都排第二位，均得0.214分。

难度第三的是巴西教材，其综合难度指数是0.167。巴西教材在词汇密度、低频词比例和文本难度三个指标上都排第一位，均得0.25分；单位课时语言量排第三位，得0.179分；语法学习难度和教学活动难度都排第六位，得0.036分。

难度第四的是韩国教材，其综合难度指数是0.137。韩国教材的词汇密度排第三位，得 0.179 分；低频词比例和文本难度都排第五位，均得 0.107 分；单位课时语言量、语法学习难度和教学活动难度都排第四位，均得 0.143 分。

难度第五的是中国的教材，其综合难度指数是 0.113。中国教材的词汇密度、低频词比例、文本难度三项指标都是排第六位，均得 0.071 分；单位课时语言量排第五位，得 0.107 分；中国教材的语法学习难度和教学活动难度都排第三位，均得 0.179 分。

难度第六的是日本的教材，其综合难度指数是 0.095。日本教材的词汇密度、单位课时语言量均排第六位，得 0.036 分;低频词比例排第四位，得 0.143 分；文本难度排第三位，得 0.179 分；语法学习难度排第三位，得 0.107 分；教学活动难度排第五位，得 0.071 分。

第二节　教材综合难度因素之间的关系

为了进一步探寻六个难度指标（指难度因素）对综合难度指数的影响，我们对六个难度指标和综合难度排序之间的关系进行了相关性分析，分析结果如表 9–3 所示。

表9–3　难度指标的相关性分析

难度因素相关性分析

		词汇密度	低频词比例	单位课时语言量	文本难度	语法学习难度	教学活动难度	综合难度
词汇密度	Pearson Correlation	1	0.536	0.536	0.464	–0.143	–0.036	0.574
	Sig.（2-tailed）		0.215	0.215	0.294	0.760	0.939	0.178
	N	7	7	7	7	7	7	7
低频词比例	Pearson Correlation	0.536	1	0.643	0.964**	0.107	0.000	0.792*
	Sig.（2-tailed）	0.215		0.119	0.000	0.819	1.000	0.034
	N	7	7	7	7	7	7	7
单位课时语言量	Pearson Correlation	0.536	0.643	1	0.429	0.536	0.571	0.905**
	Sig.（2-tailed）	0.215	0.119		0.337	0.215	0.180	0.005
	N	7	7	7	7	7	7	7
文本难度	Pearson Correlation	0.464	0.964**	0.429	1	0.000	–0.143	0.661
	Sig.（2-tailed）	0.294	0.000	0.337		1.000	0.760	0.106
	N	7	7	7	7	7	7	7
语法学习难度	Pearson Correlation	–0.143	0.107	0.536	0.000	1	0.964**	0.600
	Sig.（2-tailed）	0.760	0.819	0.215	1.000		0.000	0.154
	N	7	7	7	7	7	7	7
教学活动难度	Pearson Correlation	–0.036	0.000	0.571	–0.143	0.964**	1	0.574
	Sig.（2-tailed）	0.939	1.000	0.180	0.760	0.000		0.178
	N	7	7	7	7	7	7	7
综合难度	Pearson Correlation	0.574	0.792*	0.905**	0.661	0.600	0.574	1
	Sig.（2-tailed）	0.178	0.034	0.005	0.106	0.154	0.178	
	N	7	7	7	7	7	7	7

**. Correlation is significant at the 0.01 level（2-tailed）.

*. Correlation is significant at the 0.05 level（2-tailed）.

表 9-3 表明，词汇密度、低频词比例、单位课时语言量、文本难度、语法学习难度和教学活动难度与六套教材的综合难度排序相关性是不一样的。两个难度指标“低频词比例”（r=0.792，p=0.034）和“单位课时语言量”（r=0.905，p=0.005）与综合难度排序高度相关。这说明低频词比例和单位课时语言量与教材综合难度排序有直接的关系，而词汇密度、文本难度、语法学习难度和教学活动难度，与综合难度排序只有间接的关系。这也说明，决定一本教材难易度的最直接因素是低频词比例和单位课时语言量，其他因素都是通过这两个因素发挥作用的。

低频词比例和单位课时语言量为什么会如此重要？如果我们分析这两个难度指标，就会发现这两个难度指标蕴含了其他难度指标。当这两个指标确定后，其他四个难度指标都会受到影响，因此低频词和单位课时语言量在影响教材难度方面具有决定性的作用。

这一发现表明，教材难易程度的比较可以用一个简便的方法来操作，那就是直接比较低频词比例和单位时间内的语言教学量。低频词比例和单位课时语言量一旦确定，教材的总体容量、总词数基本上就确定了，这时教材的词汇密度也基本确定了。低频词比例大体反映了词汇类型数值，当低频词总数、高频词总数、总课时、教材总词数都已知时，就很容易得出教材的词汇密度。

我们是否可以不考虑教材的词汇密度呢？答案是否定的。词汇密度可以反映学生重复接触语言词汇的机会。在单位课时语言量和低频词比例不变的情况下，学习者重复接触的单词数是不确定的，因此，我们有必要参照词汇密度的数据。词汇密度越低，单词的复现率就越高，学习的负荷就越轻。词汇密度虽然不能直接反映教材的难易程度，但可以与其他两个指标（低频词比例和单位课时语言量）配合，反映出教材的学习容量，从而帮助我们推测出学习者是否有很多机会重复接触语言词汇。

我们可以通过一个例子来说明词汇密度、低频词比例和单位课时语言量之间的关系以及词汇密度在判断教材难易方面的作用。日本的教材低频词比例是 43.11%，单位课时语言量为 31/L，而课程目标是 B1 级。其低频词比例在六个国家中排第四位，单位课时语言量排第六位（最低），而目标却比大多数国家高。这说明日本的课时很多，或者总词数很少，否则单位课时语言量这么低是无法达到B1级所要求的听、说水平的，更不要说读、写要求了。因此，日本的教材要么总体容量很大（词数绝对值大），要么课时多（课时绝对值大），要么词汇量很小，甚至三种情况同时出现。无论是哪种情况，日本教材的低频词比例和单位课时语言量如此之低，词汇密度一定很低，其实际测量结果是11.36%，为六套教材中词汇密度值最小的一套。这说明日本教材生词的复现率很高，课时也非常多，体现了"生本化"的课程理念和"视学生能力施教"的教学策略。

较低的词汇密度除表明重复、循环学习的机会较多外，还表明日本课堂的英语语言使用量非常低（因为词汇量小）。日本教材主要内容集中在阅读理解和语法分析，文章阅读与语言技能（听、说、读、写）训练关联度很低，这样的编写方式必然导致课堂上语言交际的机会很少，单位课时语言量自然就很低。日本教材尽管课时很多，但词汇面很窄，看似词汇复现率很高，但是有意义的语言复现率并不高。我们对教材活动的内部分析证明了这一点。日本教材中所有的教学指令和语法解释都使用日文，无形中也进一步降低了日本教材的语言量。

难度指标的相关性分析还显示，低频词比例在教材难度分析中具有很大的作用，它不仅可以反映综合难度，还可以反映课文的文本难度。统计分析表明，低频词比例与文本难度之间也存在高度相关的关系（$r=0.964$，$p=0.000$）。据研究，高频词词族（2000 Word Families）构成了英语文本87%的常用词汇。（Nation，2004）[16]它们大部分短小、常用。短小的含义是音节数少。大量使用高频词的文本一般来说容易阅读，且句子通常不长，因此这种文章常见于公共媒体和教材的写作中。低频词与高频词不同，低频词主要是由学术词列表（Academic Word List）构成，简称AWL-570（570是指这类词在英语中大约有570个词族）。它们主要出现在大学的学术材料里。由于学术内容含有复杂的逻辑关系，并且具有脱离语境的特征，因此它们的语言句子结构比较复杂。（Coffin，Donohue，2014）也就是说，一个英语文本若包含较多的学术词，则该文本的句子结构会倾向于较复杂和较长。阅读难度主要是由单词音节数和句子复杂度构成的。低频词比例高的文章语言结构相对复杂，逻辑性强，语境支持度小，因而阅读难度大。因此，在教材难度分析中，低频词比例对文本难度具有很强的指示作用。这从另一个角度证明了可读性公式在教材文本难度分析中是可用的。这也解释了可读性公式尽管反复遭受批评，却仍被反复研究和使用的深层原因。只要使用条件控制得好，可读性公式是一个非常便捷的测量工具。

在六个难度指标中，另一对难度指数高度相关、引人注目的指标是语法学习难度和教学活动难度，它们之间从相关系数（$r = 0.964$，$p = 0.000$）来看属于高度相关。语法学习难度主要由语法教学活动的数量和活动复杂度决定，而教学活动的难度则是由教学活动的数量与活动设计的复杂度决定，两个难度指标之间的关系如图 9–2 所示。

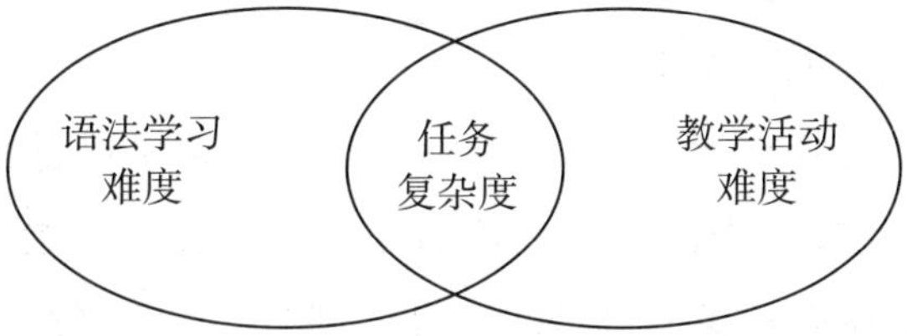

图 9–2　语法学习难度和教学活动难度关系图

语法学习难度与教学活动复杂度之间的重合关系似乎说明，影响教学活动难度与语法学习难度的决定性因素是任务复杂度。语法点和练习数量固然重要，但由于语言教学的特殊性，一个设计复杂的活动往往包含了丰富的语法点，因此，只要操控任务的复杂性，就能控制语法学习的概率。这种关系表明以意义为中心的交际性活动中，学习者有机会接触大量的语法知识。教师要研究的问题不是要不要把语法知识作为专门的体系来教，而是应该更加关注如何在活动中帮助学习者注意到活动中的语言知识，增加他们关注语法的机会和帮助他们巩固学习的效果，从而提升他们利用语法知识来控制语言输出的能力。

分析还发现，语法学习难度与交际性语法活动高度相关，在语法训练活动中，注重交际性的语法活动复杂度高。在对六套教材的分析中，我们发现语法学习难度比较高的教材一般交际性也比较强，如俄罗斯、法国和中国的教材。交际性较弱的教材几乎都是采用机械式练习，如日本和韩国的教材。这也解释了为何语法学习难度和教学活动难度之间存在高度相关性（$r=0.964$，$p=0.000$）。追根溯源，它们都是教材整体交际性强弱状况的反映。

第三节 教材难度与课程体系的关系

在关于课程与教材的讨论中，人们总倾向于认为教材是课程的附庸，能真实地反映课程的理念、内容与评价方法。这一观点很容易把教材作为课程的真实化身。本研究表明，教材不是课程的真实代表，而是多种课程理念的代表，是社会对教育根深蒂固的观念的载体，是社会评价学习结果的体现方式。脱离这些社会文化背景和教育环境，仅仅讨论教材的难易，容易导致对教材难度问题的误读，因此，我们有必要结合课程体系来讨论六套教材的难度。

在课程体系的研究部分，我们将六个国家的课程目标折算成统一的CEFR刻度，建立起一个具有可比性的框架，使得我们能有效地比较各国课程目标高度；我们还论述了课程单位时间语言量的概念，它能有效地衡量教材的量与所给课时之间的关系。因此，课程的难度其实可以由学习者要达到的目标和给定时间内的学习量决定。据表9-1可知，法国和俄罗斯被认为是课程难度最大的，目标高度是CEFR的B2，单位课时语言量分别为101、76；日本和中国的目标高度为B1，单位课时语言量分别为31、55；韩国和巴西的目标是A2，单位课时语言量分别为66、68。

上述数据表明，教材难度并不能真实地反映课程难度，在课程难度和教材难度之间不存在一一对应的关系。据表9-2可知，在教材综合难度排名中，从难到易的顺序分别是俄罗斯、法国、巴西、韩国、中国、日本。六套教材所对应的课程难度情况是：(1)俄罗斯和法国的英语课程比较难；(2)中国和日本的课程难度中等；(3)韩国和巴西的英语课程比较容易。由此可见，巴西的教材虽然比较难，但是其教学目标很低；日本的教材虽然非常容易，但是其课程目标却不低。也就是说，很难的教材所对应的课程目标可能很低（如巴西、韩国），而很高的课程目标所用的教材有可能是比较容易的（如日本教材目标为B1，单位课时语言量只有31，教材难度排第六位）。教材难度与课程目标之间为何呈现如此关系？要回答这个问题，我们必须结合六个国家的教育环境来讨论。

课程目标并不是一个单一的概念。在外语学习中，以欧洲的 CEFR 能力框架作为制定课程目标的参照标准，是目前越来越多的国家所采用的方法。CEFR 框架和本研究有关，因此，我们把 CEFR 的等级体系作为例子来讨论等级制与课程难度之间的关系，然后再说明教材的作用。

外语课程目标的评价可以用两种方式来表述，即百分制和等级制。表面上看是分数和等级的区别，实际上它们的性质是不一样的。百分制的评价方式适用于对语言知识的测量，当代英语考试主要采用分离式考题，因此计算分数比较方便。等级制的评价方式比较适用于语言能力测量，语言能力测量的基本原理是“用语言来做事”，而能力是和做一件事的熟练程度挂钩的，要评价一个人做事的能力，用等级制更加符合我们的认知习惯。从理论上讲，百分制也可以用来评价做事，等级制也可以用来评价语言知识，但是这样做的结果会给课程评价带来很多问题。一般来说，等级制评价比较适合用于测量语言能力，而百分制评价比较适合用于测量语言知识。

欧洲的 CEFR 框架将外语学习水平划分为三个类别六个等级。第一类是基础使用者（Basic User），分为 A1 和 A2 两个等级，A1 是初始级别。第二类是独立使用者（Independent User），分为 B1 和 B2 两个等级，其中 B1 为独立使用者的初始级别。这类学习者已经具备独立交流的能力，但是在语言交际方面还有不少困难，属于中等外语水平。第三类学习者为熟练使用者（Proficient User），分为 C1 和 C2 两个等级，其中 C1 为熟练类的初始级。这类学习者具有熟练的外语技能，属于高级外语水平。六个等级分别使用五个维度来测量，由此构成 CEFR 的评价维度。（见表 9-4）

表9-4　CEFR能力测量框架

	接受性能力		互动性能力	产出性能力	
	听	读	互动性说	说	写
C2					
C1					
B2					

续表

	接受性能力		互动性能力	产出性能力	
	听	读	互动性说	说	写
B1					
A2					
A1					

（Council of Europe，2001）[26]

CEFR 把语言能力在五个维度上分成六个级别，这一矩阵构成了课程理论家们所说的“内容语言”（Content Language）（Porter，2006）[147]，内容语言＝内容 × 认知要求。

CEFR 能力框架的基本思想是把外语能力的“内容”分解成五个维度，在每个维度上划分六个评价的级别（从 A1 至 C2）。CEFR 把外语能力分解成听、说、读、写和互动性说，要比分成词汇、语法点、话题更加合理，因为听、说、读、写和互动性说符合我们对语言的认知习惯。一般人较难通过“词汇量”或者“语法的准确性”等语言学概念来判断语言能力，一般人对语言能力的感知直觉是“能否用外语做……”。因此，采用“5 种能力 × 等级”的内容语言可以比较准确地捕捉到外语课程目标、评价和学习的实质问题，其挑战是要能够对反映能力的任务等级做出准确的描写。随着 CEFR 能力框架的公布，已经基本解决这一问题。CEFR 能力指标（Council of Europe，2001）的公布标志着在正常的学校学习环境中，外语任务能力的等级描写技术已经成熟，并得到广泛的应用和普及。英国的雅思考试（IELTS）、美国 WIDA 能力标准等就是很好的例子。

“5 种能力 × 等级”作为课程的内容语言，给学校的外语课程增加了灵活度。当按照课程目标进行教学时，教师可以根据学习者的条件来决定课程内容的组合，一般会产生下列三种内容语言：（1）听说（包括互动）能力 × 等级；（2）读、写（包括互动）能力 × 等级；（3）听、说、读、写（包括互动）能力 × 等级。这三种课程内容的教学难度是不一样的，由易到难逐渐提高。当课程目标为某一等级（如 B1 级）时，教师的任务之一是确定课程目标的内容语言。内容语言不同，课程难度不同。教师并不是盲目地按照课程目标的要求选择内容语言，他们会受到一系列外在因素的影响，如学生当前的水平、传统的教学文化、现行的评价方法（如笔试、口试、形成性评价、终结性评价、国家统一考试、学校统一考试等）。第一种课程内容比较容易，只需在听、说方面重视即可；第二种难度居中；第三种是最难的，需要相当复杂和长期的训练才能达到相应等级。

教材编写者一般是按照课程的目标等级设计内容，同时在设计方法上兼顾当地的教学传统、评价方法和教学素材的资源状况。由于这些因素的影响，教材编写者也会面临对三种内容语言的选择问题。教材设计者一般非常重视教学传统和教材的普适性，因此在设计上会尽量适应大部分教师的教学风格，尽可能选择要求偏高的内容，这样既能够满足大部分教师的教学需要，又使得教学内容具有可选性。

当我们把各国的教材放在一起比较时，由于各国教师对教学目标的选择和教材编写者对本国教师的迎合，教材难度排名和课程难度排名必定会产生不吻合的现象。这种不吻合的现象说明，课程目标和教材难度其实都是相对概念，每个课程体系的目标高度只能对应该课程体系中的教师和教材。

因此，当我们要比较两个国家或地区的课程难度时，仅仅比较课程目标是不够的，还必须分析该课程体系是否鼓励教师发挥自主性，课程对学生而言选择性程度是否高，教师对课程内容语言如何选择。例如，当我们比较俄罗斯和法国的课程体系和教材时，会发现它们大体上是吻合的，法国和俄罗斯的教材都比较难，课程挑战程度也比较高，需要达到 B2 级的水平。但是我们不能说二者课程难度就完全一样，因为它们的评价方式是不同的。俄罗斯和法国都采用等级制的方法，但法国是以形成性评价为主，重点是听、说交流能力，而俄罗斯是全国统一笔试，听、说、读、写全面要求。这说明两个国家的教师和教材设计者在课程内容语言的选择上是不同的，俄罗斯的英语课程和教材在实际教学中要比法国难得多。尽管我们觉得法国的英语教学对法国学生来说要求很高，但是跟俄罗斯相比简直是小巫见大巫，因为法国教师主要是以第一种内容语言来设定目标，而俄罗斯的教师是以第三种内容语言来设定目标的。尽管两者的课程目标都是 B2 级，教材难度排名第一和第二，但是在进行难度比较时，两者并不在同一个层面上。俄罗斯秉承了其一贯的学术传统，追求高难度的学习结果和学习过程；法国对英语课程也秉承了其一贯的学术传统，强调语言在文化学习和社会交际中的作用。

日本和中国的英语课程体系和教材难度的差异也是如此。日本和中国的课程目标是B1级，但是日本的教材对于中国教师和学生来说略简单且过于突出对语法的偏好。日本的英语教学强调拓宽学生的文化视野，注重学生的能力现状，不主张高难度的语言训练。此外，中国和日本英语教师对课程目标的内容语言的选择是不一样的。日本采用等级制评价体系，日本教师选择的是“阅读能力 / 语法知识 × 等级”，而中国英语教师对B1级内容语言的选择是“听、说、读、写 × 百分制”。这就使日本和中国在实际英语教学中存在差异，中国英语教材和课程在实际教学中的难度要远远大于日本教材。

这样的分析也能够解释为何巴西的课程目标很低，但是教材却编写得很难。巴西的课程目标很低（A2级），但是巴西的教材难度却排在第三位，仅次于俄罗斯和法国。巴西的数据表明，其教材编者选择的内容语言是“阅读 × 百分制”，但是巴西的教材编者不像其他国家的教材编写者那样喜欢改写原始素材，巴西的教学传统是直接使用未经改编的原始素材，这就使得巴西教材的词汇密度、低频词比例和文本难度都非常高。巴西教材这样的选择是为了与全国统考相匹配，因为巴西的高考题型通常采用真实的语料。这种教学传统影响了教师的教学，继而影响了教材编写者，所以才出现课程目标和教材难度排名不一致的情况。

韩国的情况和巴西类似，课程目标难度和教材难度的排名差异很大。韩国的教材表明，教材编写者采用的内容语言是“阅读 / 语法 × 等级”，但是韩国教材的阅读材料和日本一样，非常注意语篇的内容，文章很长，但词汇比较容易。韩国的教材语篇长且多，语法练习量大，增加了韩国教材的难度。但是，在能力等级评价中其实只有“阅读”能够反映这个难度，因为语法无法用等级来评价。这就造成了韩国的教材主要起训练阅读理解能力的作用，而且主要是浅层次的阅读理解训练（以就事论事的事实理解为基础的阅读理解活动），教材中的大部分语法练习几乎无效（在这一点上，日本教材也如此）。这就是韩国的课程目标很低，但是教材的难度值却很高的原因。

本章小结

本章全面地讨论了英语教材客观难度的产生原因和测量结果。测量数据表明，六个国家的教材难度排名和课程难度排名不完全一致。总体上讲，课程目标高的国家倾向于使用难度比较高的教材，如俄罗斯和法国，中等目标的国家倾向于使用中等偏易的教材，课程目标比较低的国家倾向于使用难度比较低的教材。但是，这种关系不是绝对的。英语课程的目标高度和教材难度在本质上都是相对而言的，其教材难易程度、目标的高低都是由当地教学传统、教学自主性程度、评价要求和评价方法等多方面因素决定的。因此，一个国家的教材难易度并不能说明什么问题。比较两个或多个国家之间教材的难易度需要参考当地的教学文化等多方面的因素，这样才能解释它们之间的差异。

第十章 研究的启示

在本研究开始时，我们曾经指出，单纯地研究教材难度并不是我们的最终目标，教材难度的比较研究是为了给国家的语言教育政策提供参考。一个国家的教育政策需要参照国际的发展水平和政策要求来制定，这是二十一世纪国际教育界的一个重要发展趋势。

比较教材难度可以促进各个国家教材编写技术和手段的发展。外语教学和其他学科不同，外语教学界对教材的依赖性比较大，因为基础教育界的外语教师本身就不是母语者，他们的语言水平并没有达到母语者的水平，他们的文化特点和母语者相去甚远。由于基础教育的外语教师在语言训练和教育方面的局限性，他们中的一部分人无法自如、娴熟、准确地使用目标语，也不大可能像其他学科的教师那样，用自己娴熟的教学语言操控教学过程，因此，外语教材的编写技术和方法会对外语教师的教学产生重要的影响。教材难度反映了各个国家的教材编写技术的特点和水平，因此，这项研究除了对教育政策有启示，还能给我们的英语教材编写带来很多启示。

本研究是建立在课程体系研究和对比的基础之上的，因此，我们的研究还能为课程理论研究提供若干有意义的启示。

第一节 对英语教育政策的启示

本研究的一个重要发现是等级制和百分制评价方式对于英语课程难度和教材难度的调节作用。

本研究表明，英语课程目标等级制相比百分制有明显的优势。语言能力评价是非常复杂的学术工作，对语言能力变化的测量需要数月甚至数年的时间，因此，传统的百分制分数形式往往无法准确地评价学习者能力的变化。等级制着眼于学习者在具体的任务中能做到的程度，这是一种介于定性和定量手段之间的语言能力评价方法，评估者可以用描述的方式大致勾勒出学习者的语言能力特点。

采用等级制的教材要根据能力指标而不是语言知识量来设计。在传统的外语教学中，语言知识量一直是评价语言能力的指标，因而也成为课程评价的指标。“每分钟阅读多少词，听懂语速为每分钟多少词的录音”，或者“词汇量达到多少”，或者“一会、两会、四会的词汇量为多少”等就是典型的量化评价方法；在语法领域，人们传统上也以“学习多少种时态”“掌握多少种语法知识”为评价指标。这些量化的方法已经被使用了大半个世纪，直到今天，它们仍然存在于许多课程体系中，教师深受其影响。但自从语言能力等级的概念出现以后，这些做法渐渐地让位于等级制评价。一个非常明显的变化就是在本研究所比较的国家中，中国是唯一对词汇做出明确规定的国家。虽然很多国家也对词汇量有粗略的要求，但是目前只有中国列出词汇表并将其作为国家教育政策的参考文本。中国的英语课程大纲对词汇、语法知识点都有非常明确的要求。中国的英语课程大纲目前也在朝着能力方向变化，它为学生的英语能力制定了 9 个等级，但是在实践操作中，这 9 个等级还难以起到实际的评价作用。我们的考试不是等级制，评价方式都是百分制（或 150 分制），课程标准中的能力等级难以发挥作用。教师无法在百分制和等级制之间建立联系，因而也就无法在课堂教学中把等级描述作为课堂形成性评价的依据。

为什么等级制在课程评价方面有优势呢？因为在语言能力评估中，我们无法仅仅凭词汇量或语法清单说出课程目标的等级。例如，CEFR 对能力等级 B1 水平的描述都是“能做……”，而“能做……”的概念除包含一定的词汇量和语法量要求外，还包含学习和使用外语时的策略。研究表明，中级水平（B1 和 B2）的交际能力主要是建立在对有限的语言资源的控制水平上的，控制水平越高，学习者展现的语言水平就越高；控制水平越低，学习者语言水平就越低。

B1 等级反映了英语学习者“入门”的两大特征。第一个特征是学习者能在多种语境中维持交际和表达出想的表达内容，例如，能维持关于学习者自身情况的交流话题，所用语言大体上是标准的，并且发音清晰，所表达的思想要点能被人理解，即使在语法和词汇上有费力的地方，并且有明显的语言修补行为，也仍然能维持住沟通（尤其是输出较长语篇的时候）。第二个特征是学习者在日常生活的常见话题上能灵活应对，例如，解决日常生活中出现的难题（如交通变化），或者与旅行经纪人商讨旅行安排，或者应对熟悉情境中的意外情况。（Council of Europe, 2001）从 CEFR 对 B1 级能力水平的描述，我们可以看出，其主要特点是要求学习者能在理解、互动和产出三个方面控制语言运用。

如果教师以 B1 级的描述作为教学目标，那么就不是先考虑要教多少词汇量、几个语法点，而是先考虑教几个任务、在几个语境中教。也就是说，教师不必过分控制词汇量或者语法知识点，而应该主要考虑任务的需要。这样设计的任务在语言知识方面出现了很大的弹性。对于学习能力较强的学习者来说，所谓多种语境（上述 B1 级能力要求）可能和学习能力较弱的学习者有很大的差异。我们也就不难理解为何等级制比较符合形成性评价的要求。不同目标等级的课程和教材会在语言知识的量上呈现巨大的差异，表 10-1 展示了 4 套教材在词汇和语法知识等方面的差异。

表10-1　两组语言知识量对比

对比组目标	国家	单位课时语言量	年均语法练习数量	低频词比例	年均学习总词数
第一组B2	法国	101	127	44.25	12178
	俄罗斯	76	32	47.52	15105
第二组B1	中国	55	37	37.11	10916
	日本	31	67	43.11	7799

对比法国和俄罗斯、日本和中国两组数据，我们可以清晰地看到在达到B2和B1目标时，不同的教材所使用的低频词比例、语法练习数量、单位课时语言量以及总词数之间的差异。这表明，当课程的目标和评价采用等级制时，教师的教学就会更加灵活，学习者也没有必要都采用相同的教材、学同样数量的单词和做同样数量的语法练习题。

前文对B1级能力水平的描述说明，外语学习者达成这个目标的难度取决于能力测量指标。如果教师采用第一种内容语言“听说（包括互动）×等级”，这就不是一个很高的要求，它对于词汇量和语法知识方面的要求不是很高，主要是强调学生对有限的词汇和句法的控制。但是，如果教师采用第三种内容语言“听、说、读、写（包括互动）×等级”，学习者则需要花费大量的时间才能实现目标，要实现这个目标显然就很难。

等级制的评价方式对教材编写和课堂教学会产生许多积极的影响，但要让这种积极的影响真正作用于学习者，则需要社会的配合。

首先，社会要正确认识语言能力，不能把语言能力仅仅是看成是词汇和语法，而要把语言能力看成是能合理、有效地运用有限的外语知识达成交际目的的语言控制能力，这种控制能力是无法用传统的纸笔考试及百分制的形式来表现的，外语能力的衡量并不能像称重量那样精确，语言能力的评价标准宜宽不宜窄。

其次，社会需要认识到语言能力的进步是个缓慢的过程，学习者需要反复地练习控制语言知识的技能，这个练习过程非常漫长。基础教育阶段的师生在传统的百分制评价中，往往很计较一分两分的差距。其实，这种差距是没有意义的，它并不能真实地反映语言能力的变化。在等级制体系中，每一个等级的变化都需要足够的学习时间才能达成。如英语雅思考试实施的是9分制（基于CEFR能力指标），等级变化的分差是0.5分，每提高0.5分的成绩都需要花费较长时间来学习和训练。

语言教育界还应该在考试评价方式上开展改革。我们的考试主要是用百分制（或150分制）来评价学习者的能力，对语言学习来说这是一种比较客观但又不太科学的评价方法。我们应该尽量实行等级制的方式。英国的雅思考试是等级制评价方式，这种评价方式已渐渐被越来越多国家采用；法国采用等级制；日本的高考是与CEFR等级挂钩的等级考试；韩国也在2019年开始实施等级制。在我们所研究的六个国家中，已有四个国家实施等级制或与等级制挂钩的评价方法，这不是一种偶然现象，而是科学地评价语言能力的发展趋势。

实施等级制的另一个好处是可对国内的各种外语水平评估进行统筹管理。CEFR标准是一项跨语种能力评估框架，因此理论上它适用于任何外语语种，外语语种多元化也是未来的方向，而CEFR框架能使从政策决策者到学习者的各个层级都可进行横向跨语种的能力比较。这种比较有利于在政策层面控制对外语教学资源的投入，同时有利于比较各个语种的教学水平。

我们在采用等级制评价手段时，还应要求教师、学校和政策制定者负起各自的评价责任。在传统的以语言知识量为重的百分制体系中，评估、考试的标准是不透明的，目前的课程标准所列出的词汇表与语法、功能清单表面上看是评价透明度的表现，其实对于能力评价来说仍然是不透明的。道理很简单，几千个单词可以决定无穷数量的语言任务，因此，“只要给出词汇表就透明了”是不符合实际的想法。等级制评价体系则是将每个等级能做的事情清楚地描写出来，供学习者、教师、教材编写者和考试评价设计者参考。这样一来，学习者、教师、教材编写者和政策制定者就不必太拘泥于词的多少、语法点多少的问题。我们还可以利用等级制理念编制自我评价表供学习者使用，如欧洲的CEFR就带有这种功能，为提高学习和评价的透明度带来了许多好处。不过，这种自我评价必须建立在教师、学校具有高度自主性的基础之上。

第二节 对英语教材编写的启示

六套教材的比较研究表明，六个国家在编写教材时都在词汇和语法上进行了控制，但是控制的力度是不一样的。中国的英语教材低频词比例最低，这是中国英语教材在六个难度指标中唯一排第六位的指标。这表明，中国的英语教材对词汇种类的控制非常严格。这一编写策略我们可以理解，因为我国的英语课程标准对词汇进行了严格的控制，对小学、初中和高中阶段的词汇不仅在数量上做了明确的规定，而且在词汇的选择上也做了明确的规定。传统的英语教育对词汇的重视影响了我国英语教材的编写，教材编写者视课程标准的词汇表为标准，然而教材中吸引学生的是内容，并不是词汇和语法。因此，教材编写者选择词汇时会面临两难的境地。如果严格依据词汇表，大量适合学生学习的优质材料就必须排除在外，因为词汇表可能不允许原文素材的某些词汇出现，例如，在巴西教材中，编者采用各种食品包装的真实语料，如果在中国，这种语料就必定导致词汇超纲。这个矛盾要依靠教材编写者和教材使用者之间的默契来解决。教材编写者可适当放宽词汇的收录门槛，而教材的使用者要能够领会教材编者的意图，不要把主要精力放在偏、难、怪的低频词上，确保把教学的注意力放在引导学生学习那些价值比较高的词语和语法点上。

教材要重视支架的设计及其在教学中的实际功效。教材的一个重要作用是能够为学生的学习提供支架，好的教材不仅在教学材料的选择、活动的设计上表现优秀，而且还有很好的支架。在所比较的六套教材中，法国教材支架的设计最为丰富，它针对每一个教学主题，利用单词、词组、句子，在听、说、读、写互动五个维度上逐渐趋近教学目标。这对于非英语母语的教师来说具有教学上的操作优势，教师可以凭借这些支架帮助学生一个个环节进行操练、重复、循环复习，逐步地完成比较复杂的总目标。对比之下，其他五套教材的支架比较少。我国教材的编写和出版机构应该重视英语教学中支架的作用，对支架的设计和功效开展实证研究。

本研究对教材编写的另一个启示是要重视文本的质量。文本质量不仅涉及语言是否地道，还涉及文章的思想表达是否有吸引力，内容是否完整，段落是否有整体性。从教材文本分析来看，我国英语教材在语言的地道性方面是有基本保障的，但是在文本质量方面还有很大的改进空间。在改写文本方面，日本的教材值得我们学习。日本教材的文章改写质量优秀，语言加工精细，文化丰富。即使有时教学内容比较庞杂（如在介绍南太平洋地区文化时），日本的教材仍然能够将其整理得有条不紊，显示出了较高的改写水平。

中国教材的文本改写过分注重词汇和语法知识在文本中出现的机会，因此，人为改动的痕迹比较重。这个问题在前面的研究中已经有所涉及，这种对词汇和语法的控制值得我们思考：控制文本应该遵循什么原则？是语言至上还是内容至上？这既是理论问题，又是实际问题。虽然理论家强调应该尊重本地知识（Local Knowledge，即本地教材编者的知识和本地教师的知识），但是本地知识应该适量，这是值得基础教育界英语教材编写者讨论的问题。在教材编写领域，本地知识的作用和局限性应该有进一步的研究，教材编写者才能从中得到启示，真正解放思想，大胆试验新作品。

基础英语教材要重视文本体裁和题材的丰富性。体裁和题材的丰富性是学习者接触丰富语料的基本保障，学习者在学习外语的过程中，不可能只凭语法知识和词汇来创造交际内容，语言中有大量约定俗成的表达手段，这是语言功能和社会发展所形成的共生关系。语言虽然要有创造性，但是在基础阶段，语言创造性要建立在大量语料的基础上，没有丰富的体裁和题材，学习者就无法体验到这些语料的交际作用，也就不可能创新。在学习的基础阶段，掌握大量约定俗成的表达是后期交际能力发展的基础，而教材必须能够提供相应的条件。在这方面我国的教材比日本、韩国的教材做得好，但与俄罗斯和法国的教材相比还有改进的空间。

英语教材要重视插图的艺术性和内容的统一。英语教材并不属于纯艺术领域，因此纯艺术作品在教材中很难发挥作用。英语教材由于其人文性质，对插图的要求有别于理工科教材。理工科的教材强调对重要概念的表达必须准确，而英语教材的人文性质使其在插图表意准确性方面具有更大的灵活性。一部优秀的英语教材既能够较好地表达思想，具有一定的艺术风格，又对语言学习具有支架作用。但很多英语教材做得不够，它们要么虽然注重意义的准确性，但是艺术风格混乱，格调欠缺；要么尽管在艺术风格上保持了一致，但插图和教材内容相关性不大，插图仅仅起美化版面的作用。这种艺术性和内容不协调的问题在很多教材中都存在，值得教材编写者关注和研究。

第三节 对课程理论研究的启示

本研究以课程理论为基础，同时采用理论语言学、认知语言学的相关研究方法对六套英语教材开展了系统的分析，因此，这项研究也为课程理论的研究提供了若干有益的启示。

任何课程或者教材的难度都是整个社会历史文化和教学传统等综合因素的作用结果。课程的本质是一个社会对待某种知识及其学习过程的态度，这种态度中蕴含了特定社会对知识价值的认识，而并不完全是专家的意见。例如，法国的专家并不希望学生学习英语，但是他们制定的外语教育政策却成了促进英语教育的催化剂，这是因为法国社会对英语以及英语和法国历史的关系的认识和这些专家的看法并不一样。因此，在课程体系的研究中，我们必须考虑社会文化和历史背景。

对社会文化和历史的关注还会让我们注意到课程体系参与者对学习过程的认识。课程所倡导的教学理念反映了一个国家的教学传统，这种教学传统会影响教师的课堂实践，教师的课堂实践又会影响教材的编写传统和编写方法。因此，在研究教材时，笼统地把英语教学法分为以语言知识为基础的教学法、以学习者为中心的教学法和以学习过程为基础的教学法的做法，不足以解释教师为何会采用某种教学实践方法，也不足以解释教材编写者为何采用某种方式来编写教材。在某些实践方式的背后有着丰富的传统因素，因此，课程体系中对教材和教学法的研究必须重视教学传统；而教学传统又和社会对待知识的观念和态度有关，因此，在研究课程体系和教材时，社会文化因素是一个不可轻视的方面。

教材的难度不等于课程的难度，教材不能作为评价课程要求高低的主要依据。教材难度和课程难度之间的关系或紧或松，主要由这个国家的教学传统决定。在教师自主性比较强的教学传统中，教材的难易程度不能反映教学目标的高低。例如，日本和中国的教学目标相似，但是日本的教材要容易得多，主要原因是日本教学体系给予教师和学校很大的自主性，高中英语课强调选择性，并不是所有的学生都要学习相同的内容。学生在满足基本要求的前提下，可以自行决定英语学习的深度。对于少数学生来说，英语是他们能够继续学习的科目，学校和教材就给他们提供机会和资源，他们可以通过选修课的方式满足这个学习需求；而对于大部分学生来说，如果没有需求，他们拿到基本学分以后可不再修英语课。

即使课程目标相同，单位课时语言量也相同，我们也不能根据教材的难易程度来判断课程难易度，因为教师还可以选择不同的内容语言来调节教学难度。法国和中国的目标虽然差别很大（法国是B2，中国只有B1），但是并不能说明法国的课程比中国难。在实际教学中，如果法国的教学采用第一种内容语言，中国的教学采用第三种内容语言，课程的难度排名很可能会受到影响。

第四节 教材的局限性和结论

教学是一个充满活力的动态过程，而教材是静态的文本，显而易见，用静态的文本去反映动态的过程，局限性很大。

在我们所研究的六套教材中，普遍存在先进的理念和落后的内容及编写方式之间的矛盾，最后总是落后的内容与编写方式占据上风。

在各个国家的教育理念中，教育政策制定者都希望英语课程能符合时代发展，有利于青少年成长。这些理念在教材中都有所反映，各个国家的教材在突出各自教育理念方面采取了不少措施。例如，日本的教材对选文的难度和文化内容进行精心控制，其课文语言精美、流畅，故事内容贴近学生生活，内容上面向多元世界文化，充满健康娱乐元素。中国教材努力控制选文的词汇量，尽量不出现超纲词汇，并设计了有助于发展互动交流能力的活动，交际性优于日本和韩国的教材。巴西的教材尽量使用原始素材，在语言的地道性方面独树一帜，给学生很强的学以致用的感受。韩国的教材在选文方面精心控制，注重选文的故事性，内容贴近学生生活，语言优美。俄罗斯的教材体现了俄罗斯的教育理念，追求高难度的同时不失俄罗斯式的幽默，选文的学术性很强，故事性较弱，阅读难度比较高，但俄罗斯的教材中含有大量的 FOF 活动，具有较强的交际性。法国的教材具有明显的特点，“支架式”的 FOFs 数量巨大，支架的设计细致，形式丰富。

六套教材虽然都有很多独特之处，但是它们在设计活动时都有一个共同的特点，就是依据教师的课堂控制的需要，把效率低、控制程度高、容易实施的活动作为教材主要内容。表 10-2 表明，六套教材的教学活动都是以交际性比较弱的 FOFs 活动为主。

表10-2 六套教材的主要活动设计方式

	活动设计方式
法国教材	以支架式FOFs活动为主，COMP活动为辅，少量的FOF活动
日本教材	以FOFs活动为主，COMP活动为辅，无FOF活动
中国教材	以FOFs活动为主，COMP活动为辅，少量的FOF活动
巴西教材	以FOFs活动为主，COMP活动为辅，少量的FOF活动
韩国教材	以FOFs活动为主，COMP活动为辅，无FOF活动
俄罗斯教材	以FOFs活动为主，COMP活动为辅，相当数量的FOF活动

外语教学和二语习得研究表明，若要较好地增强学习者使用语言的能力，并且较好地维持学习者良好的情感态度，FOF 被认为是目前最好的活动形式，而 FOFs 被认为是效果最差的活动。（Ellis，2003a；Ashwell，2010；Lightboown and Spada，2006；Willis D and Willis J，2007）但是，表 10-2 表明，六套教材中占据最大篇幅的主要活动都是 FOFs 活动，其次是 COMP 活动，最少的是 FOF 活动。

教材中出现这种矛盾的现象并不奇怪，因为教材一方面要反映教学改革的进步，另一方面又要尊重教师的教学传统。

在外语教学中，FOF 教学活动是最具有革命性的教学手段，它有利于教师开展形成性评价，适合等级制的课程评价制度，对学生的语言发展最为有利。但是这种活动要求教师改变传统的控制学生学习过程的观念，和学生分享教学的主导权，在和学生的互动中逐步帮助学生提高语言水平。这种手段对教师的教学能力、英语水平、教学灵活程度等都有很高的要求，因为教师要随时为学生示范、纠错、分析、讲解，以及提供教学资源。

但是 FOF 的优点很难在文本上表现出来，它的输入、输出、协商和纠错的四个环节中有两个只在教学过程中出现，因此，在静态的教材上要设计出合理的 FOF 活动非常困难，即使教材上有 FOF 活动，教师也不一定能够和设计者想到一块儿，未必能充分合理地利用 FOF 设计所带来的种种教学机会。

例如，FOF 活动中效果很好的拼图阅读活动，其操作过程是教师把文章分成4个部分，然后把学生分成4个小组，每个小组4个学生，教师把四段故事分发给4个小组，要求每个小组学习该段故事，并记住故事内容。教师逐个小组辅导学生，帮助克服词汇、语法和理解方面的困难。然后把16个学生重新组合，每组仍然是4个人，分别来自不同的小组。每个人都需要把在原来小组掌握的内容介绍给大家，然后大家一起决定这个故事的段落顺序，重现故事的全部情节。教师逐个小组辅导学生进行语言输出和交流。最后教师邀请小组代表上台介绍故事内容，教师和学生一起通过互动协商给学生纠错。活动结束时，教师可以把活动中的语言难点和重点一一加以归纳讲解，并可据此安排课后复习巩固作业。

这个活动的学习效果极佳，较好地利用了学生之间的信息差，构成了自然的交际需要，自然地形成了学习语言和交流的动机。很多外语教师都喜欢这个活动。然而，这一活动要取得良好的效果，学生事先不能知道内容，也不知道分组的方式，这些都必须是在课堂中由教师临时安排的。这种教学设计很难体现到教材中来。我们的传统外语教学仍然要求学校给学生提供一本书，书上预先放入课文和活动等内容，传统的教学方式也要求学生要在课前预习，因此，传统的教学设计无法满足FOF活动设计，这是当前教材普遍具有的最大的局限性。在西方学术界（英美教育界），有相当数量的学者认为传统外语教材会误导语言教学。（Richards，1998）因此他们提倡教师使用自主设计的材料包。这些意见不无道理。

教材作为课程的一个要素，其难易问题是由客观因素（认知对象）和主观因素（认知主体和认知活动操控者）两方面综合导致的。单纯地研究教材难度的客观因素其实只看到了问题的一面，也正是如此，本研究的结论带有很大的局限性。

虽然本研究有一定的局限性，但仍然具有较高的学术价值。在理论上，本研究对教材难度的分析具有创新价值，对影响教材难度的各个客观因素都进行了详细的调查分析。除此以外，本研究设计的测量工具为教材难度研究做了开创性的贡献。传统的教材评价建立在主观分析的基础上，本研究首次采用经过验证的工具测量教学活动的难度，这一研究方法对后续的研究是一个重要的启发。

参考文献

ADASKOU K, BRITTEN D, FAHSI B, 1990. Design decisions on the cultural content of a secondary English course for Morocco [J]. ELT journal, 44 (1): 3–10.

ASHWELL T, 2010. The effectiveness of form-focused English teaching materials [M] //TOMLINSON B, MASUHARA H. Research for materials development in language learning evidence for best practice. Bristol, UK: Continuum: 318–335.

ASTON G, 1986. Trouble-shooting in interaction with learners: the more the merrier? [J]. Applied linguistics, 7: 128–143.

BERNSTEIN B, 1971. Class, codes and control (Vol. 1): theoretical studies towards a sociology of language [M]. London: Routledge and Kegan Paul.

BLEY-VROMAN R, 1989. What is the logical problem of foreign language learning? [M] // GASS S M, SCHACHTER J. Linguistic perspectives on second language acquisition. New York: Cambridge University Press: 41–68.

BLEY-VROMAN R, 1990. The logical problem of foreign language learning [J]. Linguistic analysis, 20: 3–49.

BORISENKOV V, 2007. The strategy of educational reforms in Russia,1985–2005[J]. Russian education and society, 49(10): 6–29.

BREEN M P, CANDLIN C N, 1987. Which materials? A consumer's and designer's guide [J] //HELDON L E. ELT textbooks and materials: problems in evaluation and development (ELT Documents 126). London: Modern English Publications and the British Council.

BROWN J D, 1995. Elements of language curriculum [M].

Boston, MA : Heinle & Heinle.

BROWN J D, YULE G, 1983. Teaching the spoken language [M]. Cambridge : Cambridge University Press.

BROWN R, 1991. Group work, task difference and second language acquisition [J]. Applied linguistics, 11 : 1-12.

BRUCE N J, 1989. The role of metadiscourse, speech acts and the language of abstraction in a top-down approach to teaching English for academic purposes [Z]. Budapest, Hungary : Paper presented at the European Languages for Special Purposes Symposium.

BRUNO S, 2012. English language and literature teaching : a state standards approach [J]. BELT journal, 3 (9) : 217-228.

BUTLER Y G, IINO M, 2005. Current Japanese reforms in English language education:the 2003 Action Plan [J]. Language policy, 4 (1): 25-45.

BYRAM M, PARMENTER L, 2012. Introduction [M] //BYRAM M, PARMENTER L. The common European framework of reference : the globalisation of language education policy. Bristol, UK : Multilingual Matters : 1-5.

BYRD P, 2001. Textbooks : evaluation for selection and analysis for implementation [M] //CELCE-MURCIA M. Teaching English as a second or foreign language (Vol. 3) . Boston, MA : Heinle & Heinle : 415-427.

CAMICIOTTOLI B C, 2003. Metadiscourse and ESP reading comprehension : an exploratory study [J]. Reading in a foreign language, 15 (1) : 28-44.

CANAGARAJAH A S, 1999. Resisting linguistic imperialism in English teaching [M]. Oxford : Oxford University Press.

CARROLL J B, DAVIES P, RICHMAN B, 1971. The American heritage word frequency book [M]. Houghton Mifflin, Boston : American Heritage, New York.

CHAMBLISS M J, CALFEE R C, 1998. Textbooks for learning : nurturing children's minds [M]. Malden, MA. : Blackwell Publishers.

CHAUDERSON R, 2003. Geolinguisitics, geopolitics, geostrategy : the case for french [M]//MAURAIS J. MORRIS A. Languages in a globalising world. Cambridge : Cambridge University Press : 291-297.

CHOMSKY N, 1995. The minimalist program [M]. Cambridge, MA : MIT Press.

COFFIN C, DONOHUE J, 2014. A language as social semiotic-based approach to teaching and learning in higher education (language learning monograph series) [M]. Hanover, PA : John Wiley & Sons Inc.

COLLINS Birmingham University International Language Database, 1990. Collins cobuild English grammar [M]. London, UK : William Collins Sons & Co Ltd.

Council of Europe, 2001. Common European framework of reference for languages : learning, teaching, assessment [M]. Oxford : Oxford University Press.

CRAIK F, LOCKHART R, 1972. Levels of processing : a framework for memory research [J]. Journal of verbal learning and verbal behavior, 11 : 671-684.

CRISMORE A, 1983. The rhetoric of social studies textbooks : metadiscourse [EB/OL]. http : //www.Eric.ed.gov/ERICWebPortal/contentdelivery/sewlet/ERICServelet ? accno=ED236226.

CRISMORE A, 1984. The rhetoric of textbooks:metadiscourse [J]. Journal of curriculum studies, 16 (3) : 279-296.

CROSSLEY S A, ALLEN D B, MCNAMARA D S, 2011. Text readability and intuitive simplification : a comparison of readability formulas [J]. Reading in a foreign language, 23 (1) : 84-101.

CROTHERS E, SUPPES P, 1967. Experiments in second-language

learning [M]. New York : Academic Press.

CUNNINGSWORTH A, 2002. Choosing your coursebook [M]. Shanghai : Shanghai Foreign Language Education Press.

CURY C J, 2009. Potencialidades e limitacoes da certificaca o de professores (Potentialities and limitations of the cerfitication of teachers) [J]. Meta : Avaliacao of Rio de Janeiro, 1 (3) : 298–317.

DUFF P, 1986. Another look at interlanguage talk : taking task to task [M] // DAY R. Talking to learn : conversation in second language acquisition. Rowley, MA : Newbury House : 147–181.

ELLEGARD A, 1960. Estimating vocabulary size [J]. Word, 16 : 219–244.

ELLIS R, 2003a. Task-based language learning and teaching [M]. Oxford : Oxford University Press.

ELLIS R, 2003b. Designing a task-based syllabus [J]. RELC, 34 (1) : 64–81.

ELLIS R, 2011. Macro- and micro-evaluations of task-based teaching [M] // TOMLINSON B, MASUHARA H. Research for materials development in language learning : evidence for best practice. London : Continuum : 212–235.

FAIRCLOUGH N, 1992. Discourse and social change [M]. Cambridge : Polity Press.

FLESCH R, FERRY D, 1949. A new readability yardstick [J]. Journal of applied psychology, 32 (3) : 221–234.

FOSTER P, 1998. A classroom perspective on the negotiation of meaning [J]. Applied linguistics, 19 : 1–23.

FOUCAULT M, 1984. Truth and power [M] // RABINOW P. The Foucault reader. New York : Pantheon : 51–75.

FRIERE P, 1975. Pedagogy of the oppressed [M] // GOLBY M, GREENWALD J, WEST R. Curriculum design. London : Croom Helm : 138–149.

FULCHER G, 1997. Text difficulty and accessibility : reading formulae and expert judgement [J]. System, 25 (4) : 497–513.

GIVON T, 1985. Function, structure, and language acquisition[M] // SLOBIN D. The crosslinguistic study of language acquisition : Vol 1. Hillsdale, NJ : Erlbaum : 1008–1025.

GIVON T, 1989. Mind, code, and context : essays in pragmatics [M]. Hillsdale, NJ : Erlbaum.

GOULLIER F, 2012. Policy perspectives from France [M] // BYRAM M, PARMENTER L. The common European framework of reference : the globalisation of langauge education policy. Bristol, UK : Multilingual Matters : 37–44.

GRADDOL D. 2006. English next [R] . London : British Council.

GRAY C J, 2012. Readability : a factor in student research [J]. The reference librarian, 53 : 194–205.

GRAY J, 2013. Introduction [M] //GRAY J. Critical perspectives on language teaching materials. London : Palgrave Macmillan : 1–16.

GREGG K R, 2001. Learnability and second language acquisition theory [M] //ROBINSON P. Cognition and second language instruction. Cambridge : Cambridge University Press : 151–172.

HAMILTON L C, 1996. Data analysis for social scientists : a first course in applied statistics [M]. Belmont, CA : Duxbury Press.

HARE V C, RABINOWITZ M, SCHIEBLE K M, 1988. Text effects on main idea comprehension [J]. Reading research quarterly, 24 : 72–88.

HARMER J, 2007. The practice of English langauge teaching [M]. Essex, England : Pearson Education Limited.

HARRISON C, 1999. Readability [M] //SPOLSKY B. Concise encyclopedia of educational linguistics. Oxford, UK : Elsevier Science Ltd : 428–430.

HIDI S, BAIRD W, 1988. Strategies for increasing text-based

interest and students' recall of expository texts [J]. Reading research quarterly, 23 : 465–483.

HONNA N, TAKESHITA Y, 2005. English language teaching in Japan : policy plans and their implementations [J]. RELC journal, 36 : 363–383.

HUDSON T, 2007. Teaching second language reading [M]. Oxford : Oxford University Press.

HULSTIJN J H, 1989. A cognitive view on interlanguage variability [M] //EISENSTEIN M. The dynamic interlanguage. New York : Plenum Press : 17–32.

HULSTIJN J H, 2007. Intentional and incidental second language vocabulary learning : a reappraisal of elaboration, rehearsal and automaticity [M] //ROBINSON P. Cognition and second language instruction. Beijing : World Book Press & Cambridge University Press : 258–286.

JACOBS G M, BALL J, 1996. An investigation of the structure of group activities in ELT coursebooks [J]. ELT journal, 50 (2) : 99–108.

KACHROO J N, 1962. Report on an investigation into the teaching of vocabulary in the first year of English [J]. Bulletin of the central institute of English, 2 : 67–72.

KIM Y, 2012. Task complexity, learning opportunities, and Korean EFL learners' question development [J]. Studies in second language acquisition, 34 : 627–658.

KIM Y, 2008. The role of task-induced involvement and learner proficiency in L2 vocabulary acquisition [J]. Language learning, 58 (2) : 285–325.

KOLESNIKOVA I L, 2005. English or Russian? English language teacher training and education [J]. World Englishes, 49 (10) : 471–476.

KOO S. An assault upon our children [N]. New York times, 2014-08-01.

KRASHEN S, 1985. The input hypothesis [M]. London : Longman.

KUBOTA R, 1998. Ideologies of English in Japan [J]. World Englishes, 17 : 295-306.

KUMARAVADIVELU B, 2006. Understanding language teaching : from method to postmethod [M]. Mahwah, NJ : Lawrence Erlbaum Associates, Inc.

LIGHTBOOWN P M, SPADA N, 2006. How languages are learned [M]. 3rd ed. Oxford : Oxford University Press.

LITTLEJOHN A, 1997. Self-access work and curriculum ideologies [M] //BENSON P. VOLLER P. Autonomy and independence in language learning. Harlow : Longman.

LITTLEJOHN A, 2011. The analysis of language teaching materials : inside the Trojan Horse [M] //TOMLINSON M. Materials development in language teaching. Cambridge : Cambridge University Press : 179-211.

LONG M, 1985. A role for instruction in second language acquisition [M] //HYLTENSTAM K, PINEMANN M. Modelling and assessing second language acquisition. Clevedon, Avon : Multilingual Matters : 77-99.

LONG M H, 1990. Task, group, and task-group interactions [M] // ANIVAN S. Language teaching methodology for the nineties. Singapore : SEAMEO Regional Language Centre.

LONG M, 1996. The role of the linguistic environment in second language acquisition [M] //RICHIE W, BHATIA T. Handbook of second language acquisition. San Diego : Academic Press : 413-468.

MACKEY A, 1985. Stepping up the pace-input, interaction and interlangauge development:an empirical study of questions in ESL [D]. Sydney : University of Sydney.

MASAKO S, YUICHI T, 2012. Perspectives from Japan [M] // BYRAM M, PARMENTER L. The common European framework of reference : the globalisation of language education policy. Bristol, UK : Multilingual Matters : 198–212.

MCCARTHY M, 1991. Discourse analysis for language teachers[M]. Cambridge : Cambridge University Press.

MCCAUGHEY K, 2005. The kosha syndrome—English language teaching in Russia [J]. World Englishes, 24 (4) : 435–459.

MCGRATH I, 2002. Materials evaluation and design for language teaching [M]. Edinburgh : Edinburgh University Press.

MILTON J, 2009. Measuring second language vocabulary acquisition [M]. Bristol, UK : Multilingual Matters.

NAGY W E, HERMAN P A, ANDERSON R C, 1985. Learning words from context [J]. Reading research quarterly, 20 (2) : 233–253.

NATION I, 2004. Teaching and learning vocabulary [M]. Beijing : Foreign Language Teaching and Reserch Press & Cengage Learning.

NIKOLAEV D, CHUGUNOV D, 2012. The education system in the Russian federation (education brief 2012) [M]. Washington, D.C. : The World Bank Publications.

NIWA Y, 2000. Reasoning demands of L2 tasks and L2 narrative production : effects of individual differences in working memory, aptitude and intelligence [D]. Tokyo : Aoyama Gakuin University.

PAUELS W, FOX T, 2004. The representation of the USA in EFL textbooks in the Soviet Union and Russia [J]. American studies international, 42 (1) : 92–122.

PEREZ-MILANS M, 2013. Urban schools and English language education in late modern China [M]. New York & London : Routledge.

PHILLIPSON R, 2007. English, no longer a foreign language in Europe? [M] // CUMMINS J, DAVISON C. International handbook of English language teaching. New York : Springer Science + Business

Media, LLC : 123–136.

PICA T, 1994. Research on negotiation : what does it reveal about second-language learning conditions, processes, and outcomes? [J]. Language learning, 44 : 493–527.

PICA T, 1987. Second language acquisition, social interaction, and the classroom [J]. Applied linguistics, 8 (1) : 3–21.

PICA T, 2008. Task-based teaching and learning [M] //SPOLSKY B, HULT F M. The handbook of educational linguistics. Malden, MA : Blackwell Publishing : 525–538.

PORTER A, 2006. Curriculum assessment [M] //GREEN J L, CAMILLI G, ELMORE P B. Handbook of complementary methods in education research. New York : Routledge : 141–160.

PRABHU N, 1987. Second language pedagogy [M]. Oxford : Oxford University Press.

RAIMES A, 1985. What unskilled ESL students do as they write : a classroom study of composing [J]. TESOL quarterly, 19 : 229–258.

RAJAGOPALAN K, RAJAGOPALAN C, 2005. The English language in Brazil : a boon or a bane? [M] //BRAINE G. Teaching English to the world : history, curriculum, and practice. Mahwah, NJ : Lawrence Erlbaum Associates, Inc. : 1–10.

RICHARDS J, 2002. Planning aims and objectives in language programs [M]. Singapore : SEAMEO Regional Language Centre.

RICHARDS J, 1998. Textbooks : help or hindrance in teaching ? [M] //RICHARDS J. Beyond training. Cambridge : Cambridge University Press : 125–140.

RICHARDS J, RODGERS T, 2001. Approaches and methods in language teaching [M]. Cambridge : Cambridge University Press.

ROBINSON P, 2001a. Task complexity, cognitive resources, and syllabus design : a triadic framework for investigating task influences on SLA [M] //ROBINSON P. Cognition and second language instruction.

Cambridge : Cambridge University Press : 287–318.

ROBINSON P, 2001b. Task complexity, task difficulty, and task production : exploring interactions in a componential framework [J]. Applied linguistics, 22 : 27–57.

ROBINSON P, 2011. Task-based language learning : a review of issues [J]. Language learning (Supplement 1 : task-based language learning), 61 : 1–35.

SALLING A, 1959. What can frequency counts teach the language teacher? [J]. Contact, 3 : 24–29.

SARAGI T, NATION I, MEISTER G F, 1978. Vocabulary learning and reading [J]. System, 6 : 72–78.

SCHMIDT R, 1990. The role of consciousness in second language learning [J]. Applied linguistics, 11 : 129–158.

SCHMIDT R, FROTA S, 1986. Developing basic conversational ability in a second language : a case-study of an adult learner [M] // DAY R. Talking to learn : conversation in second language acquisition. Rowley, MA : Newbury House : 237–326.

SCHONELL F J, MEDDLETON I G, SHAW B A, 1956. A study of the oral vocabulary of adults [M]. Brisbane : University of Queensland Press.

SCHWAB J J, 1978. Education and structure of the disciplines [M] // WESTBURY I, WILKOF N J. Science, curriculum, and liberal education : selected essays. Chicago, IL : The University of Chicago Press : 229–272.

SCHWAB J J, 2013. The practical : a language for curriculum [J]. Journal of curriculum studies, 45 (5) : 591–621.

SHIN H, 2007. English language teaching in Korea : toward globalization or glocalization? [M] // CUMMINS J, DAVISON C. International handbook of English language teaching. New York : Springer Science + Business Media, LLC : 75–86.

SKEHAN P, 1998. A cognitive approach to language learning [M]. Oxford: Oxford University Press.

SKEHAN P, FOSTER P, 2001. Cognition and tasks [M]//ROBINSON P. Cognition and second language. Cambridge: Cambridge University Press: 183–205.

SKEHAN P, FOSTER P, 1997. Task types and task processing conditions as influence on foreign langauge performance [J]. Language teaching research, 1: 185–211.

SUGIMOTO Y, 2003. An introduction to Japanese society [M]. 2nd ed. Cambridge: The Press Syndicate of the University of Cambridge.

SWAIN M, 1985. Communicative competence: some roles of comprehensible input and comprehensible output in its development [M]//GASS S, MADDEN C. Input in second language acquisition. Rowley, MA: Newbury House: 235–252.

SWAIN M, LAPKIN S, 1982. Evaluating bilingual education: a Canadian case study [M]. Clevedon, Avon: Multilingual Matters.

SWAIN M, LAPKIN S, 1995. Problems in output and the cognitive processes they generate: a step towards second language learning [J]. Applied linguistics, 16: 370–391.

TAJEDDIN Z, TEIMOURNEZHAD S, 2015. Exploring the hidden agenda in the representation of culture in international and localised ELT textbooks [J]. Language learning journal, 43 (2): 180–193.

TAVAKOLI P, FOSTER P, 2008. Task design and second language performance: the effect of narrative type on learner output [J]. Language learning, 58 (2): 439–473.

TER-MINASOVA S G, 2005. Traditions and innovations: English language teaching in Russia [J]. World Englishes, 24 (4): 445–454.

THORNBURY S, 2002a. How to teach speaking [M]. Essex, England: Pearson Education Limited.

THORNBURY S, 2002b. How to teach vocabulary [M]. Essex,

England : Pearson Education Limited.

THORNDIKE E L, LORGE I, 1944. The teacher's word book of 30000 words [M]. Teachers College. New York : Columbia University.

TOMLINSON B, 2008. English language learning materials : a critical review [M]. London : Continuum.

TOMLINSON B, 2012. Materials development for language learning and teaching [J]. Language teaching, 45 (2) : 143–179.

TYLER R W, 1949. Basic principles of curriculum and instruction [M]. Chicago, IL : The University of Chicago Press.

USTINOVA I P, 2005. English in Russia [J]. World Englishes, 24 (2) : 239–251.

VANDE KOPPLE W J, 1997. Refining and applying views of metadiscourse [Z]. Phoenix, AZ : Paper Presented at the 48th Annual Meeting of the Conference on College Composition and Communication.

VANPATTEN B, 1990. Attending to form and content in the input : an experiment in consciousness [J]. Studies in second language acquisition, 12 : 287–301.

VARONIS E M, GASS S, 1985. Misunderstanding in native/nonnative conversation [J]. Language in society, 14 : 327–343.

WADE S E, ADAMS R B, 1990. Effects of importance and interest on recall of biographical text [J]. Journal of reading behavior, 22 : 331–353.

WEST M, 1953. A general service list of English words [M]. London : Longman.

WEST M, 1960. Teaching English in difficult situation [M]. London : Longman.

WHITEHEAD A N, 1974. The organisation of thought [M]. Westport, CN : Greenwood Press.

WIDA, 2013. 2007 ELP English Language Standards [EB/OL]. [2013-05-25]. http : //www.wida.us/standards/eld.aspx.

Wikipedia. National English ability test[EB/OL].[2019-03-30]. http://en.wikipedia.org/wiki/National_English_Ability_Test.

WILKINS D A, 1972. Linguistics in language teaching [M]. London: Arnold.

WILLIS D, WILLIS J, 2007. Doing task-based teaching [M]. Oxford: Oxford University Press.

WILLIS J, 1996. A framework for task-based learning [M]. Harlow: Longman.

YASUKU K, 2007. ELT policy directions in multilingual Japan [M]//Cummins J, Davison C. International handbook of English langauge teaching. New York: Springer Science + Business Media, LLC: 63-73.

YUASA K, 2010. English textbooks in Japan and Korea [J]. Pan-Pacific association of applied linguistics, 14(1): 147-158.

YULE G, 2002. Explaining English grammar [M]. Oxford: Oxford University Press.

巴西教育部, 1998. Parametros Curriculares Nacionais: Terceiro E Quarto Ciclos Do Ensino Fundamental (Lingua Estrangeira)(巴西基础教育阶段五到八年级外语课程方案)[Z]. 巴西教育部文件.

车里雅宾斯克州, 2012. 十到十一年级英语教学大纲 [Z]. 州政府教育管理部门文件.

戴冬梅,2009. 法国外语教育与社会发展的互动 [J]. 法国研究(2): 72-76.

戴冬梅, 2010. 法国外语教育政策与教学体系考察 [J]. 外语教学与研究(1): 24-30.

丁曙, 1998. 俄罗斯新的基础教育计划 [J]. 课程·教材·教法, 9: 38-61.

俄罗斯联邦教学评估研究院, 2012. 2013 年国家统一外语考试试卷标准 [S].

俄罗斯联邦教育部, 2004a. 俄罗斯基础普通教育外语国家教育标准［S］.

俄罗斯联邦教育部，2004b. 俄罗斯教育部普通中等（完全）教育：初级外语教育国家标准［S］.

俄罗斯联邦教育部，2004c. 俄罗斯教育部普通中等（完全）教育：高级外语教育国家标准［S］.

巩子坤，何声清，王瑜，等，2014. 中德两国小学数学教材难度比较研究：以德国 Das Zahlenbuch 教材和我国人教版数学教材为例［J］. 外国中小学教育（11）：49–56.

韩国教育科学技术部，2012. 初、中等学校教育课程总论［Z］. 釜山广域市教育厅文件.

经济合作与发展组织，2011. 教育概览 2011［M］. 北京：教育科学出版社.

库卓夫列夫 P V，拉巴 M N，别列古多夫 E S，2014. 2—4 年级英语普通教育机构大纲［M］. 李晓霞，译.

李葆华,2012. 俄罗斯英语学习现状及存在的问题［J］. 海外英语,8：18–19.

李丽桦，2004. 近年来法国外语教育改革的举措和特点述评［J］. 上海教育科研（12）：70–72.

李雯雯，刘海涛，2011. 近年来日本英语教育的发展及政策变革［J］. 外国语，34：84–89.

林铮，1995. 英文易读性的测定［J］. 外语教学与研究，27（4）：38–43.

罗少茜，2008. 从认知角度看影响语言测试任务难度的因素［J］. 基础英语教育，6：25–34.

罗少茜，SKEHAN P，2008b. 任务型评价中的任务难度因素［J］. 中国外语教育，1：66–80.

罗少茜，2009. 任务型语言测试中的任务难度研究［M］. 上海：上海外语教育出版社.

牛道生，2008. 英语与世界［M］. 北京：中国社会科学出版社.

乔桂娟，2009. 俄罗斯普通高中教育改革与发展趋向［J］. 外国教育研究，36：40–46.

日本文部科学省,2003. 关于培养能使用英语的日本人的行动计划［EB/OL］.［2013–06–03］. http：//www.mext.go.jp/english/topics/03072801.htm.

日本文部科学省，2008. 高等学校学习指导要领英文版［EB/OL］.［2013–05–25］. http：//www.mext.go.jp/a_menu/shotou/new-cs/youryou/eiyaku/1298353.htm.

日本文部科学省，2010. 小学学习指导要领英文版［EB/OL］.［2013–05–25］. http：//www.mext.go.jp/a_menu/shotou/new-cs/youryou/eiyaku/1261037.htm.

日本文部科学省，2014. 日本基础教育英语改革计划［EB/OL］.［2015–03–10］. http：//www.mext.go.jp/a_menu/kokusai/gaikokugo/_icsFiles/afieldfile/2014/01/31/1343704_01.pdf.

史宁中，孔凡哲，李淑文，2005. 课程难度模型：我国义务教育几何课程难度的对比［J］. 东北师大学报（哲学社会科学版），218（6）：151–156.

孙闵欣，郑德敏，2005. 日本班综合英语课中加强写的能力的教学尝试［J］. 国外外语教学，1：41–46.

万梦婕，2012. 中法两国外语教育比较分析［J］. 高等函授学报（哲学社会科学版），4：80–82.

王承绪，顾明远，1999. 比较教育［M］. 北京：人民教育出版社.

王建磐，鲍建生，2014. 高中数学教材中例题的综合难度的国际比较［J］. 全球教育展望（8）：101–110.

谢淑莉,2005. 战后日本英语教育及21世纪发展战略研究［D］. 保定：河北大学.

杨汉清，2015. 比较教育学［M］. 3版. 北京：人民教育出版社.

张朝意，2010. 俄罗斯外语教育概貌［J］. 中国英语教育，16–22.

赵勇，2007. 全球化对教育改革的启示［N］. 中国教育报，2007–06–13（6）.

邹为诚，2013. 外语教师职业技能发展［M］. 2版. 北京：高等教育出版社：1–39.

附　录

附录1　Questionnaire

<table>
<tr><th>例　子</th><th>评　价</th></tr>
<tr><td>1. 选词填空
在完成课文的学习之后，让学生从方框中选出适当的单词或短语，用其正确形式填空。
Directions: Here are some words and phrases from the passage. Use them to complete the sentences, making necessary changes. There is one extra word or phrase in the box that will not be used.
<table>
<tr><td>grateful</td><td>force</td><td>follow</td><td>compose</td><td>graduate</td></tr>
<tr><td colspan="2">make up one's mind</td><td>practise</td><td>service</td><td>decision</td></tr>
</table>
(1) He wants to ________ law after graduation.
(2) His father was a pianist. And he wanted to ________ in his footsteps.</td><td>1　2　3　4　5</td></tr>
<tr><td>2. 大意题
让学生读文章的标题、导语及文中的小问题，说说文章的大意，然后听录音读文章（文章为非文学作品）。
Directions: Read the title, the introduction and the questions in the text. What is the text about? Listen, read and check.</td><td>1　2　3　4　5</td></tr>
<tr><td>3. 分类题
在完成课文的学习之后，让学生两个人一组，将课文中出现的活动按下列表格进行分类，并添加更多活动。
Directions: In pairs, sort the activities into the categories below. Think of more free-time activities to add.
<table>
<tr><td>indoors</td><td>outdoors</td></tr>
<tr><td>renting DVDs</td><td></td></tr>
</table></td><td>1　2　3　4　5</td></tr>
<tr><td>4. 信息差任务
在完成课文的学习之后，让学生A用下列短语告诉学生B有关某项工作的三个事实，让学生B猜测其所描述的工作。
Directions: Use the phrases below to tell your partner three facts about one of the jobs in Exercise 5. Your partner has to guess the job.</td><td>1　2　3　4　5</td></tr>
</table>

续表

<table>
<tr><th>例 子</th><th>评 价</th></tr>
<tr><td>
<table>
<tr><td>travel a lot</td><td>work part-time</td></tr>
<tr><td>get good salaries</td><td>work outdoors</td></tr>
<tr><td>use a computer</td><td>work shifts</td></tr>
<tr><td>work indoors</td><td>work long hours</td></tr>
<tr><td>work 9 am to 5 pm</td><td>wear a uniform</td></tr>
</table>
A：They usually work 9 am to 5 pm. They use a computer. They don't work outdoors.
B：Are they secretaries?
</td><td></td></tr>
<tr><td>5. 造句（训练特定的语法点）
在讲解完频率副词的用法之后，让学生用上频率副词写一写自己的生活小习惯。
Directions：Write sentences about yourself. Use the frequency adverbs.
（1）eat chocolate ________
（2）go to the mall ________</td><td>1 2 3 4 5</td></tr>
<tr><td>6. 问答题
在阅读课文之前，先让学生看书上的配图，并用完整的句子回答下列问题。
Directions：Study the pictures and answer the following questions in complete sentences.
（1）Where do the people in Pictures 1 and 2 work? What do they do?
（2）In Picture 3，where are the ladies standing? What do they do?</td><td>1 2 3 4 5</td></tr>
<tr><td>7. 寻找信息
在完成课文的学习之后，让学生根据下列定义在课文中找到对应的词语。
Directions：Find words in the story that have meanings similar to these. Write the words in the blanks.
（1）the look on one's face ________
（2）the help one gives to others ________</td><td>1 2 3 4 5</td></tr>
<tr><td>8. 语音题
参照例（1），让学生听录音并选择正确选项。
Directions：Listen and underline the correct information. Ask and answer.
（1）Bob：water plants/vacuum carpet
（2）Mary：play tennis/play the guitar</td><td>1 2 3 4 5</td></tr>
</table>

续表

<table>
<tr><th>例　子</th><th>评　价</th></tr>
<tr><td>A：Is Bob watering the plants?
B：No，he isn't. He's vacuuming the carpet.</td><td></td></tr>
<tr><td>9. 讨论题
在完成课文的学习之后，让学生讨论并回答问题。
Directions：Discuss and answer the following questions with your classmates.
(1) What kind of eye contact can signal friendliness? Hostility? Interest? Boredom?
(2) Do you believe avoiding eye contact shows real respect? Why or why not?</td><td>1　2　3　4　5</td></tr>
<tr><td>10. 改错题
Ana想参加某乐队的歌迷俱乐部，但对该乐队的认识有误。让学生参照上文的乐队介绍，修改Ana的错误理解。
Directions：Ana wants to join Os Paralamas do Sucesso's fan club，but she has some wrong information about the band. Read the statements and correct them.
Herbert Vianna，Bi Ribeiro，and João Barone live in Brasília.</td><td>1　2　3　4　5</td></tr>
<tr><td>11. 听力信息题
听录音，让学生推断其所描述的工作，并完成表格。
Here's the job for you.
Directions：On the tape，there are three conversations. In each one，a person is talking about an advertisement for a job. Fill in the table while you listen.
<table><tr><th></th><th>Job</th><th>Pay</th><th>Hours</th></tr><tr><td>1</td><td></td><td></td><td></td></tr><tr><td>2</td><td></td><td></td><td></td></tr><tr><td>3</td><td></td><td></td><td></td></tr></table></td><td>1　2　3　4　5</td></tr>
</table>

续表

<table>
<tr><th>例 子</th><th>评 价</th></tr>
<tr><td>12. 语法点解释
给学生讲解现在时和过去时两个语法点。
<table><tr><th>现在时（The Present Tense）</th><th>过去时（The Past Tense）</th></tr><tr><td>Mr Smith usually gives lessons to his students in the morning.（The Simple Present）</td><td>Yesterday Mr Smith gave a lesson to his students.（The Simple Past）</td></tr><tr><td>Mr Smith is giving a lesson to his students now.（The Present Continuous）</td><td>Mr Smith was giving a lesson to his students this time yesterday.（The Past Continuous）</td></tr></table></td><td>1 2 3 4 5</td></tr>
<tr><td>13. 单项选择题
让学生根据文章内容选出正确的答案。
Directions：Choose the correct alternative.
The comic strip and the poem are about：
（1）（ ）how brothers want the same things in life.
（2）（ ）relationships.
（3）（ ）love affairs.</td><td>1 2 3 4 5</td></tr>
<tr><td>14. 配对练习
让学生在课文中找到下列词语，并对照语境匹配该词语的正确解释。
Directions：Find the words in the article，read their context and match them with the meanings on the right. Write the correct letters in the blanks.
（1）respect　　a. to be a sign of one's feelings of
（2）signal　　b. admiration</td><td>1 2 3 4 5</td></tr>
<tr><td>15. 句型操练
在完成课文的学习之后，让学生判断下列哪些形容词可以用来形容鲨鱼科学家、医生、教师、侦探、服务员等职业，并说出理由。
Directions：Which of the adjectives below can describe the job of a shark scientist，doctor，teacher，detective，porter? Tell the class. Give reasons.</td><td>1 2 3 4 5</td></tr>
</table>

续表

<table>
<tr><th>例 子</th><th>评 价</th></tr>
<tr><td>
<table>
<tr><td>interesting</td><td>exciting</td><td>dangerous</td><td>stressful</td><td>boring</td></tr>
<tr><td>relaxing</td><td>difficult</td><td>demanding</td><td>tiring</td><td>rewarding</td></tr>
</table>
I think a shark scientist's job is interesting because they travel to faraway places.
</td><td>1 2 3 4 5</td></tr>
<tr><td>
16. 真实性任务
让学生根据某一家庭成员在工作日的情况，做一个报告展示。
Directions: Prepare a presentation on a typical working day of one of your family members.
Step 1 Interview one of your family members and get some information about his/her typical working day.
Step 2 Share the information with your partner or group members as you do with a foreign friend.
Step 3 One student from each group gives an oral presentation to the whole class.
</td><td>1 2 3 4 5</td></tr>
<tr><td>
17. 改写句子
在讲解完连词相关语法点后，让学生用所给的连词连接句子。
Directions: Combine the following pairs of sentences, using the given joining words.
(1) We jumped with joy. Our models came out first. (for)
(2) People like to go to the Red House Restaurant. The business there is booming. (so)
</td><td>1 2 3 4 5</td></tr>
<tr><td>
18. 听力理解
让学生听录音，补全信息。
Directions: Look at the job advert and predict what kind of answer you expect for each gap (1–5). Listen and fill in the gaps.
<table>
<tr><td>Science teacher
Hollingsworth Secondary School
Colchester, [0] Essex
Qualified teacher required to teach science to pupils from Year 7 to [1] ________</td></tr>
</table>
</td><td>1 2 3 4 5</td></tr>
</table>

续表

例 子	评 价
19. 单项选择题 单元总练习：让学生选择正确答案。 Directions：For exercises（1）to（7），choose the best alternative. （1）Joseph is a __________. He speaks seven languages. a. (　　) intelligent very man b. (　　) man very intelligent c. (　　) very man intelligent c. (　　) very intelligent man e. (　　) intelligent man very	1 2 3 4 5
20. 看图编对话 讲解完频率副词后，让学生两人一组，读对话，然后用练习（1）中的图片编新对话。 ［练习（1）中的图片内容包括拥抱、击掌、握手、亲吻、爱斯基摩式亲吻，图片下已标注其英语］ Directions：In pairs，read the dialogues below. Then make new dialogues. Use the photos in Exercise（1）. A：How do you usually greet your friends? B：I usually **shake hands** with them.	1 2 3 4 5
21. 创造性写作 所谓离合诗，是指每行诗中的一个字母（如每行诗诗首）依次排列而组成某个词或传达某个信息。读下列一首离合诗，让学生分组合作，任选一词进行创作。 Directions：An acrostic is a poem in which certain letters，such as the first one in each line，form a word or message. Read the acrostic below and do the activity. Family I' ve found Real friendship I' ve received I love you all so Every moment shared Never will be forgot Deep within my heart Special friends I cherish In small groups，write an acrostic with one of the following words： teens | family | emotions	1 2 3 4 5

续表

例子	评价
22. 转换题（时态、句子、词性） 在讲解完动词时态后，让学生用所给动词的适当形式填空。 Directions：Complete the dialogue below using the correct tense of the words in brackets. Add helping words as necessary. Susan：Hello，Sandra，it's Susan. I ________（go）to the party at school tomorrow evening. Can we go together? Sandra：Sorry，I can't. My grandparents ________（come）over. By the way，what ________ you ________（wear）to the party? Susan：________ you ________（think）I could borrow your blouse?	1 2 3 4 5
23. 细节题 下列方框中是Samantha写给她朋友Grace的邮件片段（本篇课文是Grace写给Samantha的回信），让学生读本篇课文首段，并说出Grace的暑期计划。 Directions：This is part of an email from Samantha to her friend，Grace. Well，that's my news! How about you? Write and tell me what you're doing this summer! Are you just relaxing or have you got a job? What is Grace doing this summer? Read the first paragraph to find out.	1 2 3 4 5
24. 朗读 让学生两人一组进行对话练习，注意相关询问/回答的表达方式。 Directions：Read the dialogue below. Identify the words used to ask for and give description，and then practise the conversation in pairs. Shirley：Oh，no! I'm looking for my friend，but I don't see her! Len：What does she look like? Shirley：She has long，blonde hair and blue eyes. …	1 2 3 4 5
25. 阐释性任务 在完成课文的学习之后，让学生发挥自己的想象力完成语句，并进行讨论。课文内容与“家”有关。 Directions：Based on the two texts，use your imagination and complete the sentence. Discuss your answer with your classmates. Family ________________________________.	1 2 3 4 5

续表

例 子	评 价
26. 排序题 让学生根据文章故事的发展顺序给下列事件编号（1–8）。 Directions：Put the events of the story in the correct order by writing 1 to 8 in the blanks. a. Mr Young said that body language is important. ________ b. The lady walked over to Debbie instead of Simon. ________ c. Simon began to sit up and smile. ________	1 2 3 4 5
27. 头脑风暴 在听课文之前，让学生看图思考何谓“空中学校”；让学生在一分钟内尽可能多地列举与学校有关的词，然后听录音，并勾出听到的词。 Directions： （1）Look at the pictures. What do you think the School of the Air is? （2）In one minute，list as many words as possible related to school. Listen to the text and tick the words on your list that you hear.	1 2 3 4 5
28. 判断正误题 根据文章内容判断正误。 Directions：Decide whether each of the following statements is true（T）or false（F）. （ ）Jack's father is a businessman. （ ）Jack's mother wants him to become a partner with another doctor.	1 2 3 4 5
29.口语任务 假如你的一个朋友今天下午想跟你出去吃饭，请记录下你们之间的对话。 Directions：Your friend wants to do something together this afternoon. He/She wants to eat out. Record yourselves. （1）suggest watching a DVD （2）turn down suggestion/to go out to eat （3）explain you are tired/suggest cooking at home	1 2 3 4 5

续表

例　子	评　价
30. 小测验/调查 让学生做一个测验，测出自己属于哪一类型的人。（这个小测验本身就是课文） Directions: What type of person are you? Do the quiz to find out. QUIZ Are You a Party Animal or a Home Bird? A classmate is having a party on Saturday. What are you going to do? a. You're going to stay in. There's a great film on TV! b. You're going to go, but you're not crazy about the idea. c. You're definitely going to go. You can't wait.	1　2　3　4　5

个人信息

教龄：________________　　工作单位：________________

附录2　Sample Training

示范样卷（Sample）

提示：请在答案上画圈。

例　子	评　价
1. 转换题 在讲解完时态的用法之后，让学生用动词的适当时态填空。 Directions: Fill in the blanks with the given verbs in their proper forms. When Mary (1) __________ (be) a little girl, she often (2) __________ (dream) of being a fashion model. But she (3) __________ (change) her mind as she grew up.	1　2　3　4　5

续表

<table>
<tr><th>例 子</th><th>评 价</th></tr>
<tr><td>2. 语法点解释
学生听教师讲解一般现在时和一般将来时。
<table><tr><th>Tenses</th><th>To talk about</th><th>Examples</th></tr><tr><td>Simple present</td><td>things we do often/things which are always true</td><td>The sun rises in the east.</td></tr><tr><td>Simple future</td><td>predictions</td><td>It will be sunny tomorrow.</td></tr></table></td><td>1 2 3 4 5</td></tr>
<tr><td>3. 判断正误题
在完成课文的学习之后，让学生判断正误，并解释黑体字的意思。
Directions：Mark the statements R（right），W（wrong）or DS（doesn't say）. Then，explain the words in bold.
（1）Daniel sometimes works indoors.
（2）Shark scientists usually get an excellent salary.</td><td>1 2 3 4 5</td></tr>
<tr><td>4. 信息差任务
将学生分成小组，其中一位描述班上另一位同学但不提其名字。其他同学提问，然后猜测这是谁。
Directions：In groups，one person will describe another student in the class，but not mention the person's name. The other students should ask questions and try to guess who the person is.
For example：
S1：He is tall and thin. He has short hair.
S2：How old is he?
S1：He's 15.
S3：Does he have black hair?
...</td><td>1 2 3 4 5</td></tr>
</table>

附录3 Rating Model

Frame work of Cognitive Complexity of Activities（FCCA）																						
	Input Characteristics							Process Characteris tics							Output Characteristics							难度总分
	Linx Unit			Medium		Graphic Info		Logical reasoning		Non-interactive		Interactive w/ authentic info gap			Linx Unit			Medium				
	Lexical	Sentence	Discourse	Written	Oral	Matching	Non-matching	Low	High	Individual work	Group Work	Individual w/ teacher	Pair work	Team work	Lexical	Sentence	Discourse	Graphic	Oral	Written	Project	
标准分	2.564103	5.12821	7.692308	2.5641	5.12821	2.564103	5.12820513	2.564103	5.12821	2.5641	2.5641	5.1282051	5.128205	5.128205	2.5641	5.12821	7.692308	7.69231	2.5641	5.12821	10.2564	100
打分	1	2	3	1	2	1	2	1	2	1	1	2	2	2	1	2	3	3	1	2	4	39
1		2		1			2			1					1					2		9
2			3	1			2	1		1							3		1			12
3	1			1			2				1				1					2		8
4			3	1	2		2		2				2		1				1			14
5	1			1			2			1						2				2		9
6		2		1		1				1						2			1			8
7	1			1			2			1					1					2		8
8	1				2		2				1											6
9			3	1			2	1			1						3		1			12
10			3	1			2			1						2				2		11
11			3		2		2	1		1					1					2		12
12		2		1			2				1											6
13			3	1			2			1												7
14			3	1			2			1												7
15	1			1			2	1			1					2			1			9
16									2			2					3	3	1	2	4	17
17	1			1			2			1						2				2		9
18			3		2		2			1					1					2		11
19		2		1			2			1												6
20		2		1		1					1					2			1			8
21			3	1			2		2					2			3	3	1	2		19
22		2		1			2			1					1					2		9
23			3	1			2			1						2			1			10
24			3	1			2				1											7
25			3	1			2	1		1										2		12
26			3	1			2	1		1												8
27			3		2		2	1		1												9
28			3	1			2			1												7
29	1			1			2				1						3		1			9
30			3	1			2						2									8

附录4 Cognitive Factors of Activities

教学活动认知因素的分值和定义

认知领域	因 素	分 值	定 义
输入特点	词汇	1	教学活动提供主要以词汇为基础的语言输入
	句子	2	教学活动提供主要以句子为基础的语言输入
	语篇	3	教学活动提供主要以语篇为基础的语言输入
	书面语	1	教学活动提供主要以书面语为基础的语言输入
	口头语	2	教学活动提供主要以口头语（如听力）为基础的输入
	配图	1	教学活动为输入语言（口头语或书面语信息）提供的解释性图片，学习者凭其可提高理解的准确度
	非配图	2	教学活动未为语言信息提供图片信息，或者所提供的美术图片仅起美化版面的作用，无助于学习者准确地理解语言信息
加工特点	低级推理	1	低逻辑推理要求。教学活动只要求学习者运用已知信息完成任务，如根据给定的文章所明示的信息回答问题
	中级推理	2	中等逻辑推理要求。教学活动要求学习者运用一定的逻辑推理完成任务，如根据描述工作任务来推测职业
	高级推理	3	高逻辑推理要求。教学活动要求学习者运用较高程度的逻辑推理完成任务，如根据故事的若干情节判断发生的顺序或人物关系
	独立工作	1	独立学习活动。教学活动只要求学习者独立完成，如填空、改错或书面回答问题等
	小组工作（分散目标）	1	小组内非互动、目标发散的活动。教学活动虽然要求多人参与，但小组成员之间无信息交流的必要，如小组成员聚集在一起说说假期见闻，他们虽然在一起活动，但是大家并无实质性交流的必要，各说各的故事，活动的目标不必达成一致
	师生交流	2	与教师单独互动。教学活动要求学习者与教师开展互动活动（这一活动有时由学生独立开展）

续表

认知领域	因　素	分　值	定　义
加工特点	对子活动（共同目标）	2	结对子活动，并且有共同的活动目标
	小组活动（共同目标）	2	小组（或团队）活动，并且有共同的目标
输出特点	词汇	1	以词汇为基础的语言输出。学习者在活动中仅仅输出词汇性质的语言，如“完形填空”等练习活动
	句子	2	以句子为基础的语言输出。学习者在活动中输出单句性质的语言
	语篇	3	以语篇为基础的语言输出。学习者输出语篇性质的语言
	图文配合	3	图文输出，指教学活动要求学习者在输出语篇性质的文本时，配上恰当的图画或美工装饰，如制作“海报”
	口头输出	1	口头输出，指教学活动要求学习者输出口头性质的语言，如转述信息等
	单独写作	2	书面语输出，指教学活动要求学习者输出书面语，如写句子、段落或文章等
	合作探究项目	4	探究式学习项目，指教学活动要求学习者开展“探究式”活动（Inquiry-based Project），如调查某位作家的生平，并撰写和展示学习结果

附录5　List of the Textbooks in This Study

1. 中国教材：《英语》1—8册，人民教育出版社课程教材研究所，英语课程教材开发中心编著，2009，人民教育出版社出版。

2. 法国教材：*Upstream*（Books A2，B1 and B2），Dooley，Virginia Evans-Jenny 编辑，2005，英国 Express Publishing 出版。

3. 韩国教材：*High School English*（Students' Books I，II and Activity Book），韩国 YBM 出版社编辑，2008，韩国 YBM 出版社出版。

4. 日本教材：*Prominence*（English I，II，English Reading，English Writing），田边正美主编，2007，日本 Tokyo Shoseki 出版。

5. 巴西教材：*Upgrade*（Books 1–3），Gisele Aga 编辑，2012，巴西 Richmond 出版社出版。

6. 俄罗斯教材：*Enjoy English* 10–11，俄罗斯 TITUL Publishers 编辑，2011，俄罗斯 TITUL Publishers 出版。

后　记

我首先要感谢中国教育科学研究院的龚亚夫研究员。共同的兴趣和追求使我们走到一起，共同申请到了2014年国家社会科学基金“十二五”规划教育学（重点）课题“中小学英语课程与教材难度国际比较研究”（AHA120008-1），感谢他在课题申请、论证和安排研究任务时给予的建议和付出，他优秀的合作能力极大地增强了我们团队的凝聚力。

我还要感谢上海和北京的两个研究团队。他们的辛勤工作和团结协作使得本课题得以顺利完成。我们在很多领域，如课程体系的比较、任务难度测定工具的设计、验证和数据矫正，都是在实践中一边摸索一边研究的，可以说，研究的过程也是我们团队学习和成长的过程。北京团队的成员是龚亚夫、丁文隽、刘萍萍（负责课程人文性研究），上海团队的成员有施秀梦（负责验证活动难度方案）、桑紫林（负责验证语法测量方案）、张建琴（负责词汇测量方案）、朱葛军（负责验证可读性公式）、韩曙花（负责韩国课程调查）、陈菁（负责巴西课程调查）、成琛（负责俄罗斯课程调查）、张鑫佳和熊淑慧（负责法国课程调查）、闫伟和过知夏（负责日本课程调查）。他们高质量的工作使我得以在后期非常顺利地完成本书的写作。

本研究获得了很多专家、学者、同事和同学的帮助和支持。我要特别感谢华东师范大学的王祖浩教授，在知识难度研究方面他给了我重要的启示。我还要感谢北京师范大学的罗少茜教授，她对任务难度客观性因素的解释令人难忘。

我还要特别感谢华东师范大学外语学院2012级、2013级的全体在职教育硕士研究生以及2013年华东师范大学英语教学实习指导教师暑期培训班的全体教师。他们在两年的暑期培训期间，帮助我们完成了工具验证和教材活动的分析。数万个教学活动任务，每一个都要用测量工具一一分析。如果没有他们的帮助，我们简直不敢想象何时才能够完成任务。

他们的辛勤付出为我们的研究开了个好头，验证了我们研究工具和研究方法的可行性，为研究方法的创新做出了重要的贡献。

邹为诚

2015 年 12 月 31 日

图书在版编目（CIP）数据

基础教育英语教材国际比较研究 / 邹为诚著. —南宁：广西教育出版社，2020.5
（中国外语教育研究丛书 / 刘道义主编）
ISBN 978-7-5435-8724-3

Ⅰ.①基… Ⅱ.①邹… Ⅲ.①英语—教材—对比研究—世界 Ⅳ.①H31

中国版本图书馆 CIP 数据核字(2020)第 054249 号

策　　划：黄力平　　组稿编辑：黄力平
责任编辑：朱　滔　陈文华　　装帧设计：刘相文
特约编辑：邓　霞　　责任技编：蒋　媛
责任校对：叶　冰　石　刚　钟秋兰

出 版 人：石立民
出版发行：广西教育出版社
地　　址：广西南宁市鲤湾路 8 号　　邮政编码：530022
电　　话：0771-5865797
本社网址：http://www.gxeph.com
电子信箱：gxeph@vip.163.com
印　　刷：广西壮族自治区地质印刷厂
开　　本：787mm×1092mm　1/16
印　　张：21.5
字　　数：340 千字
版　　次：2020 年 5 月第 1 版
印　　次：2020 年 5 月第 1 次印刷
书　　号：ISBN 978-7-5435-8724-3
定　　价：52.00 元